한민족과 증산도

한민족과 증산도

발행일 道紀 144년(단기 4347, 서기 2014) 7월 19일 1쇄
　　　　 道紀 145년(단기 4348, 서기 2015) 11월 25일 39쇄
발행인 안경전
발행처 상생출판
주소 　대전시 중구 중앙로 79번길 68-6
전화 　070-8644-3156 · 팩스 0303-0799-1735
홈페이지 www.sangsaengbooks.co.kr

ISBN 978-89-94295-89-3

ⓒ2014ⓒ2015상생출판
무단 복제 및 전재를 금합니다.
출처를 확인하지 못한 자료는 저작권자가 확인되는대로
절차에 따라 저작권료를 지불하겠습니다.

한민족과 증산도

안경전 지음

상생출판

책을 펴내며

 "역사를 잃어버린 자 역사에 휩쓸려 가리라."라는 명언이 있습니다.

 한민족의 근세사를 돌아보면, 마지막 조선 왕조가 몰락의 위기에 내몰리던 무렵, 고종황제는 대한제국을 선포하고 꺼져가는 국운을 다시 일으키려 하였습니다. 그러나 그 노력은 13년 만에 일본 제국주의에 의해 무너지고 맙니다.

 이후 일본 식민통치 35년 동안, 환국-배달-단군조선으로 이어지는 대한민국의 상고사는 모두 말살되었고, 약 8백만 명이 무참하게 죽음을 당하였습니다. 당시 한민족은 일본인들에게 "고노 조센징 바카야로(이 조선인 바보다)."라는 말을 들으며 치욕스러운 세월을 보내야 했습니다.

 오늘의 우리는 왜 잃어버린 역사를 꼭 알아야 하는가? 왜 우리 한국 문화의 고향으로 돌아가야 하는가? 역사를 잃어버리면 과거를 알 수 없고 과거를 모르면 현재 사물을 보는 눈이 뒤틀려서 제대로 미래를 열 수 없기 때문입니다. 그러므로 역사를 잃어버린다는 것은 민족의 패망과 직결되는 문제입니다.

 그럼에도 잃어버린 역사를 찾으려 하지 않고 "그게 뭐가

급하냐? 나는 관심이 없다." 하는 한국인은 진정으로 바보 같은 사람입니다. 대한민국이 세계 경제 10위 대국의 문턱을 넘어섰다고 하지만, 지금 이대로라면 마치 사상누각과 같아서 우리의 장래를 보장할 수 없습니다.

『환단고기』「단군세기」서문을 보면 역사와 국통國統의 중요성에 대한 다음과 같은 글이 있습니다.

"나라는 국통으로 인하여 세워지고, 백성은 이 국통으로 인해 흥하였나니, 역사를 배움이 어찌 소중하지 않으리오?"

한민족은 태고 시대 인류 창세 문화와 역사를 개창한 동방 문화의 주역입니다. 대한민국이 세계 속에 당당하게 서려면 시원 역사를 복원하고 국통맥을 바로 세워 잃어버린 민족혼을 회복해야 합니다. 그 중심에 인류 시원문화이자 한민족의 원형문화인 상제문화, 천제문화의 전통을 계승한, 한민족 9천 년 역사의 최종 결론인 참 동학 증산도가 있습니다.

제국주의 열강이 몰려와 동양의 약소국을 짓밟던 19세기에, 수운 최제우가 창시한 동학東學은 진정한 근세사의 출발점입니다. 수운은 하느님(상제님)에게서 성령으로 도통을 받고 '시천주侍天主' 즉 '(인간으로 오시는) 하늘의 주인, 상제님을 모셔야 한다.'는 것과 '다시 개벽으로 인류의 새 시대가 개명된다'는 것을 선언했습니다.

그러나 한민족 고대사가 말살되어 상제문화를 잃어버린 악업 때문에 '시천주', '개벽 사상' 또한 완전히 변색되어 근세사마저 왜곡되고 말았습니다. 그래서 오늘날 동학의 개벽 사상, 개벽 역사관의 원형을 바르게 아는 사람이 별로 없습니다.

수운이 전한 말씀 그대로, 1871년에 상제님께서 인간으로 오셔서 "지금은 온 천하가 대개벽기를 맞이하였느니라."(2:41) 하시고, "이 세상에 조선과 같이 신명神明 대접을 잘하는 곳이 없으므로 앞으로 한민족이 새 세상 역사의 문을 열게 된다."(2:36)고 선언하셨습니다. 그리고 "이때는 원시반본原始返本하는 시대라. 혈통줄이 바로잡히는 때니 환부역조換父易祖하는 자와 환골換骨하는 자는 다 죽으리라."(2:26)라고 경계하셨습니다. '지금은 온 인류가 제 뿌리, 제의 근본을 찾아 돌아가는 때다. 부모와 조상을 부정하거나 바꾸는 자는 다 죽는다.'는 말씀입니다.

모든 생명은 뿌리 기운으로 태어나 매순간 뿌리 기운으로 살고 열매를 맺습니다. 따라서 뿌리를 부정하는 것은 생명의 근원을 거부하고 잘라내는 일입니다. 그것은 결국 소멸이 있을 뿐입니다.

국가와 민족도 그렇습니다. 뿌리 역사를 잃어버리고 국조國祖를 부정하면 영원한 죽음이 있을 뿐입니다. 따라서 **역사의 근원과 뿌리를 송두리째 잃어버린 한민족의 역사 광복운동이야말로 진정한 독립운동이요 구국운동입니다.**

나라는 1945년에 해방되었으나 한국의 창세 역사와 원형문화는 아직 식민 시대의 어둠 속에 갇혀 있습니다. 마지막 역사 혁명이자 진정한 독립운동은 지금부터입니다.

이제 한국인이라면 누구도 역사 광복운동의 독립군이 되어, 인류 창세 문화인 신교의 정통맥을 이은 증산도와 함께, 한민족의 잃어버린 옛 역사와 문화를 되찾아야 할 것입니다. 8,200만 한민족이 모두 참된 대한大韓 사람으로 거듭나 지구촌 전 인류가 한 가족으로 살아가는 희망의 새 시대를 여는 자랑스러운 역사의 주인공이 되기를 소망합니다.

환기 9211년, 신시개천 5911년, 단군기원 4347년
서기 2014년 6월

安 耕 田

목 차

책을 펴내며 4

1장 한민족이여, 깨어나라! 15

1. 세계가 알고 있는 한국 16
1) 동북아는 역사전쟁 중 16
2) 한국사의 현주소 24

2. 깊은 어둠 속에 갇힌 한국인 34
1) 중국과 일본의 역사 조작극 34
2) 우리 손으로 왜곡한 한국사 54
3) 이제는 깨어나야 할 때 73

2장 『환단고기』로 바로잡는 대한민국 국통맥 ..81

1. 인류의 첫 나라, 환국桓國 82
1) 인류의 황금시절, 환국은 어떤 시대였나 82
2) 환국의 영성문화, 신교 91
3) 환국에서 넘어간 서양 문명의 근원, 수메르 94

2. 동방 한민족의 첫 나라, 배달 100
  1) 환국을 계승한 배달 100
  2) 배달의 문화를 부흥시킨 성인들 104
  3) 중국 문명의 주역, 배달 동이 108
  4) 환국과 배달의 역사를 밝힌 홍산문화 112

3. 고대 한민족의 전성기, 단군조선 125
  1) 나라를 삼한三韓으로 나누어 다스림 125
  2) 놀라운 수준의 청동기 문화와 거석문화 128
  3) 동북아를 호령한 대제국, 단군조선 131
  4) 삼한관경제의 쇠퇴로 기울어진 국운 137

4. 단군조선 이후의 우리 역사 142
  1) 단군조선을 계승한 북부여 142
  2) 남삼한의 성립 144
  3) 북부여의 구국영웅 동명왕과 동부여 145
  4) 고구려 이후 대한민국까지 147

3장 잃어버린 대한의 혼을 찾아서 153

1. 한민족과 인류의 원형문화, 신교 154
  1) 삼신상제님을 모시는 신교 154
  2) 삼신이 현현한 천·지·인 157

3) 인간의 몸 속에 깃든 삼신 158
　　4) 신교의 3대 경전, 『천부경』・『삼일신고』・『참전경』 .. 160
　　5) 『천부경』이 낳은 하도와 낙서 166
　　6) 신교문화 헌장 「염표문念標文」 170
　2. 신교는 동서문화에 어떻게 계승되었나 176
　　1) 신교문화의 꽃, 천제天祭 176
　　2) 신교의 문화코드, 삼신·칠성 188
　　3) 신교에서 탄생한 동서 종교 199

4장 동방 땅에 오신 삼신상제님 219
　1. 동방에서 부활하는 신교문화 220
　　1) 인간으로 강세하신 삼신상제님 220
　　2) 유교에서 전한 상제님 강세 소식 221
　　3) 불교에서 전한 미륵불 강세 소식 223
　　4) 기독교의 지상 천국 소식 225
　　5) 선천종교 구원론의 총 결론, '다시 개벽' 228
　2. 천지이치로 일어나는 가을개벽 233
　　1) 생장염장으로 순환하는 자연과 인간의 역사 ... 233
　　2) 우주변화의 법칙을 담은 우주 1년 도표 236
　　3) 자연과 문명과 인간질서의 대전환, 가을개벽 .. 238

  4) 가을개벽이 오는 이치......................................241
 3. 지금은 만유생명이 근본으로 돌아가는 때......245
  1) 인류 문화의 뿌리이자 열매 진리, 증산도...........245
  2) 인류는 어떻게 원시반본해야 하는가................248
  3) 뿌리 역사를 되찾아야 한다.................................250
  4) 열매 문화인 상제님의 도를 만나야....................251
 4. 우주의 가을 문명은 왜 한반도에서 열리나.....254
  1) 동북방에서 열매 맺는 우주섭리, 간艮 도수度數 ...254
  2) 지구의 혈穴 자리, 한반도..................................256
  3) 신교문화의 종통 계승자, 대한민국....................257
 5. 마침내 인간으로 오신 삼신상제님................260
  1) 상제님의 지상 강세...260
  2) 상제님의 존휘와 존호..263
  3) 상제님의 성장 과정...265
  4) 상제님의 조화권능..266

5장 후천 선경 낙원의 설계도 천지공사........273
 1. 인간의 참모습과 상제님의 강세 이유............274
  1) 인간의 참모습과 사후의 세계.............................274
  2) 천상 신명 세계의 실상..277

3) 지금은 인류 역사의 원한이 폭발하는 때............278
2. 상제님의 우주역사 사령탑, 조화정부造化政府 ... 282
   1) 천상 신명계의 조화정부 결성 282
   2) 천지공사가 실현되는 이신사理神事 원리.............283
3. 인류사의 새 판을 짜신 세운世運 공사.............286
   1) 인류 역사상 가장 큰 원한의 출발점, 단주丹朱......286
   2) 바둑판과 씨름판 도수 288
   3) 끝나지 않은 최후의 역사 대전쟁, 상씨름..........292
   4) 천지의 불기운을 묻는 화둔火遁 도수...................293
4. 가을개벽의 실제 상황..295
   1) 가을 대개벽의 전령, 시두時痘 대폭발...................295
   2) 앞으로 역사 개벽전쟁(상씨름)이 있다...............296
   3) 전쟁과 동시에 병겁病劫이 들어온다...................298
   4) 병겁이 오는 이유 300
   5) 가을세상을 여는 또 하나의 관문, 지축 정립 301
   6) 사람과 천지가 함께 성공하는 천지성공 303
5. 상제님 도법 전수와 인류 구원을 위한 도운道運 공사306
   1) 도운道運 공사의 핵심, 종통宗統 계승 공사............306
   2) 가을철 어머니 문화를 여는 수부首婦 공사............307
6. 천하사 도업을 성취하는 종통 도운 역사........310
   1) 도장道場 문화를 처음 여신 태모님 310

2) 추수秋收 도운을 여신 안운산安雲山 태상종도사님 . 311
　　3) 인류를 건져 새 역사를 여는 법방은 314
　　4) 육임 의통구호대, 칠성 도수 315

6장 천지의 꿈을 이루는 대한大韓 317

  1. **개벽 후에 펼쳐지는 지상 선경낙원** 318
　　1) 완전한 조화를 이루는 자연환경 318
　　2) 우주일가 통일문화 319
　　3) 인간의 도통과 조화문명 321

  2. **후천 가을의 조화 광명 문화를 여는 주역, 대한** .. 325
　　1) 후천문명의 개척자, 태일 325
　　2) 태일은 곧, '대한' 327
　　3) 대한大韓의 인간으로 거듭나는 길 329

  3. **조화 광명 문화를 여는 공부법** 334
　　1) 천지의 조화를 여는 태을주 334
　　2) 한민족의 전통 수행법, 정공과 동공 337
　　3) 시두를 극복하는 약, 태을주 341
　　4) 태을주 수행의 성공 열쇠 343

  4. **대한大韓의 사명** 347

chapter 1

한민족이여, 깨어나라!

1
세계가 알고 있는 한국

1) 동북아는 역사전쟁 중

통일전망대에서

지난 이른 봄날, 필자는 한민족 분단의 현실을 생생하게 보여 주는, 대한민국 최북단 강원도 고성에 위치한 통일전망대에 올랐습니다. 저 멀리 해금강의 반짝이는 수면이 금강산의 수려한 자태와 함께 눈부시게 펼쳐졌습니다.

9천여 년을 함께 살아 온 동족이 남북으로 갈리어 서로 총부리를 겨누고 있는 한반도! 쌀쌀한 겨울 바다의 기운을 느끼며 분단된 한민족의 비극사를 절감하지 않을 수 없었습니다. 1층의 마지막 전시실을 나서면서 입구 벽에 걸린 박두진 시인의 '아 민족'이란 시를 읽는데, 문득 대한민국 통일의 비전과 남북통일의 새 역사 정신이 머리를 스쳤습니다.

겨레여 형제여
우리들 이 가슴 속엔
진한 혈조血潮가 눌리다 또 끓어올라
솟구치지 않느냐

…
오늘 우리가 우리의 조국 못 통일하면
자유 민주 민족통일 못 이룩하면 어떻다 하리
먼 후예가 오늘의 우리를 어떻다 하리

곁에 있는 일행에게 "이 시 속에 남북통일이 안 되는 핵심 이유가 들어 있는데, 그게 무엇인지 아느냐?" 하고 물었으나 아무도 대답을 하지 못하였습니다. 그것은 바로 '자유, 민주'라는 가치입니다. '자유와 민주'는 근대 이후 자본주의 혁명을 성공시키고 인간의 꿈을 성취할 수 있게 한 근대사의 중요한 주제입니다.

그러나 한민족의 통일은 이 소중한 '자유와 민주'라는 이념만으로는 성취할 수 없습니다. 그것을 기반으로 한, 그보다 더욱 중대한 역사 과제가 있습니다. 19세기에 바로 이 땅에서 실제적인 인류 근대사의 새벽을 선언한 '다시 개벽'이 그것입니다. 동학東學의 '개벽'으로만 통일이 가능한 것입니다. 왜냐하면 대한민국은 치열한 동북아 역사전쟁의 소용돌이 속으로 더욱 거세게 휩쓸려 들어서고 있기 때문입니다. 오늘의 한반도가 처한 위기에 대해 서울대 송호근 교수는 "구한말 망국 때와 정확히 일치한다. … 과장이 아니다. … 그때보다 더 열악하다. 한국을 두고 벌어지는 국제정세가 그렇고, 그와는 아랑곳없이 터지는 내부 분열도 그렇다."[1]라고 경고합니다. 현재 한민족은 제국주의 침략으로 국토가 유린되던 19세기 후반보다 훨씬 더 위험한, 심각한 상황에 처해 있는 것입니다.

통일전망대를 내려오면서, 필자는 한반도 위기 상황의 근본 원인인 동북아 역사 대전쟁의 실체를 극명하게 밝혀 대한민국이 이 위기를 벗어나 진정한 통일을 이루고 희망찬 미래를 여는 해법과 비전을 제시해야겠다고 생각하였습니다.

동북아 영토 분쟁의 실체

지금 한반도를 포함한 동북아시아에서는 영토 분쟁이 치열합니다. 독도를 두고 일본과 한국이, 대한민국의 소유인 이어도를 놓고 중국과 한국이, 일본이 점유하고 있는 센카쿠(댜오위다오) 열도를 둘러싸고 중국과 일본이 대립하고 있습니다. 과연 이 분쟁의 실체는 무엇일까요?

일본 『문예춘추』에 실린 한 기사에 따르면, 중국이 센카쿠 도발을 하는 이유는 아시아 맹주로 군림하기 위한 작전으로 "중국은 '현대판 대동아공영권'을 꿈꾸고 있다."라고 합니다. 2013년, 시진핑이 중국 공산당 총서기로 취임한 뒤 행한 연설을 분석한 어느 일본 정치인은, "그의 연설에는 '중국이 세계의 중심이고 주변국은 중국을 따라야 한

---
1) 중앙일보 송호근 칼럼 2013.12.3

다'는 생각이 선명하게 드러난다."고 지적합니다.[2] 중국은 지금 21세기 판 중화中華사상을 완결 짓기 위해 한 수를 두고 있는 것입니다.

이러한 중국에 대항하여 일본의 아베 내각은 대중국 경제 봉쇄 전략을 추진하고 있습니다. 또한 동맹국이 무력공격을 받을 경우 그 나라를 원조하여 공동으로 적국을 공격할 수 있는 '집단자위권'을 행사하겠다고 나서고 있습니다. 군국주의가 다시 살아나고 있는 것입니다.

일본의 독도 영유권 주장도 단순히 섬 하나를 차지하고자 함이 아닙니다. 동북아에서의 입지를 강화하고 나아가 다시 한 번 세계 정치무대의 강자로 등극하겠다는 속셈입니다.

이렇듯 언제 급변사태로 돌변할지 모르는 한·중·일 사이 갈등의 이면을 들여다보면, 그 실체는 한마디로 역사전쟁, 곧 동북아 문화와 역사의 주도권 쟁탈전입니다. 더 구체적으로 표현하자면 '누가 동북아의 진정한 주인인가?'를 놓고 벌이는 싸움입니다. 『아시아 이상주의』의 저자 이홍범 박사의 말과 같이 '세계를 지배하는 국가는 경제력, 군사력을 쥐고 있지만, 그보다 중요한 것은 보이지 않는 역사 권력을 가진 나라'이기 때문입니다. 이 동북아 역사

---

2) 『문예춘추』, 2014년 1월호

전쟁은 왜, 언제부터 시작된 것일까요?

동북아 역사전쟁, 그 원인과 시작

인류 문명은 동방에서부터 시작되었습니다. 한민족은 9천여 년 전 동방 땅에 '광명의 나라' 환국桓國을 열어 인류 창세 문명을 개척한 시원 역사의 종주宗主요, 천자국天子國의 본래 주인입니다(2장 참고). 중국과 일본은 바로 동방 광명 문화의 주인인 한민족으로부터 문화와 역사의 주도권을 빼앗기 위해 수천 년 전부터 우리의 상고사를 왜곡하고 문화를 탈취하면서 영토까지 넘보고 있는 것입니다. 이것이 지금 동북아 역사전쟁이 일어나는 근본 이유입니다.

한민족에게서 천자국의 지위를 빼앗으려는 중국의 도발은 4,700년 전, 중국 역사의 시조인 헌원 시대부터 시작되었습니다. 오늘날 중국에서 황제로 추앙받는 헌원은 본래 동방 배달의 치우천황의 통치 아래 있던 서방 지역의 일개 제후였습니다. 그런 헌원이 천자를 자처하며 치우천황에 대항하여 반란을 일으킨 것입니다. 그러나 지금의 북경 서북쪽 탁록에서 10년 대전쟁 끝에 치우천황에게 패하고 마는데, 이것을 보면 중국의 역사는 동방 문화의 주인, 천자 자리를 넘보는 모반의 역사로 출발한 것입니다.

한편 일본의 동방 문화 주도권 침탈은 그들의 시원 역사 왜곡으로부터 시작되었습니다. 본래 일본의 시원사는 단군조선 때부터 한반도에서 건너간 한민족의 개척사이고, 일본 문화 또한 한민족의 문화가 이식된 것입니다. 그런데 일본은 그들에게 광명 문화를 전수해 준 어머니 나라 백제가 망하자, 한반도와의 인연을 끊고 새 출발을 하면서(670년) 나라 이름 '왜倭'를 '일본日本'으로 바꾸었습니다. '일본'은 '해가 뜨는 뿌리(日出之本)'라는 뜻으로 '동방 광명 문화의 주인'이라는 의미를 내포하고 있습니다. 한민족을 제치고 그들이 세계 문화의 근원이자 중심임을 자처한 것입니다. 이것이 일본이 일으킨 동북아 역사전쟁의 시작입니다.

이렇게 시작된 전쟁이 지금까지 계속되고 있는 것인데, 정작 한민족은 수천 년 동안 이어진 중국과 일본의 끈질긴 역사 왜곡과 침탈 때문에 뿌리역사와 문화의 시원을 다 잃어 버려서 그 심각함을 전혀 모르고 있습니다.

우리가 오늘의 이 역사전쟁에서 살아남기 위해서는 반드시 잃어버린 역사 권력을 회복해야 합니다. 한韓 문화의 원형을 알고 그 속에 담긴 민족혼을 되살려야 합니다.

역사를 잃어버리면

역사를 안다는 것은 나와 우리 삶의 출발점을 아는 것입니다. 특히 한국사의 근원은 인류 창세사와 직접 연관되어 있습니다. 그래서 한국사의 뿌리가 희석되고 왜곡, 조작되는 것은 인류사의 기원이 왜곡되는 것과 같습니다.

과거 역사를 잃어버리면 현재 이 세계를 보는 안목, 인간 삶의 공동체인 민족과 인류 문화를 보는 안목이 근본적으로 뒤틀립니다. 나아가 올바른 지혜의 눈으로 미래를 조망할 수 없습니다.

그리하여 역사를 잃으면 모든 것을 잃게 됩니다. 역사를 잃고서 나라를 보존한 민족은 없습니다. 오늘의 분단의 역사, 그 원죄도 다 역사를 잃어버린 데서 나온 것입니다. 남북통일을 위한 제1의 과제는 바로 잃어버린 한민족의 역사와 문화를 회복하는 것입니다.

필자는 지난 수십 년 동안 우리 역사와 문화의 뿌리를 탐구하다가 2012년 9월, 마침내 한민족의 시원역사와 인류 원형문화를 밝히는 『환단고기』 완역본을 출간하였습니다. 이후 국내 주요 도시를 다니며 한민족 역사뿌리 찾기 『환단고기』 콘서트 강연회를 마친 뒤 2013년 가을에 미국 강연 길에 올랐습니다. 그곳 강연회에서 현지 교민들이 하나같이 '이민 2세대들은 한민족의 문화와 역사를 모른다'라고 고백하는 말을 들었습니다. 교민들은 또 2세 젊은이들이 미국 사회에서 그 나름대로 자리를 잡고 성공을 했어도 '우리는 미국인이 아니다. 동시에 한국인도 아니다. 우리는 어중간한 존재다'라는 생각을 갖고 있다고 하였습니다.

왜 그런 생각을 하는 것일까요? 바로 우리 역사와 문화의 뿌리를 잃어버렸기 때문입니다. 이민 2세들의 무너진 정체성을 바로 세울 수 있는 것은 권력도, 명예도, 지식도 아닙니다. 그것은 오직 '한민족의 문화와 역사의 근원'을 되찾는 것뿐입니다.

몇 해 전부터 일본은, 1990년대부터 국제사회에서 한반도의 '동해'를 '동해East Sea'와 '일본해Sea of Japan'로 혼용해 오던 것을 '일본해'로만 표기해야 한다는 주장을 제기하였습니다. 이런 일방적인 주장을 막기 위해 대한민국 정부와 민간은 국제사회에서 '동해'와 '일본해'를 병기倂記하도록 외교적인 모든 노력을 기울였습니다. 그 결과 2014년, 미국 버지니아 주 의회가 '공립학교 교과서에 동해와 일본해를 병기한다'는 법안을 통과시켰고, 뒤이어 뉴욕 주도 동해 병기 법안을 통과시켰습니다. 이 소식에 온 나라가 한때 무슨 큰 승리라도 한 듯 떠들썩하였습니다. 미국 내 모든 주도 아니고 한두 개 주의 교과서에 관련된 이 일에 한국 정부가 온갖 노력을 쏟은 것입니다. 그러면서 정작 대한민국의 미래와 직결되는 가장 중대한 문제인 '잃어버린 한민족의 역사와 문화를 회복하는 것'에 대해서는 일절 침묵하고 있습니다.

작금의 동북아 사태를 살펴볼 때, 만일 우리가 잃어버린 역사와 문화를 속히 되찾지 못하고 세계 패권을 차지하려는 중국과 일본에 적극 대처하지 않으면, 머지않아 멸절의 역사 위기를 맞이하게 될 것입니다. 대한민국의 미래가 바로 지금, 우리 손에 달려 있습니다.

이제 한민족의 역사가 어떻게, 왜 왜곡되었는지 그 실태를 살피면서 무너진 한국사를 바로 세우고 진정한 통일 한국을 열어 나갈 길을 함께 모색해 보기로 하겠습니다.

2) 한국사의 현주소

한국인의 부끄러운 역사의식

한민족은 자신의 역사와 문화에 대해 어느 정도의 의식과 자긍심을 갖고 있을까요? 우리 문화와 역사에 대한 한국인의 의식 수준을 가늠할 수 있는 좋은 예가 있습니다. 바로 국보 1호 문제입니다.

대한민국 국보 1호가 남대문인 것은 모두가 다 아는 상식입니다. 남대문의 본래 이름은 숭례문입니다. 그런데 숭례문이 어떻게 해서 남대문으로 바뀌고 국보 1호가 되었는지 그 내력을 아는 사람은 그다지 많지 않습니다.

임진왜란(1592~1596) 당시 해전과 육전에서 승승장구한 왜장 가토 기요마사加藤淸正는 수도 한양까지 쳐들어왔습니다. 그때 기요마사는 숭례문을 통해 입성하여 도성을 파괴하고 수많은 백성을 살상하였습니다.

그 후 300여 년이 지난 19세기에 이르러 일본은 또다시 한반도를 유린하고, 1910년부터 조선을 식민지화하여 통치하면서 문화재를 파괴하거나 강탈해 갔습니다. 숭례문을 비롯한 도성의 4대문도 교통에 방해가 된다고 하여 없애려 하였습니다. 그런데 이때 조선에 들어와 있던 당시 일본인 거류민장이 이를 만류하며, '임진왜란 때 왜장 가토 기요마사가 숭례문을 통해 한양에 입성하였기 때문에 이를 기념하여 숭례문을 개선문으로 삼아야 한다'고 하였습니다. 그래서 일제 총독부는 숭례문을 훼손하지 않고, 숭례문을 단순히 방위만을 뜻하는 '남대문'으로 격하시켜 〈조선고적 1호〉로 지정했습니다(1934년).

광복 후 대한민국은 1962년 문화재보호법을 시행하면서 일제에 의해 지정된 것을 그대로 답습하여 침략자의 입성을 기념한 남대문을 국보 1호로 지정하였습니다. 우리가 자랑스러워하고 소중히 여겨야 할 대한민국 국보 1호에 이 같은 치욕의 역사가 감춰져 있는 것입니다.

국보 1호 지정 내력이 말해 주듯이, 우리는 국가의 문화재 보물 하나도 제대로 정하지 못할 정도로 역사의식이 투철하지 못할 뿐만 아니라, 아직도 일본 제국주의의 정신적 노예로 살고 있습니다.

대한민국 역사 교육의 현주소
그렇다면 한국의 역사서, 특히 학생들이 읽는 역사 교과서에 우리 역사의 뿌리는 어떻게 기술되어 있을까요? 현 대한민국 정규 교육 과정에서 가르치는 우리 고대 역사의 대강을 살펴보겠습니다.

2006년도까지 초·중·고 역사 교과서는 '서기전 2333년 단군이 고조선을 건국하였다고 한다'라고 하여, 우리 시원 역사를 마치 남의 역사 얘기하듯 서술했습니다. 그러다 이듬해 대한민국 역사 교육 사상 처음으로 국정 교과서가 '단군왕검이 고조선을 건국했다'라고 하여 단군조선을 역사적 사실로 인정했습니다. 여러 해에 걸친 뜻있는 사람들의 노력이 열매를 맺은 것입니다. 그러나 일부 역사 교과서는 아직도 자신감 없는 허수아비 언어로 우리 역사를 농락하고 있습니다.[3]

잘못된 역사를 바로잡아 알려야 할 우리나라 공공기관의 전시관도 큰 문제입니다. 국정 교과서가 고조선을 실존 역사로 인정한 지 2년 뒤인 2009년, 서울 용산의 국립중앙박물관에 **고조선관**이 처음 세워졌습니다. 그런데 그곳을 가 보면 전시된 유물도 별로 없고 초라하기 그지없습니다. 그곳 안내문에는 '**최초의 국가 고조선**The First Korean State'

---

3) '곰이 변한 여자와 혼인하여 단군을 낳았으며, 단군이 고조선을 건국하였다고 한다'(고등학교 『한국사』 17쪽, 천재교육, 2012) '삼국유사와 동국통감에 따르면 고조선은 단군왕검이 건국하였다고 한다'(고등학교 『한국사』 20쪽, 지학사, 2012)

이라 했을 뿐 고조선의 실제 역사는 전혀 적혀 있지 않습니다. '서기전 2333년에 건국되었다'는 구절 다음에 '서기전 194년 위만조선으로 계승되었다'는 이야기뿐입니다. 부끄러운 일이지만 이것이 해방 후 70년이 지난 오늘날 한국 역사 교육의 현주소입니다.

이러한 교육 환경에서 성장한 대한민국 국민의 의식 속에 단군조선(옛 조선)은 신화의 역사일 수밖에 없습니다. 그리고 대한민국 국민은 한결같이 "한국의 실제 역사는 연나라 사람 위만이 세웠다는 위만조선, 또는 한 무제가 위만조선을 멸망시키고 설치했다는 한漢나라의 식민지, '한사군漢四郡'에서부터 시작되었다."고 알고 있습니다. 즉 '한국사는 중국의 식민지로 시작되었다. 한국 역사는 2천여 년이다'라고 하며, 우리 스스로 우리 역사를 부정하고 그 빈자리를 식민지 역사, 노예 역사로 채우는 미몽에 빠져 있는 것입니다. 제 역사를 부정하는 혼 빠진 민족, 이것이 오늘날 부인할 수 없는 한민족의 서글픈 자화상입니다.

대한민국 정부 기관의 어이없는 역사의식

우리 정부 기관의 역사의식도 문제입니다. 정부가 동북아의 올바른 역사 이해를 도모하고, 동북아의 평화와 번영의 기반을 마련하고자 설립한 동북아역사재단의 예를 살펴보겠습니다.

1970년대 이후, 고대 한민족의 활동 무대이던 중국의 만리장성 밖 요령성 일대에서, 세계사를 새로 써야 할 만큼 충격적인 유적 발굴이 있었습니다. 이 유적을 홍산문화라 합니다. 여기서 최고 9천 년 전까지 거슬러 올라가는 유물이 발굴되자, 중국은 재빨리 홍산문화를 그들의 것으로 만들어 중국을 인류 문명의 뿌리 나라, 종주국으로 만들 전략을 세웠습니다. 중국은 2001년부터 자국의 시원을 확정짓는 탐원공정探源工程을 기획하고, 그 일환으로 2002년에 동북공정東北工程을 시작하였습니다.

동북공정이란 중국의 동북지방, 즉 요동, 요서, 만주에서 펼쳐진 한민족의 고대사를 중국의 역사로 편입시키는 역사 왜곡 공작입니다. 이 과정에서 중국은 한민족의 고구려와 대진(발해) 역사를 중국 내 소수민족의 역사로 둔갑시키고, 고구려와 발해의 유적을 당나라의 유적으로 조작했습니다.

2007년, 동북공정을 마친 중국은 홍산문화를 요하문명이라 부르며, 요하문명론을 내세워 단군조선의 역사까지 중국의 역사로 만들고 있습니다. 홍산문화의 양식은 중국 한족의 문화 양식과 분명히 다릅니다. 그럼에도 불구하고 '현재 중국 땅에서 살고 있는 모든 민족의 과거 역사는 곧 중국의 역사'라는 억지 논리를 내세워 홍산문화를 중국의 문화로[4] 전 세계에 선전하고 있습니다.

이와 같은 중국의 동북공정에 대응하기 위해 2006년, 한국 정부는 약 2,500억 원의 예산을 긴급 배정하여 '고구려역사재단'을 '동북아역사재단'으로 확대, 개편하였습니다. 그러나 대한민국 국민의 세금으로 운영되는 이 단체는 홍산문화를 중국의 고대사에 편입시킨 것에 대해 대응하기는커녕 일언반구도 하지 않고 있습니다.

얼마 전에는 심지어 이런 일도 있었습니다. 2012년에 경기도 교사 열일곱 분이 초·중·고등학교 학생들을 위한 역사자료집을 만들면서 거기에 "고조선은 역사적 사실이다."라고 밝혔습니다. 이에 대해 동북아역사재단이 교육과학부(지금의 교육부)와 외교통상부에 공문을 보내어 '단군조선은 신화이지 믿을 수 있는 역사적 사실이 아니다'라고 하며, 그 내용을 수정하도록 압력을 넣은 것입니다.

동북아재단이 행한, 이보다 더 한국인을 분노하게 하는 심각한 사건이 또 있습니다. 미국 하버드대학의 한국학연구소Korea Institute에 10억 원을 지원해서 한미합작으로 역사 왜곡 작품을 만들었습니다. 그것이 바로 2013년에 발간한 『한국 고대사 속 한사군The Han Commanderies in Early Korean History』입니다. 큰 글자로 박힌 제목에서부터 '한국

---

[4] 예를 들면, 요령성박물관에 요하문명전을 상설 전시하면서 비파형 청동검과 고인돌 등의 고조선 청동기 문화를 중국 문명으로 소개한다.

이 한漢나라의 식민지'임을 표방하고 있는, 300여 쪽 분량의 고급 양장본인 이 책은 '한漢 무제가 설치한 한사군은 역사 사실이며 한반도의 한강 북쪽에 위치했었다'라고 결론을 내리고 있습니다. 외세가 별인 역사 조작극의 정수이자 핵심을 대한민국 정부 기관이 역사의 진실로 못 박아서 전 세계에 널리 퍼뜨리고 있는 실정입니다.

세계 교과서 속의 한국사

정부 기관에서부터 일반 국민에 이르기까지 우리의 역사 인식이 이러할진대, 국제사회에서는 한국의 역사를 어떻게 말하고 있을까요?

미국의 3대 교과서 출판사에서 나온 책은 하나같이 '서기전 109년경 한국은 중국의 지배하에 있었다'고 말하고 있습니다. 그 가운데 특히 프렌티스 홀 출판사가 발간한 「세계사World History」에서는 '한漢나라의 식민지이던 그 때 중국의 유교, 정치제도, 한자, 농법 등을 전해 받았

경기도 17인의 교사들이 만든 역사 자료집, 『동북아 평화를 꿈꾸다』
'고조선은 역사적 사실'임을 밝히고 있다.

다'[5]라고 하여 우리나라를 중국으로부터 문명 혜택을 받은 미개한 나라로 소개하고 있습니다.

한국 고대사에 대한 미국 교과서의 잘못된 기술은 여기서 그치지 않습니다. '한국의 역사는 고대에 소규모의 유목민 집단이 중앙아시아로부터 이주해 오면서 시작되었다'[6]고 하여 한국인의 뿌리를 저 먼 곳에서 온 떠돌이 집단으로 말합니다. 또한 고려를 칭기즈칸이 세운 원나라의 식민지라고 소개하고 있습니다. 물론 고려는 원나라의 압력으로 천자국의 지위를 빼앗기고 25세 충렬왕 때부터 황제를 왕으로 낮춰 불러야 했지만, 나라를 빼앗기고 원나라의 식민지로 전락한 것은 결코 아니었습니다.

영국의 교과서도 미국 교과서와 마찬가지로 2천 년 전의 진한秦漢 시대 동북아 지도에서 한국을 중국의 식민지로 표시하고 있습니다.

---

5) 「World History」, PRENTICE HALL, 2007.
6) 『World Cultures』, PRENTICE HALL, 2003

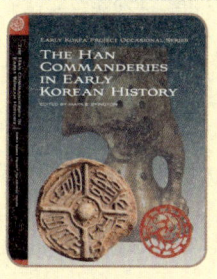

『The Han Commanderies in Early Korean History』
한국 고대사 속 한사군(2013)
미국과 한국 학자가 쓴 10편의 영어 논문을 실어 '2,100년 전 한국인은 한나라의 식민지 백성이었고, 한사군은 한강 북쪽에 있었다'고 하였다. 일본이 조작한 역사를 그대로 되새김질하고 있는 한국 주류 강단사학계의 고질적 병폐를 보여 준다.

대만의 교과서에서는 "조선반도는 상(殷)나라 말년에 기자에 의해 개척되었다."[7], "조선은 주나라 초기에 기자가 국토를 개척한 후 3천 년 동안 중국문화의 혜택을 받았다."[8]라고 서술하고 있습니다. 3,100년 전에 기자가 미개했던 한반도에 와서 문명을 처음 열어 주었고, 한국은 지금도 중국의 보살핌을 받고 있다는 것입니다. 그러나 뒤에서 다시 이야기하겠지만, 기자는 상나라가 망한 후 지금의 산동과 하남 지역에서 머물다 세상을 떠난 인물로, 그가 한반도에 왔었다는 기록은 어디에도 없습니다.

일본의 교과서에서는 '4세기 후반 최초의 통일왕조인 야마토 조정이 조선에 출병하여 한반도 남부의 임나任那(현 경남지방) 지역에 영향력을 가졌다'[9]라고 합니다. 한마디로 일본이 삼국시대의 신라, 가야 지역을 정복하고 다스렸다는, 사실과 정반대되는 내용을 진실인 양 가르치고 있는 것입니다. 이렇게 동서양을 막론하고 세계 교과서가 모두 한 목소리로 한국사를 축소, 왜곡하고 있습니다.

그러면 이제 중국과 일본이 우리 역사를 구체적으로 어떻게 왜곡하였는지, 또 우리 손으로 왜곡한 역사는 무엇인지 살펴보겠습니다.

---

7) 대만 고교교과서 『역사』 상, 강희도서공사, 2004.
8) 대만 고교교과서 『세계문화 - 지리편』 상, 남일서국, 2006.
9) 일본 중학교과서 『새로운 역사교과서新しい歷史教科書』, 自由社, 2012.

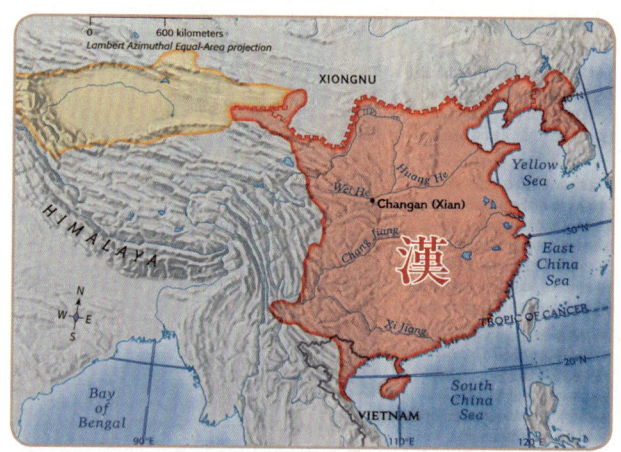

미국 교과서 『세계사World History』(101쪽)에 실린 한나라 지도(글렌코 맥그로 힐 출판, 2004) 한반도 이북이 한나라 강역으로 그려져 있다.

영국 교과서의 진·한시대 동북아 지도 'Put under Chinese administration 109~106 BC(서기전 109~서기전 106, 중국의 식민지 통치를 받다).'라고 표기되어 있다. 『Complete History of the World』 89쪽, 2009.

1장 한민족이여 깨어나라! 33

2
깊은 어둠 속에 갇힌 한국인

1) 중국과 일본의 역사 조작극

중국의 한국 역사 왜곡은 그들이 자국의 역사를 기록하기 시작함과 거의 동시에 자행되었습니다. 서기전 5세기에 공자가 당대 노나라의 역사를 기록한 『춘추春秋』를 보면, 과거 주나라 주변의 민족을 '오랑캐'로 매도하였습니다. 즉, 중국은 높이고 다른 나라는 모두 깎아 내리는 존화양이尊華攘夷, 중화中華주의를 취한 것입니다. 이 중화주의 역사관은 그 후 모든 중국 역사 서술의 기본 지침이 되었고, 그로 인해 중국 사서에 등장하는 한민족의 역사는 대부분 오랑캐의 역사로 각색되었습니다.

일본의 한국 역사 왜곡은 백제가 망하자 나라 이름 '왜倭'를 '일본日本'으로 바꾼(670년) 뒤, 자국의 역사서 『고사기古事記』(712년)와 『일본서기日本書紀』(720년)를 쓰면서 시작되었습니다. 그들은 우선 단군조선 때부터 한반도에서 넘어간 이민자들이 개척한 일본의 고대사를 본래 그 땅에서 자생自生한 왕조 역사로 바꾸어 기록하였습니다. 이렇게 자신의 정체성을 왜곡함과 동시에 일본 문화의 뿌리, 역사의 뿌리인 한민족을 오히려 그들의 식민지 백성으로 조작하였습니다.

이렇게 시작된 일본의 한민족사 왜곡은 20세기에 35년 동안(1910~1945) 조선을 강점하면서 그 절정에 달했습니다.

중국과 일본이 행한 숱한 역사 왜곡 가운데 한국인이라면 누구도 꼭 알아야 하는 중대한 내용을 몇 가지만 정리해 보겠습니다.

왜곡 1. 국호를 지워 존재 자체를 부정

중국은 역사서를 비롯한 모든 문헌에서 동방문화의 주인인 한민족의 나라 이름을 아예 밝히지 않았습니다. 우리의 국호를 모두 폐기처분하고 이상한 별칭으로 불렀습니다.

유교의 대표적인 경전인 13경을 보면, 중국의 고대 삼왕조인 하상주夏商周에 지대한 영향을 끼친 고조선[10]의 국호 '조선'을 전혀 찾아볼 수 없습니다.[11] 고조선 후반기를 살던 유가의 창시자 공자부터 조선을 구이九夷[12]라고 불렀습

---

10) 고조선이라는 국호는 단군왕검이 세운 조선을 이성계가 세운 한양 조선과 구별하기 위해 편의상 쓰는 이름이다.

11) 『상서대전尙書大傳』의 상나라 사람 기자箕子와 관련한 기록에서 '조선'이란 말이 등장한다. 하지만 이 책은 사서오경의 『상서』, 즉 『서경』이 아니다. 『상서』에 대한 해석서이다.

12) 동쪽의 아홉 오랑캐 씨족이라는 뜻. 견이畎夷·우이于夷·방이方夷·황이黃夷·백이白夷·적이赤夷·현이玄夷·풍이風夷·양이陽夷의 구족九族

니다.

　이렇게 중국은 우리나라를 구이九夷(『논어』), 이예夷穢(『여씨춘추』), 직신稷愼(『일주서』), 숙신肅愼(『산해경』), 맥貊(『논어』), 예맥穢貊, 산융山戎, 동호東胡 등 혐오스럽거나 야만적인 느낌을 주는 이름으로 불렀습니다. 예穢는 '더럽다'는 뜻이고, 맥貊은 짐승의 한 종류를 가리킵니다. 산융은 '산에 사는 오랑캐', 동호는 '동쪽에 사는 오랑캐'를 의미합니다.

　한민족을 짐승이나 야만인이란 뜻을 가진 이름으로 기록함으로써 한민족의 역사를 중국 주변에 흩어져 살던 야만스럽고 미개한 부족의 역사로 조작한 것입니다. 나라 이름을 없애버린 것은 우리나라의 존재 자체를 부정한, 너무나 악질적인 소행입니다. 이런 중국이 우리 역사를 저희들 입맛대로 왜곡할 것은 불 보듯 뻔한 일 아닙니까.

왜곡 2. 동방 문화의 주인을 왜곡한 '금살치우'

　중국 정사正史의 비조로 꼽히는 사마천의 『사기史記』 첫머리에서부터 철저한 역사 왜곡이 등장합니다. 중국의 처음 다섯 왕을 기록한 「오제본기五帝本紀」에 중국 역사의 시조 황제헌원의 이야기가 이렇게 기록되어 있습니다.

> 황제가 제후들의 군대를 징집하여 탁록의 들에서 싸워 드디어 '치우를 사로잡아 죽였다(禽殺蚩尤)'.

황제헌원이 동방의 천자 치우천황을 사로잡아 죽였다!

이 주장은 터무니없는 역사 왜곡이요 날조입니다. 중국과 일본의 역사 왜곡을 바로잡고 우리 역사의 참 모습을 밝힐 수 있는 한민족 상고사의 정통 사서『환단고기』를 보면 그 진실을 알 수 있습니다.

치우천황은 배달의 제14세 환웅으로 중원을 경략하여 한민족사에서 강역을 가장 크게 넓히고 배달을 가장 강성한 제국으로 만든 분입니다. 치우천황은 151세를 사시며 국사國師인 자부선사紫府仙師에게서 전수받은 선仙 문화를 동북아 전역에 뿌리내린 동방 신선 문화의 원 종주입니다.

당시 헌원은 치우천황의 통치 하에 있던 서방 지역의 일개 제후였습니다. 헌원도 자부선사에게『삼황내문三皇內文』을 받고 선 문화를 전수받았습니다. 하지만 헌원은 배은망덕하게도 스스로 천자가 되려는 욕심으로 반란을 일으켰습니다. 그리고 탁록 벌판에서 10년 대전쟁 끝에 치우천황에게 무릎을 꿇고 그의 신하가 되었습니다. 이러한 사실이『사기』첫머리에 정반대로 기술되어 있는 것입니다.

그러나 사마천은 이 구절에 앞서 '치우가 가장 강포하여 능히 그를 정벌하지 못했다'고 하여, 치우천황은 누구한테도 패한 적이 없었다고 역설하였습니다. 그러면서 헌원이 치우천황을 사로잡아 목을 베었다고 하였으니, 이것은 앞

뒤가 맞지 않는 주장으로 '금살치우'가 조작된 내용임을 스스로 드러냅니다. 『사기정의』(장수절張守節의 『사기』 주석서)도 당시 치우천황의 위엄과 군사력에 대해 "치우 군대가 금속 투구를 머리에 쓰고 큰 쇠뇌[太弩]와 같은 병장기를 갖추고 출전하여 그 위력을 천하에 떨쳤다."고 전하고 있습니다.

그런데 동방문화의 주인에 대한 중국의 왜곡은 여기서 그치지 않았습니다. 치우천황은 후대에까지 병법兵法의 시조로 추앙될 만큼 강력한 제왕입니다. 그들은 치우천황을 두려워한 나머지 치우천황의 인격을 말살하고 머리에 뿔이 달린 도깨비로 둔갑시켰습니다. 치우천황뿐만이 아닙니다. 인류 문화의 창시자인 배달국의 태호복희씨와 염제신농씨의 인격도 말살했습니다. 5,500년 전, 주역 팔괘를

중화삼조당에 모셔진 치우천황, 황제헌원, 염제신농(왼쪽부터)

처음 그린 철학의 아버지 복희씨는 뱀의 몸뚱이를 가진 사람[人頭蛇身]으로, 그리고 5,200년 전, 의학과 농경의 아버지인 신농씨는 소의 머리를 한 사람[牛頭人身]으로 폄하했습니다. 동방 배달의 위대한 성인 제왕인 세 분을 반인반수半人半獸의 추악한 괴물로 왜곡한 것입니다. 이야말로 우리가 응징해야 할 추악한 역사 불의입니다.

그러던 중국이 최근에는 치우천황과 염제신농씨의 혈통까지 왜곡하면서 역사를 탈취해 갔습니다. 20세기에 들어와 홍산문화가 발굴되자, 홍산문화의 주인이며 동방 천자문화의 종주임을 자처하기 위해 그 동안 괴물로 그려 온 치우천황과 염제신농씨를 그들의 조상으로 탈바꿈시켰습니다. 하북성 탁록에 '중화삼조당中華三祖堂'이라는 사당을 지어놓고 헌원과 함께 염제신농, 치우천황을 '중국의 위대한 세 조상'으로 모셔 놓은 것입니다. 그리하여 중국의 역사를 5천 년 전, 6천 년 전으로 끌어올렸습니다.

왜곡 3. 거짓으로 판명된 기자조선

중국이 자행한 또 다른 한민족사 왜곡이 기자箕子조선설입니다. 하나라, 상(은)나라를 이은 주나라가 건국되던 때인 지금부터 약 3,100년 전, '주나라 무왕이 기자라는 인물을 조선의 왕으로 봉했다'(『사기』)는 기록을 근거로 중국은 한국의 고대사가 중국의 제후국, 즉 식민지로 시작되었다고 주장하는 것입니다.

『환단고기』「단군세기」의 기록을 보면 상(은)나라의 왕족인 기자는 나라가 망하자 고향을 떠나서 산서성 태항산太行山 서북 땅으로 피하여 살았고, 말년에는 고향 땅인 지금의 하남성 서화西華로 옮겼다가 산동성 조현曹縣에 묻혔습니다. 주나라가 막 건국된 이때는 단군조선의 25세 솔나 단군 시절입니다.

이 기자조선설은, 중국 기록에서 전하는 여러 가지 모순된 내용을 종합해 보면, 중국의 억지 주장일 뿐입니다.

우선 기자에 관한 최초의 기록을 담고 있는 중국의『서경』에는 기자가 조선의 왕이 되었다는 이야기가 전혀 나

중국 산동성 조현에 있는 기자묘
산동성 조현에서 서남쪽으로 약 15킬로미터 정도 가면 왕성두촌이라는 작은 마을이 나온다. 그 마을 들판 한가운데에 작고 초라한 기자 묘가 있다. 만일 기자가 정말로 기자조선을 세웠다면 일국의 군주였던 그의 묘가 어찌 이리 초라할 수 있겠는가.

오지 않습니다. 조선의 왕 운운하는 이야기는 그로부터 훨씬 후대인 사마천의 『사기』에 처음 나옵니다.

그런데 『사기』의 기록 자체도 모순된 내용을 담고 있습니다. '무왕이 기자를 조선에 봉했다(武王乃封箕子於朝鮮)'라는 구절 다음에 '신하로 삼지 않았다(而不臣也)'는 구절이 나옵니다. 기자를 조선의 왕으로 삼았다면 기자는 당연히 주나라의 제후이자 신하가 되었을 텐데, 그런 사실이 없다는 것입니다. 그러니 '기자를 왕으로 봉했다'는 기록은 '기자를 왕으로 봉할 생각이었다'는 의미 정도로 해석할 수 있을 뿐입니다. 또한 기자가 고조선 지역으로 넘어왔다는 기록은 그 어디에서도 찾아볼 수 없습니다. 그리고 '조선에 봉했다'는 말은 역설적으로 동방 땅에 조선이란 나라가 그때 이미 존재하고 있었음을 실토하는 것입니다.

사실이 이러한데도 중국을 떠받들던 고려와 조선의 사대주의자들은 날조된 기자조선설을 그대로 받아들였습니다. 더욱이 기자를 '당시 문자도 없이 야만 상태에 머물던 한민족에게 문화를 전해준 존귀한 스승이자 은인'으로까지 숭배했습니다. 고려 시대에 송나라 사신이 와서 "그대 나라에 기자의 묘가 어디 있는가?"라고 묻자, 우리 관료들은 송나라의 비위를 맞추기 위해 부랴부랴 평양에다 가짜 기자묘와 사당을 짓기까지 했습니다. 동방의 대철인이라 불리는 이 율곡[13]과 이 퇴계[14]마저도 한 목소리로 기자를 높이 찬양했습니다.

다행히도 근래에는 국내 학계에서 기자조선설을 조작된 기록으로 보고, 더 이상 단군조선의 역사에 기자조선을 끼워 넣지 않습니다. 그러나 앞의 대만교과서에 실린 내용을 보면 기자조선의 망령은 아직 완전히 지워지지 않았습니다.

왜곡 4. 일개 반란군에 불과했던 위만정권

우리 상고사를 모독하는 또 다른 왜곡이 바로 위만정권을 위만조선으로 정의히는 것입니다.

위만이란 인물은 한마디로 배은망덕의 표상입니다.

위만은 본래 연나라 왕 노관의 심복 부하였습니다. 한 고조 유방의 고향 친구인 노관은 서기전 195년에 한 고조가 죽고 여태후의 숙청이 시작되자 흉노로 도망을 하였습니다. 이에 갈 곳이 없어진 위만은 상투를 틀고 조선인 복장을 하고서 번조선으로 들어와 거짓 투항을 했습니다. 그로부터 세력을 기른 위만은 이듬해 번조선의 마지막 왕 준왕을 내쫓고 왕검성을 차지했습니다(서기전 194년).

---

[13] "기자께서 조선에 이르시어 우리 백성을 천한 오랑캐로 여기지 않으시고, 후하게 길러주시고 부지런히 가르쳐서…" (『율곡선생전서』)

[14] "단군 시대는 아득한 태고 시대라 증명할 수 없고 기자가 봉해지고 나서야 겨우 문자를 통했다. 삼국 시대 이전은 별로 논할 만한 것이 없다." (『대동야승大東野乘』)

이로써 시작된 위만정권을 일본은 위만조선이라 하여 단군조선의 정통 계승자로 둔갑시켰습니다. 그러면서 단군조선을 신화의 나라로 왜곡하고 위만조선으로부터 조선의 실제 역사가 시작되었다고 주장한 것입니다. 기자조선이 중국이 내세우는 조선이라면, 위만조선은 일본이 내세우는 조선입니다.

단군조선의 실체를 부정하고 위만조선을 내세운 일본의 의도는 무엇일까요? 조선의 역사를 일본 역사보다 더 짧게 만들기 위해서였습니다. 단군조선은 서기전 2333년에 개국하였고 위만조선은 서기전 190년경에 시작되었으니, 이 위만조선설로 한국의 역사를 무려 2,150년이나 잘라낸 것입니다. 그렇게 해서 일본이 조선(2,200년)보다 더 장구한 역사(2,600년)를 가진 나라가 되었습니다.

이렇게 일본이 부각시킨 위만조선은 광복된 지 70년이 지난 지금까지 한국 교과서에 버젓이 살아 있습니다. 중고등학교 역사 교과서에서 하나같이 위만을 준왕의 계승자로, 위만조선이 단군조선을 이은 것으로 잘못 가르치고 있습니다. 그렇다면 그 역사의 진실은 무엇일까요?

단군조선을 계승한 나라는 위만조선이 아니라 서기전 239년에 해모수 단군이 세운 북부여입니다(제2장 참고). 삼조선(삼한, 진조선·번조선·막조선)으로 구성된 단군조선의 중앙정부는 만주의 진조선(진한)이고, 그 진조선을 이은 나라가 바로 북부여인 것입니다. 위만이 차지한 번조선은 진조선의 서쪽 날개였을 뿐입니다.

『환단고기』「북부여기」에 따르면 위만이 준왕에게 망명할 무렵(서기전 195년), 동북아의 천자인 해모수 단군은 늙고 병들어 임종 직전에 처해 있었습니다. 해모수 단군은 부단군인 번조선(변한)의 준왕에게 '위만을 결코 받아주지 말라'고 만류했습니다. 그러나 심성이 착하고 우유부단했던 준왕은 해모수 단군이 붕어한 뒤 위만을 받아들여 한나라와의 국경 지역에 있는 상하운장의 수비대장을 맡겼습니다. 이에 몰래 무리들을 모아 세력을 기른 위만은 1년 뒤 왕검성을 쳐들어와 준왕을 몰아내고 왕위를 차지한 것입니다. 이후 약 90년 뒤 손자 우거에 이르러 위만정권(소위 위만조선)은 한나라의 침략 때 지도층의 내분으로 무너지고 맙니다. 한마디로 위만정권은 한민족의 국통맥이 단군조선에서 북부여로 이어지던 때에 서쪽 변방을 잠시 점령했던 반란 정권에 지나지 않습니다. 어느 날 쳐들어온 강도가 우리 부모를 내쫓고 안방을 차지하고서 '오늘부터 내가 너희들의 부모다'라고 한 패악의 역사가 바로 위만정권인 것입니다.

왜곡 5. 최악의 역사 조작극, 한사군

한국사에서 가장 큰 논쟁거리의 하나인 한사군설은 중

국과 일본이 이중 삼중으로 왜곡하고 한국 강단사학계가 그것을 적극 옹호하는 최악의 역사 조작극입니다.

한사군설이란 '한민족의 역사는 서기전 108년에 한 무제가 한반도 평양 주변에 설치한 4군四郡(낙랑, 임둔, 현도, 진번)의 지배를 받으면서 시작되었다. 즉 한민족의 역사는 중국의 식민지로 시작되었다'는 것이 그 핵심입니다.

전한前漢 시대의 『사기』와 후한後漢 시대의 『한서漢書』 등 중국 사서에 '한나라 무제가 요서 지역의 위만정권을 쳐서 멸하고 그 자리에 한사군을 세웠다'는 기록이 나옵니다. 그러나 그 내용을 들여다보면 일관성이 없어 매우 혼란스럽습니다.

먼저 중국 정사正史의 최고봉으로 꼽히는 『사기』에서는 '한 무제가 조선을 평정하고 4군을 설치했다'고 했을 뿐 사군의 구체적인 내용에 대해서는 아무런 언급이 없습니다. 지나간 역사 기록도 현장 답사를 통해 꼼꼼히 확인했던 사마천이, 한 무제가 일으킨 이 전쟁을 직접 지켜보았음에도 불구하고 사군의 이름을 기록하지 않은 것입니다. 이 한 줄이 과연 사마천의 기록인지 의구심마저 듭니다.

구체적인 4군의 명칭은 사마천 사후 백 년 정도가 지난 뒤, 후한 시대 반고가 중화주의 사관으로 쓴 『한서』에 처음으로 나타납니다. 하지만 한사군에 소속된 군의 개수를 일관되게 말하지 않았습니다. 오직 한 군데서만 4군을 나

열하고, 나머지 두 군데서는 2군 또는 3군만을 기록했습니다. 후대에 나온 『사기』의 주석서에서도 4군에 대한 내용이 서로 다릅니다.[15] 이로 볼진대 한 무제 때 4군이 설치되었다는 게 과연 사실인지, 의심하지 않을 수 없습니다.

일부 학자들은 1998년에 중국 요령성에서 발견된, "임둔태수장臨屯太守章(임둔군의 태수의 관인官印)"이라 표기된 봉니封泥[16]를 근거로 요서 지역의 한사군을 역사적 사실로 말합니다. 그러나 그것만으로는 한사군에 대한 중국 사서들의 불확실한 기록을 뒷받침하기에 턱없이 부족합니다.

또한 『사기』에 기록된, 한 무제가 위만정권을 침공한 과정과 그 결과를 들여다보면 한나라가 요서 지역을 장악하고 그 자리에 식민지를 세웠다고 보기가 매우 어렵습니다.

당시 한 무제는 무력으로 우거정권을 무너뜨리지 못하고 이간책을 써서 간신히 우거를 살해하였습니다. 전쟁이 끝나자 한 무제는 수하인 육군장군 순체荀彘를 기시형棄市刑으로 죽이고, 해군장군 양복楊僕은 서인(평민)으로 강등시켰습니다. 전쟁에 참가했던 장군들을 엄벌에 처했다는 것은 전쟁에서 패배했음을 보여 주는 일면입니다.

---

15) 『사기집해』는 '진번, 임둔, 낙랑, 현도'라 하고, 『사기정의』는 '현도, 낙랑 2군'이라 하였다.
16) 고대 중국에서 문서를 운송하는 도중에 다른 사람이 보거나 위조하지 못하도록 한 표식.

이 한사군에 대한 모든 진실을 밝혀 주는 유일한 현존 사서가 『환단고기』「북부여기」입니다.

> 한나라 유철(무제)이 … 우거를 멸하더니 그곳에 4군을 설치하려고 군대를 크게 일으켜 사방으로 쳐들어왔다. 이에 고두막한이 구국의 의병을 일으켜 … 한나라를 격파하였다. (「북부여기」)

우거를 멸한 한 무제는 군대를 몰아 4군을 설치하려고 만주 지역에 있는 북부여를 공격하였습니다. 하지만 북부여의 구국영웅인 동명왕 고두막한에게 패하고 맙니다(서기전 108년). 고두막한은 나중에 북부여의 옥좌를 넘겨받아 5세 단군이 됩니다.

이 기록으로 볼 때, 한사군은 한 무제의 계획이었을 뿐 실제로 설치된 적이 없습니다. 우거 조정에 내분을 조장하여 어렵사리 우거정권을 무너뜨리고, 그 여세를 몰아 북부여를 공격했다가 고두막한에게 크게 패한 한나라가 어떻게 북부여의 강역에 그들의 식민지를 세울 수 있었겠습니까?

그런데 일본은 이렇게 존재 자체도 불확실한 한사군을 역사 사실로 굳혔을 뿐만 아니라, 한술 더 떠서 '땅 뜨는 재주'를 부려 그 위치를 한반도 대동강 유역으로 옮겨 놓았습니다. 한민족의 터전이 드넓은 대륙이 아니라 작고 초라한 반도였다고, 소위 '한반도 한사군설'을 꾸몄습니다.[17] 조선을 한반도의 한 구석에 있던 '볼품없는 중국의 식민지'로 깎아내린 것입니다.

백 번 양보를 해서 설사 한사군이 설치되었다 하더라도, 그 위치는 한반도가 아니라 지금의 중국 하북성 근처였을 것이고, 또 그때 정황으로 미루어 정상적으로 통치하기도 힘들었을 것입니다.

결론적으로 말하면, 한반도 한사군설은 100% 역사 조작극입니다! 이덕일 박사의 말처럼 이것은 '중국이 밑돌을 깔고 일본이 못 박은 조작된 역사'입니다. 그렇건만 대한민국의 사학계는 이것을 바로잡기는커녕 일본 식민사학의 앵무새 노릇을 하며 한사군 역사를 사실로 가르쳐 왔습니다.

그렇게 한국인이 한사군설을 인정한 결과로, 지금 중국은 한나라와 당나라 시대의 중국 강역을 한강 북쪽까지 당당하게 표시하고 있고, 일본 또한 그들의 교과서에서 한반도 땅의 90%를 한나라 영토로 표시하고 있습니다.

물론 최근 국내 교과서에서는 예전과 같은 노골적인 표현은 보이지 않습니다. 하지만 아직도 한사군의 자취가 고대사 서술 곳곳에 남아 있습니다. 313년까지 고구려, 백

---

17) 일제는 한사군 가운데 낙랑군이 대동강 유역에 있었다는 증거로 1913년, 평안도에서 발굴된 점제현신사비秥蟬縣神祠碑를 제시했다. 그러나 비석의 재질 분석 결과, 이것은 위조된 유물로 판명되었다.

제, 신라의 대중국 관계를 한반도 한사군설을 바탕으로 설명하고 있는 것입니다.

왜곡 6. '한국이 일본의 식민지였다'는 임나일본부

일본이 자행한 역사 왜곡 사례에서 빼놓을 수 없는 것이 바로 임나일본부입니다. '야마토(倭) 정권의 신공神功황후가 4세기 중엽에 한반도 남부의 임나任那 지역을 정벌하여 임나일본부라는 통치 기관을 설치하고 6세기 중엽까지 가야, 신라, 백제를 다스렸다'는 것이 그 핵심입니다. '조선의 남쪽을 경영했다'하여 남선경영론南鮮經營論으로도 불립니다.

임나일본부설은 『고사기古史記』와 함께 일본의 최초 역사서로 꼽히는 『일본서기』에 기록된 '신공왕후의 삼한 정벌'을 근거로 만들어졌습니다.

그런데 『일본서기』의 이 기록은 그 자체가 날조된 역사입니다. 신공왕후는 중국 사서에 나오는 3세기의 히미코卑彌呼라는 여왕을 모델로 해서 만들어진 가공의 인물입니다. 신공왕후가 살았다는 4세기의 왜의 정세는 1백여 개의 작은 나라로 나뉘어 서로 싸우는 지극히 혼란한 상태였습니다. 설사 신공황후가 실존했다 하더라도, 자국의 안위도 위태로운데 어떻게 바다를 건너 남의 나라를 정벌하러 떠날 수 있었겠습니까?

그리고 '4세기에 세운 임나일본부'는 그 명칭에서 이미 모순을 드러내고 있습니다. '일본'은 백제가 망한 뒤 7세기부터 사용된 국호이기 때문입니다. '일본'이라는 이름이 쓰이기 300년 전에 어떻게 '일본부'가 있을 수 있겠습니까.

그럼에도 허구의 임나일본부설은 19세기 말, 일본 제국이 조선을 강제 점령하는 명분으로 악용되었습니다. 과거에 그들 조상이 한반도를 지배하였으니, 근대에 다시 한반도를 점유하는 것은 옛 땅을 회복하는 일이라고 주장한 것입니다. 그러면서 일본은 임나일본부설을 뒷받침할 사료를 찾아내기 위해 광분했는데, 갖은 노력 끝에 광개토태왕 비문에 회칠을 해서 일본에게 유리하게 변조했습니다.

임나일본부설은 일본이 그들에게 문화를 전수해 준 스승을 저버리는 것도 모자라, 스승의 나라를 자신들의 식민지로 전락시킨 용서받지 못할 패륜 사건입니다.

4세기~6세기 가야의 일본열도 진출
(일본은 거꾸로 왜가 가야에 임나일본부를 설치하고 신라와 백제까지 지배하였다고 꾸며냄)

왜곡 7. 지금도 살아 있는 식민사학

일본의 역사 왜곡과 식민사학의 결과는 참으로 심각합니다.

19세기, 메이지유신을 통해 동양에서 유일하게 제국주의 열강의 대열에 합류한 일본은 동북아의 강자로 군림하고자 조선을 본격적으로 침탈하기 시작하였습니다. 일본은 그 토대를 놓는 작업으로 먼저 자국의 학자들로 하여금 한국사를 연구하게 하여 조선사 전체를 식민지 역사로 조작하는 식민주의 사관을 확립했습니다.

1910년에 한국을 강점한 일제는 일본학계의 최고 두뇌들을 조선으로 데려와 1925년에 '조선사편수회'를 발족시켰습니다. '조선사 왜곡 말살 전담 기관'이 출범한 것입니다. 그들은 먼저 한민족의 상고사 기록을 없애고 유물을 훼손하여 조선을 '일본보다 역사가 짧은 나라', '중국과 일본의 식민지로 시작된 나라'로 조작했습니다. 조선인 스스로 열등감에 빠지게 하여 조선을 영원히 지배하려는 것이 그 주된 목적이었습니다. 역사학자 토인비의 "어떤 민족을 멸망시키기 위해서는 그 나라의 역사를 말살하라는 것이 식민주의자들의 철학이다."라는 명언을 철저하게 실천한 것입니다.

총독부 직할의 독립 관청으로 승격한 조선사편수회는 식민주의 사관에 충실한 여러 사서를 간행하였습니다. 그

중 일제가 가장 역점을 두고 편찬한 책이 『조선사』입니다. 『조선사』는 조선 역사와 관련된 조선, 중국, 일본의 사료를 시대별로 모은 총 37권(목록과 색인집 2권 포함)의 방대한 사료집입니다. 일본인의 손에 의해 일본어로 정리된 조선의 역사서가 탄생한 것입니다.

『조선사』를 편찬하면서 일제는 식민통치에 불리한 사료는 의도적으로 넣지 않았습니다. 한민족의 상고사 관련 내용은 전체의 8%에 불과합니다. 그것조차도 단군조선을 비롯한 고구려 이전 역사에 대한 사료는 단 한 건도 없이 '신라통일 이전의 사료'가 제1편을 이룹니다. 『조선사』는 일제 식민사학의 결정체였습니다.

『조선사』 37권 발간은 한민족에게 있어 '우리 손으로 우리 역사를 쓰지 못하고, 침략자 일본이 마음대로 우리 역사를 요리한' 참으로 수치스러운 사건입니다. 그리고 무엇보다 큰 비극은, 한국인의 시원 역사가 다 제거된 껍데기 역사서인 『조선사』 37권이 해방 후 70년이 지난 지금까지도 대한민국 사학계에서 중심 사료로 쓰이고 있다는 점입니다.

『조선사』 내용 분석표
(출처 : 『사림史林』)

- 상고사 8%
- 기타 4% (범례, 색인, 목록)
- 고려시대 15%
- 조선시대 70%

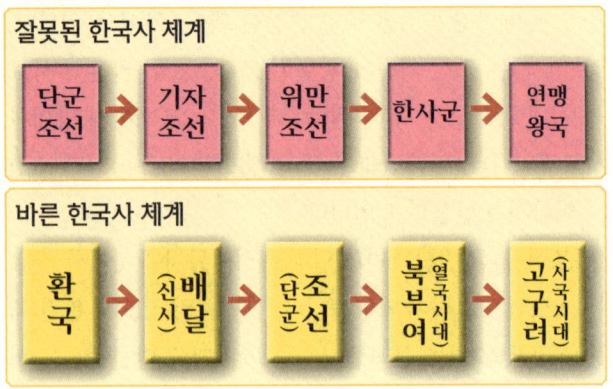

광복 후 한국의 식민주의 역사학자들은 『조선사』를 근거로, 일제가 조작한 가짜 역사를 이 땅의 학생들에게 가르쳤을 뿐만 아니라 잘못 기록된 한국사를 미국을 비롯한 세계 역사학계에도 전했습니다. 그들이 쓴 논문과 책이 전 세계에 퍼져서 오늘날 외국 교과서들도 한민족의 역사를 거리낌 없이 훼손하고 있는 것입니다.

2) 우리 손으로 왜곡한 한국사

일본과 중국이 멋대로 한국사를 조작한 것보다 더 치명적으로 우리를 어둠 속에 빠뜨린 것이 있습니다. 바로 우리 손으로 왜곡한 한국사입니다. 대한민국 역사 교과서의 제1호 사료로 인정받고 있는 『삼국사기』와 『삼국유사』는 우리 역사에 대한 기본적인 사실을 많이 전하고 있는 중요한

사서입니다. 그러나 이들 사서는 사대주의, 혹은 불교사관에 치우친 시각으로 우리 시원 역사와 고대사를 축소, 왜곡함으로써 돌이킬 수 없는 어리석음을 범하고 말았습니다. 그렇다면 『삼국사기』와 『삼국유사』는 어떤 책일까요?

중국 사대주의 사관으로 쓴 『삼국사기』

『삼국사기』의 발간 배경

『삼국사기』는 1145년(고려 인종 23년)에 김부식金富軾이 왕의 명을 받아 편찬한 책으로 삼국(고구려, 백제, 신라) 시대 역사를 기록한 '정사正史'입니다.

『삼국사기』가 편찬되기 30년 전, 북방 여진족의 아골타阿骨打가 금金을 건국하였습니다(1115년). 그 후 금나라는 고려에 '형제국의 관계를 맺고 화친하자'고 하더니 17세 인종 때에 이르러 군신君臣 관계를 강요하였습니다. 당시 고려 조정의 유학자들은 현실 안주론자가 되어 금의 압력에 굴복, 사대事大의 불가피성을 주장하며 금나라를 떠받드는 사금事金 정책을 펼쳤습니다.

이 무렵, 인종 때까지 80년간 5명의 왕에게 무려 9명의 왕비를 들인 인주 이씨 가문의 이자겸이 제거되고, 금나라에 사대를 해서라도 체제와 권력을 유지하려는 김부식이 그 빈자리를 차지했습니다.

그런데 인종은 사대주의자 김부식을 멀리 하고, 금에 대한 사대를 끊고 고려를 황제국으로 선포하자는 묘청, 정지상 등을 가까이 하였습니다. 이에 김부식은 묘청이 이끄는 서경파를 역도로 몰아 제거하고(1136년), 고려 조정의 일인자가 되었습니다.

김부식이 주도권을 쥔 고려 조정은 더욱 깊이 사대주의에 빠졌습니다. 인종 16(1138)년에는 궁궐의 전각과 궁문 이름의 격格을 낮추고, 50개에 달하는 그 현판을 왕이 친히 쓰기까지 하였습니다. 이런 시대 배경 속에서 『삼국사기』가 편찬된 것입니다.

『삼국사기』 기록의 문제

『삼국사기』가 우리 역사 기록을 담고 있는 사서임은 부인할 수 없지만 여기에는 다음과 같은 간과할 수 없는 문제점이 있습니다.

첫째, 북방을 다스리며 중국을 제압했던 고구려를 '진나라와 한나라 이후 중국의 동북 모퉁이에 끼어 있던 작은 나라'로 깎아내렸습니다. 또 '중국의 국경을 침범한 고구려 때문에 한민족이 중국의 원수가 되었다', '백제와 고구려가 망하게 된 것도 천자 나라인 수·당에 거역했기 때문이다'라고 했습니다.

둘째, 『삼국사기』「백제본기」에서 '백제 시조의 출생에 관한 확인되지 않은 이설'을 주석으로 달아서 비류와 온조가 고주몽의 친자가 아닌 것으로 오해받도록 했습니다. 즉 '비류와 온조는 상인 연타발의 딸인, 고주몽의 둘째 왕비 소서노가 고주몽에게 재가하기 전에 낳은 아들'이라는 것입니다. 이리하여 본래 북부여 6세 고무서 단군의 딸인 소서노를 상인의 딸이자 과부로 만들고, 고주몽과 두 아들 사이의 천륜을 끊어 버렸습니다. 이렇게 왜곡된 내용을 바탕으로 만들어진 드라마 〈주몽〉이 몇 해 전 전파를 타고 아시아 전역으로 퍼졌습니다.

셋째, 고구려를 계승하여 만주 대륙을 호령하며 신라와 어깨를 나란히 하던 대진(발해)의 역사를 단 한 줄도 기록하지 않았습니다. 김부식은 신라 귀족의 후손입니다. 자신의 뿌리인 신라를 한국사의 정통正統을 이은 나라로 만들기 위해 대진의 역사를 외면한 것입니다. 이로써 한민족 고대사의 무대가 한반도 내로 축소되었습니다.

넷째, 강렬한 자주 정신으로 당나라에 씻을 수 없는 패배와 수치를 안겨 준 고구려 장수 연개소문을 '권력에 눈이 멀어 임금을 잔인하게 죽인 천고의 역적'으로 만들었습니다. '연개소문이 주군 영류제를 죽여 토막을 내서 구덩이에 묻었다'고 기록한 것입니다.

그러나 역사의 진실은 그게 아닙니다. 영류제는 보위에 오르기 전부터 당나라에 굴욕적인 자세로 일관하였습니다. 임금이 된 영류제는 선왕들의 법을 모두 버리고 당나라에서 도교를 수입하여 강론을 하였습니다. 연개소문이 만류하는 간언을 올리자, 이를 언짢게 생각한 영류제는 대신들과 짜고서 연개소문을 변방으로 좌천시켜 죽이려 하였습니다. 그러나 이 소식을 미리 전해들은 연개소문은 대신들을 열병식에 초대하여 모두 제거하였습니다. 변고가 생기자 영류왕은 변복을 하고 몰래 달아나다가, 송양에 이르러 병사를 모집하였으나 한 사람도 따르지 않음에 수치심을 이기지 못하여 자결하고 맙니다(『환단고기』「고구려국본기」). 이것이 역사의 진실입니다.

한편 김부식은 연개소문을 극악무도한 죄인으로 만든 반면, '고구려만 평정되지 않았으니 늙기 전에 취하려 한다'며 고구려를 침략한 당 태종을 '현명함이 세상에 드문 임금'이라 극찬했습니다. 그리고 당 태종이 고구려를 침략한 이유를 '연개소문의 악행으로 고구려 백성들이 구원의 손길을 기다리기 때문'이라 했습니다.

김부식의 이 기록은 중국의 사서에서 그대로 따온 것입니다. 철저한 사대주의를 바탕으로 우리 역사를 기록한 『삼국사기』 때문에 연개소문은 20여 년간 당의 침략에 맞서 싸우며 나라를 지킨 업적을 제대로 인정받지 못하고 오히려 고구려를 망하게 한 대역죄인으로 평가받았습니다.

결론적으로 『삼국사기』는 중국에 사대하느라 단군조선

에서 고구려로 이어지는 한민족 역사의 계승 맥을 전면 부정하여 국통맥을 혼란에 빠뜨린 소국小國주의 사서요, 극치의 반도사관 역사서입니다.

한민족사의 원형을 훼손한 『삼국유사』
『삼국유사』 발간 배경
『삼국유사』는 1281년(고려 충렬왕 7년)경에 승려 일연이 편찬한 야사野史입니다. 고조선에서 신라 말기까지 역사를 기록하면서, 각 왕조의 흥망성쇠와 관련된 신화와 전설을 다양하게 수록하였습니다. 『삼국사기』가 중국 정사들의 기전체紀傳體 형식에 따라 역사를 서술한 반면, 『삼국유사』는 비교적 자유로운 방식으로 서술하였습니다.

일연이 이 책을 편찬하던 무렵, 고려는 유라시아 대륙의 4분의 1 이상을 지배하던 대제국 원나라에 복속되어 가고 있었습니다. '충렬왕忠烈王' 등 '원나라 황제에게 충성을 맹세한다'는 뜻으로 충성 충忠 자를 붙인 고려 왕들의 묘호들을 보면 당시의 정황을 짐작할 수 있습니다.[18]

이런 시대 상황에 자극을 받아 고려인의 자주 의식이 크게 일어나면서 우리 역사의 본래 모습을 드러내고자 하는 각성이 일어났습니다. 이때 쓰인 책이 바로 『삼국유사』입

---

18) 부끄러운 이 호칭은 제25세 충렬왕 이후 충선왕, 충숙왕, 충혜왕, 충목왕을 거쳐 제30세 충정왕까지 이어졌다.

니다. 그런 의미에서 『삼국유사』는 '한민족 역사와 문화의 고향'이라 할 수 있습니다. 하지만 사료를 충분히 접할 수 없었던 승려라는 신분 때문인지 일연은 한민족사의 원형을 훼손하는 어리석음을 범하고 말았습니다.

『삼국유사』의 역사 왜곡 1

한민족의 시원국가 '환국'을 불교 신화 속 나라로 왜곡

『삼국유사』는 고구려·백제·신라의 삼국을 가리키는 책 제목과는 달리 우리 역사를 환국과 신시 배달과 단군조선부터 서술하였습니다. 제1권에 실린 「고조선」조에서 일연은 먼저 『위서魏書』[19]를 인용하여 '2천 년 전에 단군왕검이 있었고, 그가 아사달에 조선을 세웠다'라고 하였습니다.

이어서 일연은 또 다른 사서 『고기古記』를 인용하여 '옛적에 환국이 있었다[昔有桓国]'라고 하였습니다. 고조선이 생기게 된 뿌리 국가, 환국을 선언한 것입니다. 그런데 일연은 여기서 우리 역사의 계승 맥을 뿌리째 흔들어 놓는 실수를 범합니다. '석유환국'이라는 구절 옆에 '환국은 제석을 말한다[謂帝釋也]'라는 주석을 붙인 것입니다. 제석은 불법을 지키는 수호신입니다. 일연은 환국을 불교 신화 속

---

19) 중국 삼국시대의 위나라 역사를 기록한 책으로 3세기 서진西晉 때의 왕침王沈이 지었다. '동이족을 높이고 중국 화하족을 낮추었다'하여 불태워져 현재 전하지 않는다.

의 나라로 잘못 해석해 놓은 것입니다.

일연이 붙인 이 주석은 일제강점기에 일본이 한민족의 시원 역사를 말살하는 중요한 빌미가 됩니다. 동경대 대학원에서 한국사를 전공한 후 조선에 파견된 이마니시 류今西龍(1875~1932)가 이것을 십분 활용하였습니다. 조선사편수회의 한민족사 왜곡 3인방 가운데 한 사람인 이마니시 류는 활자를 쪼아서 '석유환국昔有桓国'의 '국国' 자를 '인因' 자로 변조한 뒤, 일본 경도대에서 『삼국유사』 영인본을 발행하였습니다(1921년). '환국이라는 나라가 있었다'가 '환인[20]이라는 인물이 있었다'로 바뀐 것입니다. 환국桓國과 글자가 유사한 환인桓因은 절묘하게도 일연이 말한 제석신의 다른 이름입니다. 그러니 왜곡거리를 찾던 이마니시 류는 '바로 이것이야!'라고 무릎을 치며 쾌재를 불렀을 것입니다.

그런데 당시 일본에는 동경대에서 인쇄한(1904년), '석유환국'이라고 바르게 기록된 『삼국유사』가 있었습니다. 이에 이마니시 류는 그의 박사학위 논문에서 일연의 주석을 강조하며 자신이 배포한 경도대 영인본을 강력히 옹호하였습니다. 하지만 이것은 일연의 주석을 빌미로 한국사를 조작했다는 이마니시 류의 자기 고백에 지나지 않습니다.

'석유환인', 이 네 글자로 인해 환국 이후 배달과 단군조

---

20) 환인은 일연이 주석에서 밝힌 '제석'의 다른 이름인 '제석천환인'의 줄임말이다.

선까지 무려 7천 년에 이르는 한민족의 시원 역사가 송두리째 말살되었습니다. 일연이 잘못 붙인 주석 하나 때문에 한민족사의 원형이 훼손되고 우리 역사의 핵이 도려내지고 만 것입니다.

『삼국유사』는 또 환국·배달·단군조선의 국가 성립사를 환인·환웅·단군 3대에 걸친 가족사로 축소시켰습니다. '아버지 환인께서 아들 환웅을 내려 보내 신시 배달을 세우게 했다'고 잘못 기록한 것입니다.

그러나 일연이 인용한 『고기』의 원문이 실린 한민족의 정통 사서 『환단고기』를 보면, '환국 말기에 제7세 지위리 환인께서 세상을 널리 건지고자 하는 서자부의 환웅을 동방 백두산 지역으로 보내 동방 한민족의 첫 나라인 배

1904년 일본 동경제국대에서 발행한 『삼국유사』에 나오는 "석유환국"

달을 세우게 했다'고 하였습니다. 이것이 역사의 진실입니다.

『삼국유사』의 역사 왜곡 2
'웅족과 호족'을 '곰과 호랑이'로 해석할 빌미 제공

『삼국유사』는 우리 시원역사가 신화로 치부되는 또 다른 결정적인 빌미를 제공하였습니다. 한국인이라면 누구도 역사 상식으로 알고 있는 저 유명한 '곰과 호랑이(一熊一虎) 이야기'가 그것입니다. 『삼국유사』「고조선」환웅 이야기에 '일웅일호' 내용이 나옵니다.

> 이때에 한 마리 곰과 한 마리 호랑이가 같은 굴에서 살았는데 늘 참사람이 되게 해 달라고 환웅께 기도했다. 이에 환웅께서 쑥과 마늘을 내려 주시며 100일 동안 그것을 먹으면서 햇빛을 보지 말고 수행할 것을 명하시니, 곰은 사람으로 여자의 몸이 되었으나 호랑이는 이를 지키지 못하여 사람이 되지 못했다. 곰 여인이 환웅과 결혼하여 아들을 낳으매 그 이름이 단군왕검이다.

이것을 읽어 보면 전체 서술이 분명하지 않고 '일웅일호가 함께 굴에 살면서 사람이 되게 해 달라고 빌었다'라고 되어 있습니다. 후대에 식민사학자들이 '일웅일호'를 '사람이 되고자 한 한 마리 곰과 한 마리 호랑이'라고 해석할

여지를 제공한 것입니다. 그리하여 단군왕검은 곰의 아들로, 단군조선 역사는 동물의 신화 이야기로 전락하고 말았습니다.

『환단고기』를 보면 '일웅일호'가 '웅족과 호족 두 족속[熊虎二族]', '웅족과 호족 양가[熊與虎兩家]' 등으로 다양하게 표현되어 있습니다. 이것으로 보아 '일웅일호'는 배달 시대에 살고 있던, 곰을 토템으로 하는 웅족과 호랑이를 토템으로 하는 호족을 가리키는 말입니다. 고대사회에는 특정 동물을 그 부족의 수호신으로 숭배하는 토템사상이 있었습니다.

웅족과 호족인 '일웅일호'를 '한 마리 곰과 한 마리 호랑이'로 해석하는 것은 월남전에 파병했던 우리 맹호 부대를 진짜 호랑이 부대로, 비둘기 부대를 진짜 비둘기 부대로 믿는 것과 같습니다. 그런데도 한국 강단사학자들은 일제 식민사학자들이 해석한 것을 액면 그대로 받아들여 우리 역사의 진실을 철저히 외면하였습니다. 그 결과 대한민국 초·중·고등학교의 모든 역사책에서 『삼국유사』의 이 대목을 하나같이 곰과 호랑이 이야기로 번역하였습니다.

> 초등 「사회」 곰과 호랑이가 환웅에게 찾아와 사람이 되게 해 달라고 빌었다
> 중학 「역사」 곰은 … 여자로 태어났고 … 아들을 낳았다
> 고등 「한국사」 환웅이 … 곰이 변한 여자와 혼인하여 단군을 낳았으며

그렇다면 곰과 호랑이가 '사람이 되게 해 달라고 빌었다'는 기록은 어떻게 이해해야 할까요? 그것은 '웅족과 호족이 인간 본연의 참된 모습을 갖게 해 달라고 빌었다'라고 해석해야 합니다. 『환단고기』를 보면, 배달은 환국의 광명 문화를 전수받은 환웅이 개척한 나라로 배달족은 우주 광명인 '환桓'의 생명과 지혜를 갖춘, 영적으로 성숙한 민족이었습니다. 이에 웅족과 호족이 광명 민족으로 거듭나고자 환웅을 찾아와 혹독한 수행을 청했고, 웅족만이 계율을 지켜 무사히 수행을 마치고 참된 사람의 모습을 갖추게 된 것입니다.

 일연의 단편적인 기록과 그것을 악용한 일본, 그리고 일제의 장단에 맞춰 춤추는 한국 강단사학계, 이 셋이 일체

마야인의 창세 신화를 나타낸 그림
마야인들이 머리에 쓴 투구의 동물 문양은 각 부족의 토템을 상징한다.
출처 : 『The Hidden Life Of The Ancient Maya』, clare gibson.

가 되어 오늘날 대한민국 국민을 제 뿌리 역사를 모르는 무지몽매한 백성으로 만들었습니다.

『삼국유사』의 역사 왜곡 3
단군 역사를 신선 이야기로 왜곡

『삼국유사』는 단군조선을 통치한 마흔일곱 분 단군에 대해서도 왜곡했습니다. 단군왕검 한 분이 1,500년 동안 나라를 다스리다가 1,908세에 산신이 되었다고 한 것입니다. 단군왕검을 곰의 자식이라고 한 것도 모자라 근 2천 년을 살다가 신이 되었다고 기록함으로써, 우리 역사를 더욱더 믿을 수 없는 신화로 만들었습니다. 그런데 이 단군의 수명에는 단군조선 역사의 놀라운 진실이 숨어 있습니다. 1,908년은 『환단고기』에 따르면 단군조선의 제1왕조 시대와 제2왕조 시대를 합친 햇수입니다.[21] 『환단고기』에는 단군조선을 통치한 마흔일곱 분 단군의 재위 연도와 치세가 비교적 상세히 기록되어 있습니다.

이 밖에도 『삼국유사』는 단군왕검이 도읍한 '아사달'을 고려의 수도인 '개경'으로, '아사달'의 다른 이름인 '평양'을 대동강 유역의 평양으로 해석하였습니다. 광활한 대륙을

---

21) 단군조선은 송화강 아사달 시대인 제1왕조(1,048년), 백악산 아사달 시대인 제2왕조(860년), 장당경 아사달 시대인 제3왕조(188년)로 역사가 전개된다.

『삼국유사』「고조선」이 범한 우리 역사 왜곡

1. '환국-배달-조선'으로 이어지는 한민족 7천 년 시원 왕조사를 '환인-환웅-단군'이라는 3대 가족사로 축소시켰다.

2. '옛적에 환국이 있었다[昔有桓國]'라는 『고기古記』의 내용을 전하면서 환국은 '제석을 말한다[謂帝釋也]'는 불교 관점의 주석을 붙임으로써, 인류사의 첫 나라 환국을 불교 신화 속 나라로 전락시켰다.

3. 배달 시대의 두 부족인 웅족과 호족에 대해 제대로 기록하지 않아서 한민족의 시원 역사를 '동물 이야기'로 둔갑시켰다.

4. '단군이 1,500년 동안 나라를 다스렸고 1,908세에 산신이 되었다'고 하여, 고조선사를 신화의 역사로 만들었다.

5. 단군왕검이 도읍한 곳, '아사달'을 고려의 수도인 개경으로, 아사달의 다른 이름인 '평양'을 대동강 유역의 평양으로 해석함으로써, 대륙에 있던 단군조선을 한반도에 국한된 소국으로 전락시켰다.

6. 중국 사서의 기록을 그대로 받아들여, 단군이 기자箕子에게 밀려 장당경으로 천도하였다고, 기자조선이 실존한 것처럼 기록했다. 또한 한사군이 이 땅에 설치된 것이 역사 사실인 양 기록했다.

『삼국유사』「고조선」 원문으로 알아보는 환국 → 배달 → 조선의 국통 맥

> 『魏書』云: 乃往二千載, 有壇君王儉, 立都阿斯達(經云 '無葉山', 亦云 '白岳, 在白州地'. 或云 '在開城東', 今白岳宮, 是), 開國號朝鮮, 與高同時.

『위서』에 이르기를, '지난 2,000년 전에 단군왕검께서 도읍을 아사달에 정하시고 나라를 세워 이름을 조선이라 하시니 요임금과 같은 시대'라 하였다.

> 『古記』云: 昔有桓国(謂帝釋也), 庶子桓雄, 數意天下, 貪求人世. 父知子意, 下視三危太伯, 可以弘益人間. 乃授天符印三箇, 遣往理之.

『고기』에 이르기를, 옛적에 환국이 있었다. 서자부의 환웅이 천하를 건지려는 뜻을 가지고 인간 세상을 구하고자 하거늘, 환국을 다스리시는 아버지 환인께서 아들의 이런 뜻을 아시고 아래로 삼위산과 태백산을 내려다보니 널리 인간에게 이로움을 줄 만한지라. 이에 아들에게 천부天符와 인印 세 개를 주어 보내 이곳을 다스리게 하셨다.

> 雄率徒三千, 降於太伯山頂(卽太伯, 今妙香山)神壇樹下, 謂之神市. 是謂桓雄天王也. …

이에 환웅이 무리 3,000명을 거느리고 태백산 꼭대기 신단수 아래

에 내려오시어 이를 신시라 이르시니, 이분이 바로 환웅천황이시다.(중략)

> 時有一熊一虎, 同穴而居, 常祈于神雄, 願化爲人. 時神遺靈艾一炷·蒜二十枚, 曰: "爾輩食之, 不見日光百日, 便得人形."

이때 곰과 호랑이가 같은 굴에 살았는데 늘 삼신상제님과 환웅님께 참 사람이 되게 해 달라고 빌었다. 이에 환웅께서 신령스러운 것을 내려주시며 그들의 정신을 신령스럽게 하시니 그것은 곧 쑥 한 타래와 마늘 스무 매였다.

환웅께서 이르시기를, "너희들은 이것을 먹으면서 햇빛을 보지 말고 100일 동안 기원하라. 그리하면 인간의 본래 참모습을 회복할 것이니라." 하셨다.

> 熊虎得而食之, 忌三七日, 熊得女身, 虎不能忌而不得人身. 熊女者無與爲婚, 故每於壇樹下, 呪願有孕, 雄乃假化而婚之, 孕生子, 號曰 '壇君王儉'. …

곰과 호랑이가 환웅께서 주신 쑥과 마늘을 먹으면서 스무하루동안을 삼가매 웅족은 여자다운 몸이 되었으나 호족은 금기를 지키지 못하여 참된 사람의 몸이 되지 못하였다. 웅족 여인이 혼인할 곳이 없으므로 매일 신단수 아래에 와서 아이를 갖게 해달라고 빌었다. 이에 환웅께서 웅족 여인을 임시로 광명의 민족으로 받아들여 혼인해 아들을 낳으시니 이름을 단군왕검이라 하였다.(하략)

대한민국 제 1호 역사책으로 인정받고 있는!
'삼국사기'와 '삼국유사'의 실체!

한민족 고대사를 말살하려는 중화사관, 식민사관에 딱 맞으니 두 책만 공식 인정! 다른 책들은 다 없애고 태워 버려!

너희 둘만을 공식 인정하노라!

중일 공식인정

삼국사기 (중화주의)
김부식
중화주의, 사대주의를 바탕으로 삼국시대만 쓴 반토막 역사책!
(1145년, 고려 인종 23년)

삼국유사 (사대주의)
스님 일연
개인의 관점(불교)에서 서술. 왕조의 흥망성쇠와 관련된 신화와 전설 위주로 기록.
(1281년, 고려 충렬왕 7년)

북방을 다스리며 중국을 제압하던 고구려를 깎아 내리고 당나라에 맞서 싸운 연개소문을 '임금을 죽인 천고의 역적'이라 기록함!

당나라를 호령하던 고구려의 **연개소문은 역적**

중국 입장에서 기록

난 유학자니까 사대주의 중화주의는 당연해!

고구려 — 계승한 → 대진(발해) ✗

상고 역사 기록 없음

기록 안했어! 당연하지 난 신라 귀족의 후손인데!

한반도 내의 (축소된) 삼국시대만 기록!

신라를 한국사의 정통 계승자로 세우기 위해 고구려를 계승하여 만주 대륙을 지키며 신라와 어깨를 나란히 하던 대진(발해)의 역사를 한 줄도 기록하지 않았어!

신라 귀족의 후손 **김 부 식**

상고사에 대해서는 한마디 언급도 없는 사서가 어찌 한국을 대표하는 사서가 될 수 있는거야?

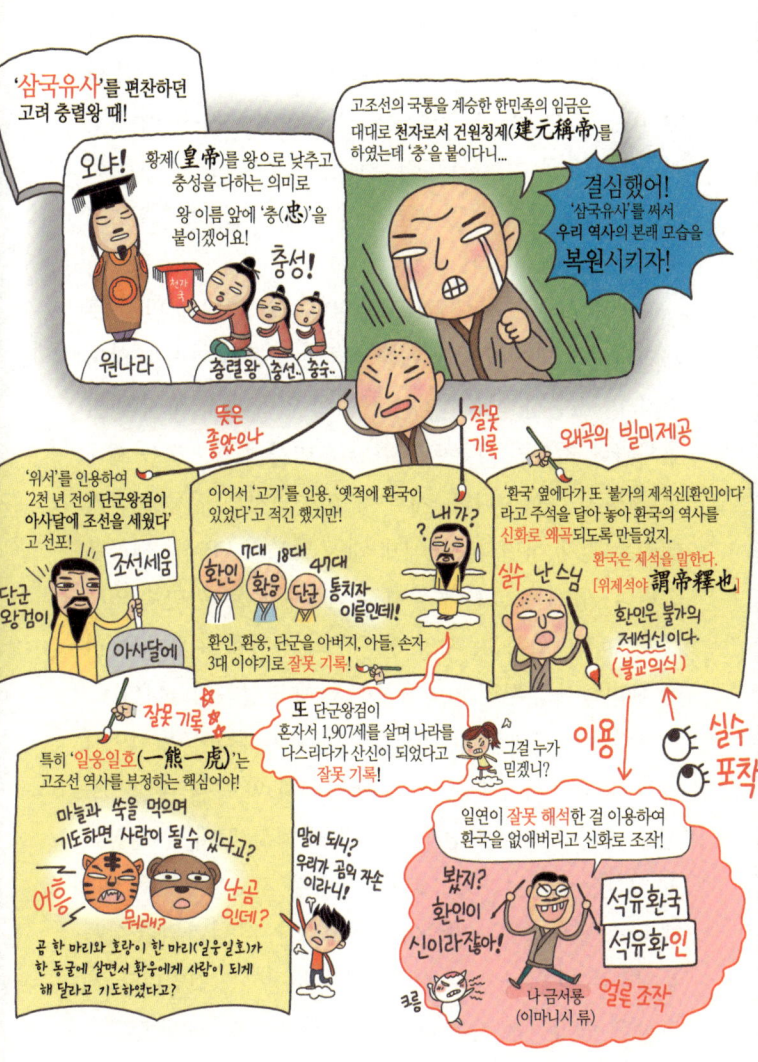

호령하며 72개 제후국을 거느렸던 대제국 조선의 무대를 한반도 내로 축소시켜 보잘 것 없는 소국으로 전락시킨 것입니다. 또 중국의 사서를 근거로 단군이 기자箕子에게 밀려 장당경으로 천도하였다고 기록함으로써 기자조선을 실존한 역사로 만들고, 한사군이 이 땅에 실제로 설치되었던 것처럼 만들었습니다.

정리를 하면, 『삼국유사』는 원나라의 침입에 맞선 주체의식의 발로에서 단군조선 이래 한민족의 역사를 밝히고자 한 소중한 역사서임은 틀림이 없습니다. 하지만 불교사관에 치우친 기록으로 한민족 역사의 참모습을 제대로 전하지 못했습니다. 게다가 조선 역사의 밑동을 잘라내려는 일제 식민학자들에게 왜곡 날조의 빌미를 제공했습니다. 일제는 일연이 붙인 주석을 근거로 한민족 역사 왜곡을 정당화하고, 서양 실증주의 사관을 지렛대로 하여 한민족사의 뿌리 시대를 송두리째 말살하였습니다.

그런데 더 큰 문제는 한국의 강단사학자들이 이 식민사학의 덫에 걸려서 일제가 조작한 '역사 악보'를 바탕으로 지금 이 순간까지 열심히 '식민주의 역사 노래'를 제창하고 있다는 점입니다. 그 결과 한민족은 지구상에서 유일하게 국조를 부정하는 민족이 되었습니다. 제 나라의 조상을 부정하는 것은 자기 존재의 근원을 부정하는 것입니다. 제 조상을 망각하는 것은 제 과거의 삶을 어둠 속에 던지는 행위입니다. 뿌리를 부정하고 역사를 잃은 민족에게는 오직 패망이 있을 뿐이라는 역사교훈을 다시 한 번 깊이 생각해 봅니다.

3) 이제는 깨어나야 할 때

동북아와 인류 시원 역사를 밝히는 『환단고기』

 동북아 역사전쟁의 회오리가 갈수록 거세지고 있는 이때 우리는 하루빨리 역사의 무지와 어둠에서 벗어나야 합니다. 한민족의 고대사와 국통 맥을 밝혀 줄 사서들이 외세의 침탈과 내부의 사대주의, 식민사학자들에 의해 거의 다 사라진 오늘날, 다행히도 우리에게는 역사의 진실을 밝혀 줄 정통 사서가 한 권 남아 있습니다. 『환단고기』가 바로 그것입니다.

 『환단고기』는 『삼성기』 상·하, 『단군세기』, 『북부여기』, 『태백일사』 등 신라 시대부터 근세조선에 걸쳐 다섯 분의 저자에 의해 편찬된 5권의 역사서를 한 권으로 묶은, 한민족의 정통 사서이자 인류 시원문화의 경전입니다.

 『환단고기』는 조선이 일본에 망한 직후인 1911년에 발간된 책이지만, 근세 역사서가 아니라 한민족의 상고 역사서입니다. 여기에는 『삼국사기』와 『삼국유사』 등 다른 사서에는 기록되지 않은, 한민족의 시원 문화와 역사에 대한

너무도 귀중한 자료가 담겨 있습니다.

『삼성기』 상을 쓴 신라의 안함로安含老(579~640)는 유불선儒佛仙에 회통한 도승이었으며, 『삼성기』 하를 쓴 원동중은 비록 신원은 확인되지 않지만 한민족의 상고 시대인 환국, 배달, 조선 역사의 핵심을 몇 페이지로 압축할 만큼 역사적 식견이 높은 인물이었습니다.

『단군세기』를 쓴 이암李嵒(1297~1364)은 고려 공민왕 때 문하시중(지금의 국무총리격)을 지낸 대학자이자 문필가였으며, 『북부여기』를 쓴 범장范樟(?~1395) 또한 공민왕 때 중앙 조정에서 벼슬을 한 인물이었습니다.

마지막으로 『환단고기』 분량의 80%를 차지하는 『태백일사』를 쓴 조선 시대 이맥李陌(1455~1528)은 이암의 4세 손으로 왕조실록을 기록하고 편찬하는 찬수관撰修官이었습니다. 한마디로 다섯 분의 저자는 모두 당대 최고의 지성인이었습니다.

그렇다면 『환단고기』는 어떤 내용을 담고 있을까요?

첫째, 동북아의 시원 역사뿐만 아니라 세계사의 출발점을 밝혀 줍니다. 한·중·일 세 나라의 역사 시조는 물론 서양 문명의 근원까지 드러냅니다. 한민족과 인류의 창세 역사와

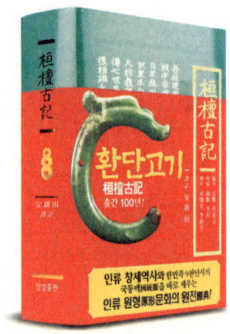

문화를 밝힌 '역사 원전'인 것입니다.

둘째, 인간 삶의 기본 요소인 의식주 생활에서 수학, 천문학, 과학, 철학, 언어학, 문학 등에 이르기까지 인류 문화의 전 영역에 걸친 태고 시대의 원형문화를 전합니다. 또한 동서의 종교, 철학, 역사학 등에서 제기해 온 인간 삶의 본질에 대한 궁극의 해답도 담고 있습니다.『환단고기』는 '인류의 문화 원전'인 것입니다.

셋째, 태고 시대 인류의 영성 문화 실상을 보여 줍니다. 문명이 막 시작되던 때부터 인류는 삶 속에서 늘 '천지와 인간 역사를 주재하는 조화주 하느님'을 섬겼습니다. 천지와 하나 되는 마음으로, 하느님의 가르침을 실천하며 살아 왔습니다.『환단고기』는 이른바 '신교神敎' 문화와 역사를 기록한 '인류의 종교 원전'입니다.

따라서『환단고기』를 통해 어둠 속에 묻힌 한민족 뿌리 역사의 참 모습을 알고, 창세 시대 동서 문명의 근원과 분화 과정에 대한 비밀을 풀 수 있습니다.『환단고기』를 제대로 읽을 때, 한민족은 중국의 고질적인 사서 왜곡과 일본의 주도면밀한 식민사관에 세뇌되어 까맣게 잊어버린 우리 자신의 정체성을 깨달을 수 있습니다.『환단고기』가 전하는 우리의 지난 역사를 편견 없이 있는 그대로 볼 때, 깊은 어둠에서 벗어나 동북아 역사전쟁에서 나라를 지켜 한민족의 미래를 열 수 있습니다.

마침내 드러나는 동북아 역사의 진실

최근에, 왜곡된 한국사를 전 세계에 고발한 이가 있습니다. 바로 미국 오바마 정부의 명예장관인 이홍범 박사입니다. 그는 2007년 미국에서 『아시아 이상주의Asian Millenarianism』란 책을 펴내 그동안 왜곡되고 가려졌던 동북아 문화와 역사의 실상을 밝혔습니다. 이 책은 미국 지성계에 적지않은 파문을 일으켰습니다.

이홍범 박사는 일찍이 일본 동경대에서 법학을 공부하고 미국 하버드 대학에서 동아시아 국제관계를 공부할 때, 지도교수들로부터 한결같이 '동학東學을 제대로 알아야 한국의 근대사를 알 수 있다. 동학을 연구하라'는 당부를 받았다고 합니다. 그 후 동학을 연구하고 동학사상의 근원을 캐면서, 한국을 포함한 동북아의 근대사로 눈을 돌리고 나아가 『환단고기』를 기반으로 하여 고대사까지 연구하게 되었습니다.

오바마 대통령은 이홍범 박사의 책을 읽고 큰 감명을 받았으며 한국관 중국관이 바로 잡혔다고 한다. 이후 이 박사를 명예장관에 임명하였다.

30년이 넘는 기간 동안의 연구 성과를 집약한 『아시아 이상주의』에서 그는 이렇게 말합니다.

> 한국에 관한 대부분의 저술은 일제 시대 식민지 정부에 고용된 학자들이 한 연구의 부산물이다. 일제는 한국의 전통적 사회정치 제도를 파괴하고 그들의 제도를 강요했을 뿐만 아니라 역사와 정신도 파괴했다.[22]

그는 또 한국사를 파괴한 일제의 만행을 국제사회에 고발함과 동시에 강단사학자를 위시한 대한민국 국민 모두가 식민지 유산의 덫에 걸려 빠져나오지 못하고 있는 상황을 꼬집습니다. 예를 들면 고대 한민족을 가리키는 동이東夷[23]라는 말이 영어판 『한국사신론』(이기백 저)에서 '동방오랑캐eastern barbarian'로 번역된 것을 지적하면서, 이것은 일본의 식민사학자들이 저술한 내용을 아무런 반성 없이 답습한 것이라 평가합니다.[24] 그는 한국사의 진실을 찾기 위해서는 먼저 '식민지 유산을 극복해야 한다'[25]고 주장합니다. 이홍범 박사는 동북아 고대사에 대한 중대한 발언도 하였습니다.

---

22) 이홍범, 『아시아 이상주의』, 12쪽.
23) '동방의 활을 잘 쏘는 민족'을 뜻한다.
24) 이홍범, 같은 책, 20쪽
25) 이홍범, 같은 책, 19쪽.

고대에는 한국인들이 중국과 아시아, 그리고 러시아의 일부 지방을 통치하였다. 또 고대 한국인들이 중국을 세우고 대부분의 중국 영토를 지배하였다. 한편, 일본에도 진출하여 일본 왕실을 포함한 지배층을 형성하였다.[26]

한국의 문화와 역사가 중국 문명에서 비롯된 것으로 알고 있는 세계인의 잘못된 상식을 깨뜨려 준 것입니다. 저자에 따르면 오바마 대통령도 이 책을 통해 동북아 고대사의 진실에 눈 뜨고 한민족사의 참모습을 알게 되었다고 합니다. 『환단고기』를 바탕으로 동북아 역사를 재조명하면서 새로운 인류 문명 시대를 설파하는 이 박사의 연구가 국내에서도 점점 파문을 일으키고 있습니다.

그러면 오늘의 대한민국이 있기까지, 한민족은 어디에서 어떤 삶을 살았을까요? 중국과 일본이 왜곡, 말살한 진짜 우리 역사는 무엇일까요?

신라시대부터 조선조까지 1천 년에 걸쳐 저술된 한민족의 정통 사서인 『환단고기』 기록을 중심으로, 9천 년 한민족사의 대강大綱을 살펴보겠습니다.

---

26) 이홍범, 같은 책, 13, 28쪽.

만년의 이병도, 환국·배달·단군조선을 인정하다

일제 강점기 때 조선사편수회 일원으로 일본 식민사학자들의 하수인 노릇을 하다가 해방 후 국사학계를 주도했던 이병도李丙燾는 만년에 단군조선을 인정함은 물론 그 전의 환국과 신시 배달도 실존 역사로 인정하였다.

그의 오랜 친구인 최태영 박사가 식민사학의 선구자인 이병도의 생각을 돌려놓지 않으면 우리 역사학이 바로 설 수 없다는 생각으로 국문학자 이희승, 방송인 송지영 등과 함께 오랫동안 이병도를 설득한 결과였다.

자신의 역사관을 바꾼 이병도는 1986년 10월 9일자 〈조선일보〉 논설에서 기존 학설을 뒤집는 양심선언을 하고, 1989년에는 최태영과 공저로 『한국 상고사 입문』을 지었다. 일제 식민사학자 이마니시 류에게 속아 어리석은 행동을 했음을 인정하고 그것을 바로 잡기 위해 책을 저술한 것이다.

1986년 10월 9일자 조선일보
그러나 그의 후예들은 '이병도가 노망이 들었다'고 하면서 지금도 진실을 전혀 수용하지 않고 있다.

chapter

2

『환단고기』로 바로잡는 대한민국 국통맥

1
인류의 첫 나라, 환국桓國

1) 인류의 황금시절, 환국은 어떤 시대였나

환족이 세운 열두 나라

한민족의 역사는 언제 어디서부터 시작되었을까요? 한민족 역사의 시작에 대한 실마리는 『삼국유사』 「고조선」에서 『고기』의 내용을 인용한 네 글자, '석유환국昔有桓國(옛적에 환국이 있었다)'에서 찾을 수 있습니다.

그러나 이 기록은 저자 일연의 주석과 일본 식민사학자들의 조작에 의해 철저히 왜곡되었고, 게다가 환국 문명에 대한 기록은 『삼국유사』 그 어디에도 없습니다. 환국과 환국문명에 대한 수수께끼는 오직 『환단고기』를 통해서만 풀 수 있습니다.

『환단고기』에 따르면 환국은 9천여 년 전, 우리 환족이 중앙아시아의 천산天山(일명 파내류산)을 중심으로 세운 나라로서, 현 인류 문명사에서 가장 오래된 국가입니다. 『환단고기』의 맨 앞에 실린 「삼성기」 상은 "오환건국吾桓建國이 최고最古라." 하여 '우리 환족이 세운 나라', 즉 환국이 가장 오래되었음을 선포합니다. 또 이 책과 짝을 이루는

「삼성기」 하에서는 일연의 기록과 같이 '석유환국昔有桓國', '옛적에 환국이 있었다'고 하면서 환국 시대의 전모를 상세히 전합니다.

인류 최초의 나라 환국은 그 영역이 천산天山을 중심으로 시베리아 지역에까지 이르렀습니다. 환국의 백성은 모두 아홉 족속[九桓族]으로 이루어졌으며, 이들 구환족은 열두 나라[1]를 세웠습니다.

이렇게 환국이 열두 나라로 나뉜 데는 우주 원리가 바탕에 깔려 있습니다. 동양의 음양론에 의하면 하늘의 질서는

---

1) 환국의 12분국 : 비리국卑離國, 양운국養雲國, 구막한국寇莫汗國, 구다천국勾茶川國, 일군국一羣國, 우루국虞婁國, 객현한국客賢汗國, 구모액국勾牟額國, 매구여국賣勾餘國, 사납아국斯納阿國, 선패국鮮稗國, 수밀이국須密爾國.

10수(十干)로 펼쳐지고 땅의 질서는 12수(十二支)로 펼쳐집니다. 하루의 시간이 12시간, 일 년이 12달로 이루어진 것에서 알 수 있듯이, 땅에서 일어나는 변화는 12수를 한 주기로 하여 일어납니다. 이에 따라 환국도 열두 나라로 그 역사의 막을 올린 것입니다.

흥미롭게도 이 12수는 동서양의 여러 고대 신화에도 나타납니다. 특히 그리스, 인도, 소아시아, 이집트와 같은 고대문명 발상지의 신화에 등장하는 신은 공통적으로 열둘입니다.[2] 이는 인류 최초의 나라인 환국 12분국의 12성수聖數 문화가 동서 문명에 전승되었음을 시사합니다. 문명은 분화되었지만 인류 뿌리 국가의 건국 원리가 오늘날까지 살아남아 있는 것입니다.

환국은 아버지 문화 시대

'환국'이란 호칭에 담긴 뜻은 무엇일까요? 『환단고기』

---

[2] 그리스 신화에서 신들은 언제나 열둘이었다. 새로운 신이 추가되면 기존의 신이 빠지는 방법으로 항상 12수가 유지되었다. 인도의 고대 경전 『베다』에 나오는 중요한 신도 12명이다. 그리스인과 인도인이 갈려 나간 근원으로 추정되는 소아시아 지역의 히타이트족도 12신을 모셨다. 고대 히타이트의 수도 외곽에서 나온 반원형으로 된 석조 조각물에 신이 12명씩 짝을 지어 행진하는 모습이 새겨져 있다(제카리아 시친, 『수메르 혹은 신들의 고향』, 103쪽). 이집트에서도 위대한 신들은 12명으로 구성되어 있다. 최고의 신, 라(Ra, 창조자)가 12명으로 이루어진 신의 회합을 주관하였다. 수메르 문명에서 갈려나간 유대 문명의 개척자 아브라함의 후손도 12부족으로 분화되었다.

에는 이에 대한 설명이 다음과 같이 나와 있습니다.

> 환桓은 온전한 하나 됨[全一]이며 광명이다. 온전한 하나 됨이란 삼신의 지혜와 권능이고, 광명은 삼신이 지닌 참된 덕성이니, 곧 우주 만물보다 앞선다. (『태백일사』「환국본기」)

'환'은 '환하다'는 말로 '광명'을 뜻하며,[3] 광명은 우주의 조물주인 삼신三神의 덕성입니다. 인류 최초의 나라인 '환국'은 '밝은 나라, 광명한 나라'로서 삼신의 덕성 가운데 조화신의 신성이 발현된 첫 나라입니다.

비록 물질문화는 발달하지 못했지만, 환국시대 사람들은 고도로 성숙한 영성靈性을 지니고 하늘에 계신 삼신상제님과 직접 소통하였습니다. 우주를 다스리는 절대자 삼신상제님의 가르침을 받들어 그 가르침대로 생활하고, 자연과 교감하며 살았습니다.

당시 사람들은 삼신의 본성인 천지 광명과 하나 되는 것을 삶의 목적이자 가장 숭고한 가치로 삼았습니다. 그래서 하늘의 광명과 하나가 된 자신을 '환'이라 하고, 천지광명의 심법을 전수받아 어진 마음으로 백성을 다스리는 임금을 '인'이라 불렀습니다.

---

3) 『환단고기』의 '환'은 우주를 가득 채우고 있는 하늘의 광명, 즉 천광명天光明을 뜻하고, '단'은 땅의 광명, 지광명地光明을 뜻한다. 그러므로 '환단'은 천지의 광명이고, 『환단고기』는 천지의 광명을 체험하며 살던 창세역사 시대인 '환단 시대 이래 한민족의 역사 이야기 책'이다.

사람들은 모두 자신을 '환桓'이라 부르고, 무리를 다스리는 사람을 '인仁'이라 하였다. (『태백일사』「환국본기」)

환국의 초대 통치자는 안파견安巴堅 환인천제였습니다.

안파견은 '하늘의 뜻을 받들어 아버지의 도를 확립시킨다'는 뜻의 이름이다. (『태백일사』「삼신오제본기」)

안파견 환인천제는 하늘의 정신을 받들어 지상에 부권父權을 세운 천자입니다. 박병식 박사는 '안파견이 부父를 의미하는 말'이라고 하며, '안파견은 존경하는 태양 같은 자'라고 말합니다. 초대 환인천제의 호칭으로 볼 때, 환국은 인류의 아버지 문화 시대라 할 수 있습니다.

질병과 전쟁이 없던 황금시대

환국은 9천여 년 전에 탄생하여 1세 안파견 환인부터 7세 지위리 환인까지 총 3,301년(서기전 7197~서기전 3897) 동안 존속했습니다. 환인 한 분이 평균 470여 년을 다스린 셈이니, 의학기술이 발달한 지금도 상상할 수 없을 정도로 장수를 누린 것입니다.

어떻게 이런 장수 문화가 가능했을까요? 『삼성기』 하下를 보면, '환인이 도를 깨쳐 장생하시니 온 몸에는 병이 없었다'고 합니다. 이는 진정한 선仙의 모습입니다.

환국 시대 사람들은 태양을 '광명이 모인 곳'으로, 그리고 '삼신께서 머무시는 곳'으로 여겼습니다. 그 광명을 얻어서 세상일을 하면 모든 일이 저절로 이루어진다고 믿고, 아침이면 떠오르는 해를 향해 절하고, 저녁이면 달을 향해 기도했습니다(「환국본기」). 이렇게 대자연의 광명에 대한 근본 깨달음을 갖고 자연 질서에 순응하며 살았습니다.

동양 의학서의 근본인 『황제내경』 제1장을 보면, 황제가 기백에게 '상고시대 사람은 백 세에 이르러도 동작이 쇠약해지지 않았다는데 지금은 50세만 되어도 쇠약해지는 이유가 무엇인가?'라고 묻자, 기백이 '상고시대의 사람들은 도를 알아서 몸을 망령되이 움직이지 않았기 때문에 백 세를 넘어 살다 갔다'고 대답합니다. 『황제내경』이 전하는 태곳적 인간 삶의 모습도 자연의 법칙과 조화를 이루는 삶입니다. 이때를 『황제내경』은 진인眞人과 지인至人 시대라고 부릅니다.

환국 시대에는 또 자연환경 자체가 인간이 자연과 하나 된 마음으로 살 수 있게 되어 있었습니다. 그래서 생활 자체는 아주 단순했지만, 마음이 환히 열려 누구라도 천지자연과 교감하며 살았습니다. 이 시대의 사람들은 날아다니는 새도 기어

환국(3301년)
1~7세 환인

세	환인
1	안파견安巴堅 환인 (거발환居發桓)
2	혁서赫胥 환인
3	고시리古是利 환인
4	주우양朱于襄 환인
5	석제임釋提壬 환인
6	구을리邱乙利 환인
7	지위리智爲利 환인 (단인檀仁)

다니는 짐승도 인간과 똑같은 영적 존재로 보았습니다. 오늘의 첨단 과학문명에서는 산을 미네랄이 섞인 흙덩어리로 보지만, 환국 시대 사람들은 신성을 가진 살아 있는 생명체로 보았습니다. 자연과 하나 되어 살다 보니 천지만물이 모두 영적 에너지를 가진 신적 존재라는 사실을 알았던 것입니다.

태고 문명 연구가들은 이 시대를 '**황금시대**the golden age'라고 부릅니다. 원시 샤머니즘을 연구한 독일의 종교학자 칼바이트H. Kalweit는 황금시대를 이렇게 정의합니다.

먼 옛날은 인간이 조화롭고 평화롭게 살면서 초자연적인 힘을 쓰던 황금시대로 그때 사람들은 별 어려움 없이 신과 소통할 수 있었고, 죽음을 모르고 질병과 고통이 없는 자유로운 경지에서 살았다.[4]

영국의 스티브 테일러S.Taylor는 황금시대 문화의 특성을 다음과 같이 말합니다.

6천 년 전 이전 인간의 마음은 자아가 분리되지 않고 인간과 인간이 조화되고 인간과 자연이 조화되어 살았다. 그들에게는 종교와 생활이 분리되는 일이 없었고, … 어떤 인류 집단도 다른 집단의 영토를 침략하거나 정복하려 들지 않

---

4) 칼바이트 H.Kalweit, 『Shamans, Healers and Medicine Men』

않으며, 소유물을 훔치려 하지도 않았다.[5]

 거석문화를 연구하는 피터 마샬Peter Marshall은, '거석 유적지가 전투 요새로 쓰인 흔적이 없고 주변에서 무기가 발견되지 않은 점으로 보아, 고대 사람들은 평화롭고 창조적인 문명의 황금시대를 누렸다'고 합니다.[6]

 이들의 이야기를 종합해 보면, 9천 년 전에서 6천 년 전까지 존속했던 환국은 전쟁이 없던 인류의 황금시대였습니다. 이들의 연구는 '환인께서 하늘의 삼신상제님을 대행하여 널리 교화를 베풀어 사람들로 하여금 싸움이 없게 하였다'는 『삼성기』 하의 기록이 역사적 진실임을 뒷받침합니다.

 환국 시대에는 모든 사람이 삼신의 광명을 체득하고, 삼신상제님의 지혜와 권능과 숨결을 일상 속에서 느끼며 천지자연에 순응해서 살았기 때문에, 질병도 전쟁도 없이 장수 문화를 누릴 수 있었던 것입니다.[7]

---

5) 스티브 테일러 지음, 우태영 옮김, 『자아폭발』(원제: 타락The Fall).
6) 피터 마샬 저, 손희승 역, 『유럽의 잃어버린 문명』, 352쪽.
7) 스티브 테일러는 지금으로부터 6천 년 전에 생긴 큰 기후 변화로 인류의 거대한 이주가 시작되면서 전쟁이 생겨났고 인간이 타락의 길을 걷게 되었다고 한다. 6천 년 전은 환국 말기이다. 생김새만 다를 뿐 남녀노유 모두가 똑같은 영적 존재로 살던 황금시절이 끝나면서 인간이 '자아'를 인식하게 되어 나를 주장하고 서로 싸우게 된 것이다.

지금의 과학문명에 필적하는 고도의 정신문화 시대

환국 시대에는 천문학과 수학도 상당한 수준으로 발전하였습니다. 환국의 중기 이후라 할 수 있는 7,000년 전부터 유럽에서 거석 문명이 나타나기 시작하였고, 5,500년 전에는 지중해의 크레타 섬에서 미노스 문명이 시작되었습니다. 이 문명을 연구한 학자들은, 고대인들이 지구가 1년 동안 자전하는 횟수가 365회인지 366회인지를 놓고 논쟁할 정도로 세밀한 천문 관측 기술을 가지고 있었음을 밝혀냈습니다. 태곳적의 이 문명을 '1세대 문명'이라 부르기도 합니다.

4백여 개의 거석 구조물을 조사한 바 있는 영국 옥스퍼드 대학의 알렉산더 톰Alexander Tom은 이렇게 말합니다.

> 신석기 시대의 사람들은 매일매일 달이 뜨는 위치를 1초에 몇 분의 1의 오차도 없이 정확하게 계산하는 방법까지 알고 있었다. 그 후 곧 잊힌 이 계산법은 3천 년이 지나서야 재발견되었다.[8]

고대인들은 또한 달과 태양의 크기도 측정하였는데, 그들이 계산한 수치는 현대 천문학의 관측 결과와 거의 일치합니다.

그럼에도 오늘날 구석기와 신석기 시대 박물관을 가 보

---
8) E.V.데니켄, 『신들의 비밀』, 210쪽.

면, 고대인들이 풀이나 동물가죽으로 만든 엉성한 옷을 입고서 사냥을 하거나 물고기를 잡아먹고, 나무 열매를 따먹으며 동굴이나 움집에 사는 모습만 보여 줄 뿐입니다. 인류 역사를 구석기, 신석기, 청동기, 철기라는 도구 발달사 중심으로만 연구한 근대 서구 실증사학, 유물론적 역사관의 폐해입니다. 지고한 정신문화를 누리며 광명을 체득하여 살던 옛 사람들의 삶에 대한 연구가 제대로 이루어질 때 환국 시대의 역사가 확연히 밝혀질 것입니다.

2) 환국의 영성문화, 신교

인류의 시원 종교, 신교

환국은 고도의 영성문화 시대였습니다. 사람들의 신성이 환히 열려 삼신상제님을 오롯이 받들며 천지자연과 하나 되어 살던 환국 시대의 영성문화를 '신교神敎'라 합니다.

신교는 인류의 시원종교, 원형문화로서, 문자적으로는 '신의 가르침'을 말합니다. 환국 시대에 하늘 광명의 도를 체득하고 만백성의 우두머리가 된 환인이 삼신상제님으로부터 신의 가르침, 즉 신교를 받아 내려 백성을 다스리고, 백성들은 그 가르침대로 살았던 것입니다.

단군조선의 2,096년 역사를 기록한 『단군세기』에서는 신교를 "이신시교以神施敎(신도로써 가르침을 베풀다)."라고 풀이합니다. 이신시교의 '신도'란 곧 '삼신상제님의 도'입니다. 『단군세기』는 또 배달의 환웅천황께서 삼신상제님의 도로써 가르침을 베풀어 인간 세상을 복되게 하였다고 전합니다. 역사의 기록을 종합하면, 신교는 환국 이래 배달과 단군조선 내내 한민족 국가 통치 정신을 비롯한 모든 문화의 근간을 이루었습니다.

신교가 담긴 인류 최초의 경전, 『천부경』

환국 시대에 환인께서 상제님으로부터 받아 내린 신교의 일부가 놀랍게도 오늘날까지 전해지고 있습니다. 인류 최초의 경전, 『천부경天符經』이 그것입니다.

천부天符는 '하늘의 법', '하늘의 이치', '하늘의 명령'이라는 뜻[9]으로, 『천부경』은 '하늘의 이법을 기록한 경전' 또는 '우주 이법의 주재자인 상제님의 천명을 기록한 경전'이란 의미입니다. 『천부경』은 9천 년 전 환국 시대에 삼신상제님이 내려주신 천강서天降書로서 인류 최초의 계시록입니다.

여든한 글자로 구성된, 한 페이지에 불과한 짧은 경전인 『천부경』의 무궁한 가치는 천·지·인 삼계의 심오한 변화 원리를 일(1)에서 십(10)까지의 수로써 밝히고 있다는 데 있

---

[9] 천부라는 것은 하늘이 가는 변화의 길이고 법칙이며, 하늘을 다스리는 우주 통치자의 천명, 누구도 거역할 수 없는 천상의 새 역사에 진군하라는 하나님의 절대 명령이고 천명입니다(중국 쓰촨四川대학 교수 주위에리朱越利, 「천부의 자의에 대한 해석」 논문 참조).

습니다. 전체 여든한 자 가운데 서른한 자가 숫자입니다. 환국 시대에 이미 '10수 체계'가 성립되었던 것입니다. 이로 볼 때 태고 시대에 놀라운 수준의 천문학과 수학이 결코 불가능하지 않았음을 알 수 있습니다.

한마디로 『천부경』은 우주 만물의 근원과 창조 원리가 밝혀져 있는 **우주수학의 원전으로**, 태곳적 인류의 우주 변화 원리에 대한 깨달음의 결정체입니다.

그런데 문자가 없던 환국 시대에 출현한 『천부경』이 어떻게 오늘날까지 전해졌을까요? 환국 시대에는 입에서 입으로 전해지다가 배달의 초대 거발환 환웅 때 신지(왕명을 주관하는 벼슬 이름) 혁덕에 의해 녹도문鹿圖文(사슴 발자국 모양의 글)으로 기록되었습니다(『환단고기』「신시본기」). 그 후 단군 조선 시대에 신지가 전서篆書로 돌에 새겨 후세에 전했습니다. 이것을 신라 때 최고의 지성인인 최치원이 발견하고 한자로 번역하여 묘향산 바위에 새겼다고 합니다. 한자로 된 『천부경』 전문은 조선 시대 이맥이 쓴 『태백일사』에도 전합니다.

9천 년이라는 장구한 역사성으로 보나, 천지와 인간의 탄생과 그 변화 이치를 밝힌 심오한 내용으로 보나, 『천부경』은 국적과 인종을 초월해서 온 인류가 다 같이 암송하며 **인류 문화 유산 제1호로 받들어야 할 가장 근원이 되는** 문화 경전입니다.

3) 환국에서 넘어간 서양 문명의 근원, 수메르

갑자기 나타난 수메르 문명

지금부터 7,000년 전 유프라테스 강과 티그리스 강 사이의 메소포타미아 지방에, 농경생활을 하는 문명이 태동했습니다. 이 문명은 그로부터 약 2,000년 뒤, 여러 도시국가를 이룬 뛰어난 문명으로 성숙했습니다. 이것이 바로 메소포타미아 문명의 초기 시대인 수메르 문명입니다.

학자들은 수메르 문명에 대해 이구동성으로 '아주 갑작스럽게, 앞선 문명이 전혀 없이 독자적으로 발생한 것'이라고 말합니다. 과연 수메르 문명은 독자적으로 발생한 것일까요? 수메르 문명의 주인인 수메르인들은 어디서 온 것일까요?

수메르의 창세 신화를 보면 수메르인은 후두부가 평평하고 '머리카락이 검은 인종Black-headed People'입니다. 이는 전형적인 아시아 사람의 모습입니다. 그리고 메소포타미아 지역의 점토판에서 수메르인들은 '우리는 안샨Anshan으로부터 넘어왔다'고 자신들의 출원지를 밝혔습니다. 수메르 말로 '안An'은 '하늘', '샨Shan'은 '산'으로, 안샨은 곧 환국 문명의 중심이었던 천산天山과 동일한 말입니다.

수메르 연구의 대가인 크레이머S. N. Kramer 박사는 수메르인들이 '**동방에서 왔다**'고 말합니다. 동양 역사를 모르는 그는 단지 '수메르인들이 동쪽에서 왔다'고 밖에 밝히지 못했습니다. 그 동방의 정체를 밝혀 주는 역사 기록이 바로 『환단고기』입니다.

『환단고기』에 따르면, 환국은 천산을 중심으로 남북 5만 리, 동서 2만 리에 걸쳐 있었습니다. 이 환국의 서남쪽 지방이 우루국과 수밀이국이었습니다. 이 두 분국의 사람들이 이란의 산악지대를 넘어가 메소포타미아 지역으로 남하하여 개척한 문명이 바로 수메르입니다. 서양 언어학자들이 그 근원을 찾지 못하는 '수메르'란 말이 수밀이국의 '수밀이'와 유사한 것도 수메르인이 애초에 어디서 왔는지 알려 줍니다.

동방 신교문화를 보여 주는 수메르 문명

환국과 수메르의 연관성은 수메르 문화의 이모저모를 살펴보면 더욱 확실하게 나타납니다.

수메르인은 최고 통치자에게 '인En'이라는 호칭을 붙였는데, 이는 환국에서 백성을 다스리는 임금을 '인'이라 한 것과 같습니다. 또 그들은 우주를 '안키Anki(천지)'라 불렀는데, '안An'은 '둥근 하늘', '키Ki'는 '평평한 땅'이라는 뜻입니다. 이는 동방 신교문화의 천원지방天圓地方사상과 같습니다.

그리고 수메르인은 **동양의 천자天子사상**을 가지고 있었습니다. 수메르 역대 왕의 이름을 기록한 『왕명록王名錄』에서 "왕권이 하늘에서 내려왔을 때 왕권은 에리두(수메르인이 세운 최고最古의 도시국가)에 있었다."라고 하였습니다. 곧 '백성을 다스리는 왕권은 인간이 정하는 것이 아니라 하늘로부터 부여받는다'고 믿은 것입니다. 이는 '임금은 하늘의 명을 받아 백성을 다스리는 하느님의 대행자'라는 동양의 천자사상과 상통합니다.

수메르의 언어 또한 한국어와 똑같이 어근語根에 접사接辭가 붙어 쓰이는 교착어입니다. 수메르인은 수를 세거나 셈을 할 때 60진법을 사용하였는데, 이는 동양의 60갑자와 사상적 배경이 동일합니다.

더욱 놀라운 사실은 수메르인이 상투를 틀었다는 것입니다. 영국의 고고학자 울리(1880~1960)가 우르의 묘지에서 왕의 유골을 발굴하였는데, 황금 투구를 쓴 왕이 머리카

한국어	수메르어	한국어	수메르어
아버지	아빠	엄마	엄마
칼	카르	우리(겨레)	우르
한	안	밝음	바르
달	달	사람	사람
나락(볍씨)	나락(곡식의 신)	아우	아우
북	북	어디서	…쉐
부터	…타	어디로	…어라어디

한국어와 수메르어의 유사성
정연종, 『한글은 단군이 만들었다』, 230쪽; 히스토리 채널, 〈한글, 그 비밀의 문〉, 2003. 10. 9 방영.

락을 뒤에서 묶은 상투를 틀고 있었습니다. 수메르인의 상투 문화는 수메르와 환국의 연관성만이 아니라 이들이 신교문화의 영향권에 있었음을 보여줍니다.

수메르 사람들은 또한 한국인들과 마찬가지로 씨름을 즐겼고, 순장殉葬을 하였으며, 결혼 전에 신부가 될 여자의 집에 함을 지고 갔습니다.

크레이머 박사에 의하면 수메르에서는 이미 5천 년 전에 학교 제도가 확립되었습니다. 이들은 학교 선생을 '학교 아버지(school father)', 학생을 '학교 아들(school son)'이라 불렀습니다. 스승을 아버지, 학생을 아들이라 한 것은 임금과 스승과 아버지를 동일시하는 동양의 군사부일체 사상이 있었음을 뜻합니다.

수메르의 역사 서사시를 보면, 수메르인은 '딜문'이라는 이상향이 동쪽에 있다고 믿었습니다. '딜문'은 정결하고 광명이 넘치는 땅으로 질병도 전쟁도 없는 신들의 낙원으로 그려지고 있습니다. 이것은 바로 천지 광명 문화를 누린 환족의 삶을 묘사한 것으로, 『구약전서』에 나오는 에덴 동산이 이 '딜문'에서 유래한 것입니다.

수메르인들의 신관神觀은 신교의 다신관 그대로입니다. 대기, 태양, 바람 등에도 신이 내재되어 있다고 보았고, 신들 사이에 서열이 있으며, 그 가운데 가장 큰 '일곱 신'이 세상의 운명을 결정한다고 믿었습니다. 이 일곱 신 사상은 바로 신교문화의 핵심인 칠성문화에서 나간 것입니다.

이 같은 수메르의 풍습, 언어, 교육제도, 신관 등을 종합해 보면 수메르인들이 어디서 왔는가에 대한 답이 분명해집니다.

이집트, 그리스, 인도 등으로 뻗어나간 수메르 문명

수메르 문명은 여러 왕조를 거쳐 발전하다가 4,000년 전에 엘람족(이란의 고대 종족)의 침입을 받아 멸망합니다. 그 후 메소포타미아 땅에서는 바빌로니아와 아시리아가 역사를 주도합니다.

7,000년 전에 메소포타미아 땅에서 발흥하여 약 3,000년 동안 지속된 수메르 문명은 소아시아(지금의 터키), 시리아, 이집트 등지로 전파되었습니다. 이집트 문명은 수메르보다 약 500년 뒤에 번성하기 시작했는데, 이집트의 건축, 기술, 문자 등은 모두 수메르에서 유래한 것입니다.

수메르 문명은 그리스 남부의 크레타 섬으로도 전파되었습니다. 크레타인들은 교역 활동을 하며 지중해 연안을 자주 왕래하면서 수메르 문명과 이집트 문명으로부터 문자, 건축, 천문학, 수학 등의 다양한 문화를 받아들였습니다. 이를 밑거름으로 지중해의 한 작은 섬에서 유럽 최초의 청동기 문명인 미노아 문명(4,700년 ~ 3,400년 전)이 탄생하였고, 이 문명은 다시 그리스 본토로 전해져 화려한 그리스 문명을 낳았습니다. 그리스·로마 문명에서 서양 문명이 생겨난 것을 볼 때, 수메르 문명은 '서양 문명의 모체'입니다.

수메르 문명은 동쪽으로 인도까지 전파되었습니다. 현 이란 북쪽의 카프카스 산맥에 살던 한 종족이 4,000년 전에 남쪽으로 대규모 이주를 시작했습니다. 마침내 인더스 강 유역에 도착한 그들을 당시 인더스 사람들은 '아리안Aryan(고귀한 사람들)'이라 불렀습니다. 이 아리안족은 3,500년 전에 『베다』이야기를 인도에 구전으로 전하였습니다. 오늘날 브라만교와 힌두교의 경전인 『베다』가 수메르 문명권에서 전래된 것입니다.

히브리(유대) 문명도 수메르 문명과 긴밀하게 연관되어 있습니다. 오늘날의 팔레스타인 지역에서 태동한 유대 역사는 4,000여 년 전 아브라함이 아버지 데라와 함께 그곳 가나안으로 이주해 오면서 시작되었습니다. 아브라함은 원래 수메르의 갈데아 우르(현 이라크 남부)에 살던 사람입니다. 수메르인이 새로운 생활 터전을 찾아 젖과 꿀이 흐르는 서쪽 땅으로 옮겨가 개척한 문명이 곧 유대 문명인 것입니다.

이처럼 수메르 문명은 이집트 문명, 그리스 문명, 유대 문명 등을 낳았고 나아가 서양 문명의 근원이 되었습니다. 7,000년 전에 혜성처럼 나타난 수메르 문명이 환국에서 뻗어 나간 것으로 보아 **환국 문명**은 동서 인류 문명의 공통된 젖줄로서 **인류의 창세문명**인 것입니다.

# 2
동방 한민족의 첫 나라, 배달

1) 환국을 계승한 배달

동방 문명 개척, 천산에서 백두산으로

환국 말기인 6,000여 년 전, 지구 환경의 변화로 인류의 황금시절이 막을 내리고 세계 문명이 나비의 두 날개처럼 동서東西로 분화하였습니다. 천산의 서쪽에서 수메르 문명이 싹트고 있을 때 천산의 동쪽에서는 환국 광명문화의 종통을 계승한 동방 문명이 출현한 것입니다.

동방 문명 개척은 환국의 마지막 천제인 7세 지위리 환인께서 서자부庶子部[10]의 거발환 환웅에게 종통과 국통 계승의 상징인 천부天符와 인印을 내려 주며 동방으로 떠날 것을 명함으로써 시작되었습니다. 문명 개척단 3,000명을 이끌고 길을 떠난 거발환 환웅은 마침내 동방 백두산에 도

---

10) 서자庶子에는 세 가지 뜻이 있다. 첫째, 여러 아들, 즉 뭇 자식이라는 의미로 백성이란 뜻이다. 둘째, 부락 또는 부족을 가리킨다. 셋째, '태자의 스승, 기타 높은 벼슬의 명칭'이다. 서자부의 서자를 '첩의 자식'으로 해석하는 것은 배달의 역사정신과 맞지 않는다. 단단학회 3대 회장 이덕수는 만주 우수리강 근방의 4개 촌락을 답사할 때 알게 된 '부라고 슬로벤노예(서자들의 마을)' 지역을 초대 환웅의 '서자부'와 연관지었다.

착하여 백두산 마루에 신단수를 정하고, 그곳에서 천제를 올리며 삼신상제님께 나라 세움을 고했습니다. 신시神市(신의 도시)에 도읍을 정한 동방 한민족의 첫 나라, '배달倍達'이 탄생한 것입니다.

'배달'은 하늘의 밝음을 뜻하는 '배(밝)'와 땅을 뜻하는 '달'을 합친 말로서 '밝은 땅' 또는 '천지광명의 중심 되는 동방 땅'을 뜻합니다.[11] 우리 민족을 '배달겨레'라고 부르는 것이 여기서 비롯되었습니다.

배달의 통치 이념

환인천제에게서 국통 계승의 증표로 천부와 인을 받은

---

11) 배달을 '땅의 광명[地光明]'을 가리키는 '단檀' 자를 써서 단국이라 부르기도 한다. 그래서 '환단'은 환국과 배달 시대를 통칭하는 말이다.

배달국(1565년)
1~18세 환웅천황과 재위 기간

18세 환웅	재위	수명
신시神市 시대(1,191년)		
1세 거발환	94년	120세
2세 거불리	86년	102세
3세 우야고	99년	135세
4세 모사라	107년	129세
5세 태우의	93년	115세
6세 다의발	98년	110세
7세 거련	81년	140세
8세 안부련	73년	94세
9세 양운	96년	139세
10세 갈고	100년	125세
11세 거야발	93년	149세
12세 주무신	105년	123세
13세 사와라	67년	100세
청구국靑邱國 시대(374년)		
14세 자오지 세칭 치우천황	109년	151세
15세 치액특	89년	118세
16세 축다리	56년	99세
17세 혁다세	72년	97세
18세 거불단 (혹은 단웅)	48년	82세

거발환 환웅은 국가 통치 이념도 전수 받았습니다. 그것은 바로 '이 세상에 머물러 살며 삼신상제님의 가르침으로 다스려 깨우치고 인간 세상을 널리 이롭게 하라'는 '재세이화在世理化 홍익인간弘益人間'입니다. 대다수의 한국인이 홍익인간을 단군조선의 국가이념으로 알고 있지만, 이것은 사실 9,000년 전 환국으로부터 전해 내려온 통치 이념입니다.

그런데 '홍익인간'은 단지 '인간을 널리 이롭게 하라'는 규범적인 가르침에 그치지 않습니다. '홍익인간'은 최상의 이상적 인간상을 지칭하는 말로서 정확하게 풀면 '홍익하는 인간'입니다. 이때 '홍익'이란 천지의 웅대한 뜻과 이상을 역사 속에 구현하는 것을 뜻합니다. 그러므로 '홍익인간'이란

'천지광명의 이상 세계를 건설하여 세상을 널리 이롭게 하는 역사의 주인공'을 말합니다. 거발환 환웅은 배달을 건국함으로써 홍익인간의 삶을 살다간 역사적 인물입니다.

 초대 환웅천황의 호칭인 거발환[12]에는 신교문화의 깨달음의 핵심 내용이 깃들어 있습니다. 거발환은 '대원일大圓一'의 다른 말입니다. '대원일'은 '지극히 크고 무한히 조화롭고 하나로 통일된다'는 뜻으로, 하늘과 땅과 인간의 창조 정신과 목적을 압축한 말입니다. 천지인은 한없이 크고 원융무애하며 서로 일체의 관계에 있다는 것입니다.

 배달의 통치 체제 또한 신교문화에 바탕을 두었습니다. 신교의 삼신오제三神五帝 사상[13]에 따라 삼백三伯과 오사五事[14] 제도를 실시하였습니다. 삼백이란 풍백風伯, 우사雨師, 운사雲師로서 오늘의 입법부, 행정부, 사법부에 해당하는 관직입니다. 현대 정치 체제의 기원이 배달 시대까지 거슬러 올라가는 것입니다.

---

12) 『환단고기』를 널리 대중화시킨 이유립이 1965년 4월부터 발행하기 시작한 잡지 〈커발한〉은 '거발환'에서 따온 이름이다.
13) 삼신오제 사상이란 삼신이 현실에서 작용할 때에는 다섯 방위로 펼쳐져서 오제五帝(靑帝·白帝·皇帝·赤帝·黑帝)가 되어 목木, 금金, 토土, 화火, 수水의 오령五靈 기운을 주재한다는 것이다.
14) 오사는 주곡主穀, 주명主命, 주형主刑, 주병主病, 주선악主善惡의 다섯 부서를 말한다.

2) 배달의 문화를 부흥시킨 성인들

어머니 문화 시대

 환국이 조물주 삼신의 세 가지 신성 가운데 만물을 낳는 조화신造化神의 신성이 발현된 때라면, 배달은 만물을 기르고 깨우치는 교화신敎化神의 신성이 발현된 때입니다. 배달 시대에는 환국과 달리 언어, 문자, 의학, 교육, 시장, 농경술, 사회제도 등 생활문화가 총체적으로 출현하여 인간의 삶이 윤택해졌습니다. 그러므로 환국이 아버지 문화 시대라면 배달은 어머니 문화 시대라 할 수 있습니다.

 이렇게 문명이 크게 비약할 수 있었던 데에는 태호복희太昊伏犧, 염제신농炎帝神農, 치우천황蚩尤天皇 등 세 성인 제왕의 공덕이 지대했습니다. 이분들은 구체적으로 어떤 업적을 남기셨을까요?

인류 문명의 창시자 태호복희씨

 태호복희씨는 5,500년 전, 배달의 5세 태우의 환웅의 막내아들입니다. 복희씨는 하도河圖를 그려서 역사상 최초로 논리적이고 합리적인 수數 체계를 세웠습니다. 이 하도 한 장에서 태극, 음양오행원리와 공간과 시간의 순환원리가 나왔습니다.

 태호복희씨는 또 팔괘八卦를 그어 『주역』의 기초를 닦음으로써, 천지 시공간과 인간의 변화법칙을 체계적으로 이해할 수 있는 길을 열었습니다. 나아가 최초의 해시계로 일컬어지는 규표圭表를 발명하고, 24절후를 발견하고 혼인 제도도 정했습니다. 복희씨는 한마디로 동양철학의 아버지요, 인류 문명의 창시자입니다.

태호복희씨의 성은 풍風씨인데, 이는 인류 최초의 성씨였습니다. 그러나 풍씨는 15대 만에 끊어지고, 그 후손들은 8개의 다른 성씨로 분파되었습니다.

한국인은 역사를 잃어버려 태호복희씨가 우리 조상인 줄도 모르고 있지만, 지금 중국에서는 태호복희씨를 인문시조人文始祖, 즉 '인류 문명의 첫 조상'이라 하여 지극히 높이 받들고 있습니다.

하남성 회향현에 있는 복희씨 사당

의학과 농경의 아버지, 염제신농씨

염제신농씨는 약 5,200년 전, 배달의 8세 안부련 환웅이 다스리던 시대의 관리였던 소전少典이 중국 섬서성 강수姜水지역의 군병 감독으로 임명을 받고 강수에 가서 낳은 인물입니다.

신농씨는 산에 불을 질러 농토를 개척하고, 나무로 보습 같은 농기구를 만들어 농사법을 발전시켰습니다. 또 수백 가지 풀을 직접 맛보아 의약을 개발하고, 시장 제도를 처음으로 실시했습니다.

'농경의 시조', '의학의 시조', '교역문화의 창시자' 등으로 불리는 신농씨는 오늘날 호북성 수주隨州시 여산진厲山鎭 열산列山에 신농국을 세웠습니다. 신농씨의 나라는 8대 유망榆罔에 이르기까지 약 530년 동안 존속하였습니다.

그런데 중국은 이렇게 인류 문명을 획기적으로 발전시킨 태호복희씨와 염제신농씨를 그들의 조

염황이제상炎黃二帝像

상으로 둔갑시키고 있습니다. 1990년대에 중화삼조당을 지어 신농씨를 중국의 3대 조상 가운데 한 분으로 모시더니, 2007년에는 하남성 정주시鄭州市, 황하가 내려다보이는 곳에 무려 20년 동안 제작한 황제헌원과 염제신농씨를 나란히 모신 거대한 석상[염황이제상炎黃二帝像]을 세웠습니다. 이 염황이제상을 세운 것은 중국의 탐원공정의 일환으로, 한민족의 고대사를 제거하는 작업입니다.

배달의 전성기를 구가한 치우천황

배달은 4,700년 전의 14세 자오지 환웅(치우천황)에 이르러 동북아 일대를 다스리는 강국이 됩니다. 유망 때에 신농국이 쇠퇴하자 치우천황은 서방으로 진출하여 지금의 산동성, 강소성, 안휘성을 배달의 영토로 흡수했습니다. 동북아의 천자가 되고자 모반을 꾀한 헌원을 10년 대전쟁(탁록대전) 끝에 굴복시킨 것도 그 무렵입니다.

마침내 동북아를 평정한 치우천황은 넓어진 강역을 다스리기

**중국 호남성 화원현
묘족자치구의 치우 동상**

위해 도읍을 백두산 신시에서 청구青丘(현 대릉하 유역)로 옮겼습니다. 배달의 전성기인 청구 시대가 열린 것입니다.

치우천황은 당시 사람들이 그 이름만 들어도 간담이 서늘해져 복종할 정도로 위용을 떨친 '병법의 시조'로서, 동이족은 물론 중국에서도 숭배하고 추앙하였습니다. 3,000년 전 주周나라 개국의 일등 공신이며 병법의 중시조인 강태공은 제나라 왕으로 봉해진 뒤 치우천황을 병주兵主로 모시고 제사를 올렸습니다. 한 고조 유방은 치우천황에게 제사를 지내고서 진秦의 수도 함양을 평정했으며, 천하를 얻은 뒤에는 장안長安에 치우 사당을 짓기까지 했습니다.

중국에서는 진秦·한漢 시대에 10월이면 항상 치우천황 능에서 제사를 지냈습니다. 그때마다 붉은 기운이 진홍색 비단처럼 뻗쳐올랐는데, 그것을 치우기蚩尤旗라 불렀습니다.

태호복희씨, 염제신농씨, 치우천황은 **동방 문명의 중심축을 세운 성인 제왕**입니다. 이 세 분이 활약한 배달은 초대 거발환 환웅 이래 총 열여덟 분의 환웅이 다스렸으며 1,565년간의 역사를 기록했습니다.

3) 중국 문명의 주역, 배달 동이

동이의 올바른 의미

『환단고기』가 전하는 배달의 역사는 중국 역사책에 '동이東夷'의 역사로 기록되어 있습니다. 강단사학계에서는 중화주의 역사관에 영향을 받아 '동이'를 '동쪽 오랑캐'로 해석하지만, 본래는 중국에서도 그런 부정적인 뜻으로 사용한 말이 아닙니다.[15]

'동東'은 태양이 떠오르는 광명한 방위를 말합니다. '이夷'는 '뿌리(柢)'라는 뜻도 되고 '활을 쏘는 사람'을 뜻하기도 합니다. '이'는 또한 '인仁' 즉 '어질다'는 뜻도 함축하고 있습니다. 그러므로 '동이'의 올바른 뜻은 '동방의 뿌리 민족', '활을 잘 쏘는 동방의 민족', '동방의 어진 민족'입니다.

그리고 상(은)나라 갑골문을 보면 이夷는 시尸, 인人과 함께 '사람이 똑바로 서 있는 모습'으로 그려져 있습니다. 여기서 시尸는 제사 때 신이 응감應感하도록 세워 놓은 신상神像으로 '신의 대리인'을 뜻합니다. 중국 한족이 동방의 배달족에게 이처럼 신의 대리인을 뜻하는 '이夷' 자를 붙여서 부른 것은 당시 그들이 동이족을 신성시하였음을 보여 줍니다.

역사적으로 중국인들이 동방 민족을 '동이'라 부른 것은 치우천황이 큰 활을 만들어 쓴 이후부터입니다. 큰 활의 위엄에 두려움을 느낀 한족이 배달민족을 가리켜 '큰 활을

---

15) 서기전 5세기에 공자가 당대 노나라의 역사를 기록한 『춘추春秋』에서 과거 주나라 주변의 민족을 '오랑캐'로 매도하면서 '동이'를 '동쪽 오랑캐'라고 해석하게 되었다.

잘 쏘는 동방 사람'이라 부른 것입니다. 중국 사서에 나오는 동이의 역사는 곧 배달 시대로부터 시작된 한민족의 서방 개척의 역사입니다. 따라서 '동이' 앞에 정식 국호인 '배달'을 붙여 '배달 동이'라고 불러야 합니다.

중국 역사는 동이족이 일군 역사

동이족은 치우천황의 영토 확장을 계기로 서토西土 깊숙이 퍼져나가 중국의 역대 왕조를 이끈 주류가 되었습니다. 대만과 중국 학자들 스스로 '중국은 동이문화'[16]라고 말할 정도입니다.

중국 역사의 시조인 황제헌원부터 동방 배달의 한 종족입니다. 『사기』 「오제본기」에서 헌원의 종족 이름을 유웅有熊이라 하였는데, 유웅씨는 배달 초기에 흡수된 웅족 계열입니다.

황제헌원뿐 아니라 오제五帝로 꼽히는 소호, 전욱, 제곡, 요, 순도 모두 동이족입니다. 그 뒤를 이은 고대 3왕조의 개국조인 하나라 우禹, 상(은)나라 탕湯, 주나라 문왕과 무왕까지도 모두

허신許愼의 『설문해자說文解字』에 나오는 '이夷'자 설명글 ▶

---

16) 『중국사전사화中國史前史話』를 쓴 대만의 쉬량즈徐亮之와 북경대학의 고고문박학원考古文博學院 교수인 옌원밍嚴文明이 대담과 저서, 논문을 통해 밝힌 내용이다.

동이족 혈통입니다. 특히 상나라는 동이족이 세운 나라로 제도와 풍습이 당시 그들의 상국上國이던 단군조선과 아주 유사합니다. 그리고 주나라 초기에 강태공이 제후로 봉해진 제나라도, 그 이웃인 노나라도 역시 동이의 나라였습니다.

동이는 중국의 역대 왕조를 일구었을 뿐만 아니라 신교 문화와 문물을 중국 땅에 전했습니다. 동이의 도자기 제조술, 제철법, 역법曆法, 갑골문자, 천자天子 제도, 조세 제도, 윤리규범 등 다양한 문물제도가 전해졌습니다. 동이족은 지금의 산동성, 하북성, 하남성, 강소성, 안휘성, 호북성, 절강성 등 광대한 영역에 걸쳐 활동하면서 중국 황하문명의 근간을 이루었습니다.

한마디로 '배달 동이'는 중국에게 지배를 받은 민족이 아니라 중국의 역사와 문명 발전을 주도한 지배 세력이었습니다.

4) 환국과 배달의 역사를 밝힌 홍산문화

동북아와 인류의 창세사를 다시 쓰다

동북아의 역사는 참으로 오랫동안 왜곡되어 왔습니다. 하지만 이 왜곡된 한민족 뿌리 역사의 진실이 중국의 홍산문화 유적 발굴을 통해 송두리째 드러났습니다.

'홍산紅山'은 내몽골자치구 적봉시 동북쪽에 있는 산으로 산 전체가 적철광으로 뒤덮여 붉게 보인다고 해서 붙여진 이름입니다. 배달 시대 이래 우리 조상들의 활동 강역이던 내몽골 지역과 중국 요령성 지역에서 홍산문화의 유적과 유물이 대거 발굴되었습니다.[17]

홍산 인근에서 나온 5,000~6,500년 전의 문명은 협의의 홍산문화이고, 만리장성 이북의 요서 일대에서 발굴된 최고 9천 년 전까지 거슬러 올라가는 모든 신석기, 청동기 문명은 광의의 홍산문화입니다. 전 세계를 놀라게 한 무려 9천 년 이상 된 고대문명의 출현은 20세기 고고학 최대의 발굴 사건이었습니다.

---

17) 이형구 교수는 홍산문화를 '발해연안문명'이라 부른다. 발해연안이란 발해를 둘러싸고 있는 산동반도, 요서, 요동반도, 한반도 등을 포함한 지역을 말한다. 세계 4대문명과 마찬가지로 홍산문화도 북위 30도~45도에서 발생하였다. 지중해 문명이 서양 문명에 자양분을 공급했듯이, 동이족이 발해연안에서 창조한 문명은 중국은 물론 만주, 한반도, 일본의 고대 문명을 일궈 낸 젖줄이었다(이형구·이기환, 『코리안 루트를 찾아서』, 27쪽).

홍산문화 발굴은 1908년, 일본 학자인 도리이 류조우 鳥居龍藏가 적봉 일대의 지표를 조사하다가 우연히 신석기 유적과 적석총을 발견하면서부터 시작되었습니다. 그 뒤 1922년 프랑스의 에밀 리쌍E. Licent이 유적 발굴에 참여하였고, 1930년대 들어와 중국 근대 사상가 량치차오梁啓超의 아들인 량쓰용梁思永이 내몽골의 적봉 홍산 유적지를 조사한 이래 많은 학자들이 연구에 뛰어들었습니다. 그러다 일본이 중국을 침략하기 전인 1935년 일본의 하마다 고사쿠濱田耕作 등에 의해 본격적인 고고학 조사가 이루어졌습니다. 하지만 1937년, 중일전쟁으로 홍산 유적은 한동안 잊히게 됩니다.

그 후 문화대혁명이 한창이던 1971년 8월, 내몽골자치구 옹우특기에 사는 한 농민이 과수원에서 갈고리 모양의 물건을 발견하고는 녹슨 폐철이라 여기고 집으로 가져갔습니다. 그의 어린 동생이 그것을 가지고 놀다가, 녹이 벗겨지며 광택이 나타나자 옹우특기문화관에 신고를 했습니다. 그러나 문화관에서도 이것을 창고에 넣어둔 채 방치하다가, 10여 년이 지난 뒤 북경대 고고학자 쑤빙치蘇秉琦 교수에게 보내어 감정한 결과, 5천 년 전에 만들어진 옥기玉器임을 알게 되었습니다. 당시로선 가장 오래된 용 유물인 이 'C자형 옥룡'을 중국 정부는 '중화제일용中華第一龍'이라고 이름 붙였습니다(1984년).

옥조룡玉雕龍
홍산문화 유적에서 흔하게 발견되는 옥으로 만든 용 형상물

 유물이 발굴될 때마다 동북아의 시원 역사를 다시 쓰게 하는 홍산문화는 세계 4대문명보다 앞선 것으로 '**제5의 문명**'입니다. 환국 문명의 자취가 별로 남아 있지 않은 것을 생각할 때, 홍산문화는 인류 역사의 근원에 대한 궁금증을 풀어 주는 매우 소중한 문화 자원입니다.

홍산문화의 주인공은

 홍산문화가 세계적인 주목을 받게 된 것은 3,40년 전의 일입니다. 1979년에 요령성 객좌현 동산취촌東山嘴村에서 제사 유적이 발견되고, 1983년 무렵 그 인근 우하량촌牛河梁村에서 적석총積石塚(돌무지무덤)[塚], 신전[廟], 제단[壇] 유적이 한꺼번에 발굴된 것이 계기가 되었습니다.

 홍산문화의 중심지이자 성지인 우하량 지역의 유적은 계급이 분화된 국가 단계의 고대 문명을 보여 주는 것으로 더욱 이목을 끌었습니다. 대형 적석총을 보면 최고 통치자의 무덤으로 추정되는 중앙의 대묘大墓를 작은 무덤들이 둘러싼 형태입니다. 한두 사람이 겨우 들어갈 정도로 좁은 신전은, 최고 통치자가 제사장으로 천제를 올려 하늘과 인간을 이어주던 제정일치 시대의 유적임을 말해 줍니다.

그렇다면 6천 년 전에 이미 국가 체제를 갖춘 뛰어난 이 문명의 주인공은 누구일까요? 우하량 유적의 대부분을 차지하는 적석총이 이를 말해 줍니다. 적석총은 고대에서 삼국 시대까지 계속 나타나는 한민족의 대표적인 묘제입니다. 적석총은 충적층 지대인 황하 지역에 형성된 한족 문화권에서는 전혀 출토되지 않는 무덤입니다. 한족은 땅에 구덩이를 파고 주검이나 관을 묻는 토광묘를 짓습니다. 결론적으로 홍산문화의 주인공은 배달 동이족인 것입니다.

또한 우하량 제2 지점에서 발굴된 원형제단과 그 옆에 나란히 위치한 무덤군은 동방 우주론의 주요 사상을 보여 주고 있습니다. 원형 구조를 한 제천단은 '하늘은 원만하다'는 천원天圓 사상을 나타낸 것이고, 방형方形으로 짜진 무덤군은 '땅은 방정하다'는 지방地方 사상을 나타낸 것입니다.

이 천원지방 구조는 배달을 계승한 단군조선 시대 초대

7,600년 전의 세계에서 가장 오래된 용 형상
잔돌을 쌓아 만들었는데 중국에서는 중화제일용中華第一龍이라 부른다.
(요령성 부신阜新시 사해査海유적에서 발견)

단군왕검이 쌓은 강화도 마리산의 참성단과 근세조선 말에 고종 황제가 세운 원구단에서도 나타납니다. 뿐만 아니라 명나라 때 지은 북경 천단공원의 환구단에서도 나타납니다. 수천 년에 걸쳐 일관되게 이어져 온 제천단의 천원지방 구조로 볼 때, 5,500년 전에 세운 우하량 제단은 동북아 제천단의 원형인 것입니다. 원형 제단이 3단 구조를 취한 점 또한 동방 우주론의 삼수三數문화를 보여 줍니다.

이 홍산문화는 중국 땅으로 전파되어 황하문명의 발달에 크나큰 영향을 끼쳤습니다. 시베리아과학원의 고고학자 세르게이 알킨 교수도 '홍산문화는 중원문화에 많은 영향을 끼쳤지만 중원문화가 홍산문화에 영향을 주었다고 보기는 어렵다'고 주장합니다.[18]

홍산문화는 동북아 고대문화의 최고봉으로서 중국 한족 문화와는 계통이 전혀 다른, 동방 한민족의 독자적인 문화입니다. 그러므로 홍산문화의 실체는 환웅천황 열여덟 분이 다스린 배달의 역사를 시작부터 끝까지 기록해 놓은 『환단고기』로만 해석이 가능합니다.

홍산인의 옥 문화와 용봉 문화

홍산문화 가운데 소하서小河西문화는 중국 남방의 신석기문화보다 1천 년이 앞섭니다. 여기에서 신석기 집단거주

---

18) 대구MBC-TV, "곡옥의 비밀(2) : 무너지는 동북공정", 2006.9.28

유적이 나왔습니다. 그리고 흥륭와興隆洼문화 유적지에서는 7,8천 년이나 된 세계에서 가장 오래된 옥 귀고리(옥결玉玦)가 발굴되었는데, 이 옥결과 같은 유물들이 강원도 고성 문암리와 전남 여수 안도리에서도 나왔습니다. 이것은 만주와 한반도가 하나의 문화권으로 연결되어 있었음을 입증합니다.

홍산문화가 세계인을 놀라게 한 여러 특징들 가운데 하나가 정교하고 다양한 옥玉 문화입니다.[19]

옥은 변하지 않는 보석으로 영생불멸을 뜻하고 하느님의 신성神性을 상징합니다. 그래서 하느님을 '옥황상제玉皇上帝'라고 합니다. 홍산인들은 옥으로 고귀한 신분을 나타내는 장신구, 신과 소통하는 신물神物, 천제天祭에 쓰는 제기 등을 만들었습니다.

홍산문화에서 또 주목을 끄는 것은 사해查海문화로, 여기에서 7,600년 전에 돌로 용의 형상을 만든 석소룡石塑龍이 나왔습니다. 그리고 조보구趙寶溝문화 지역에서는 7천 년 전에 만든 봉鳳 형상의 토기가 나왔습니다.

---

19) 옥문화에 대해 이형구 교수는 '발해연안 고대 문화 중에서 가장 큰 특징은 옥玉 문화다. 고대인들은 신앙적인 마음에서 옥을 선호하고 중요하게 여긴 것으로 생각한다. 변하지 않고 영원불멸하는 옥의 특징을 보면 용 신앙이라든지 새 신앙이 우리 민족, 동이족과 매우 밀접한 관계가 있다고 본다'라고 말한다.(상생방송STB 〈역사특강〉, "발해연안문명, 한국 고대문화의 기원" 4강, 2009.8.11.)

홍산문화와 Y벨트

중국 고고학의 대부라 할 수 있는 쑤빙치蘇秉琦는 요서지역의 홍산문화와 북방 초원문화가 남방의 황하문명으로 유입되었다고 말한다. 동북아 북방에서 남방으로의 문화 전수 통로를 그는 'Y자 벨트'라 부른다.

BCE 3000년경
C형 옥조룡玉雕龍

조보구趙寶溝(자오바오거우)문화
BCE 5000~BCE 4400(환국 중기)
의 세계 최고最古 봉황 형상 토기

환국

북방초원문화

내몽골

대청산

호화호특

북방초원문화 남하노선

홍산문화 남하노선

탁록

유주(당)

오르도스

태항산

하북

하가점夏家店(샤자뎬)하층下層문화
BCE 2000~BCE 1500
고조선 초기 유적. 고구려 성의 특징인 치雉가 있는 석성石城, 비파형 동검, 문자가 새겨진 토기 조각 등 출토.

양소문화 북상노선

태원

유주(요순시대)

●안양(은)

●낙양

주周 하夏 상商

●박(상商)

자산(츠산)磁山
BCE 6000~BCE

앙소(양사오)仰韶문화
BCE 5000~BCE 3000

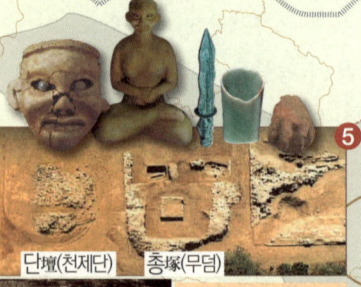

단壇(천제단)   총塚(무덤)

묘廟(사당·신전)

홍산紅山(홍산)문화
BCE 4700~BCE 2900

총묘단, 여신상, 옥웅룡玉熊龍, 비파형 옥검, 옥고玉籠 등 출토.
우하량의 총묘단塚廟壇(적석총, 여신묘, 제천단) 유적은 홍산문화가 국가체제를 갖춘 뛰어난 문명임을 보여준다. 원형 제단과 방형 적석총은 마리산 참성단, 태백산 제천단, 북경 천단을 비롯한 동북아 제천단의 원형.

대계(다시)大溪문화
BCE 5000~BCE 3000

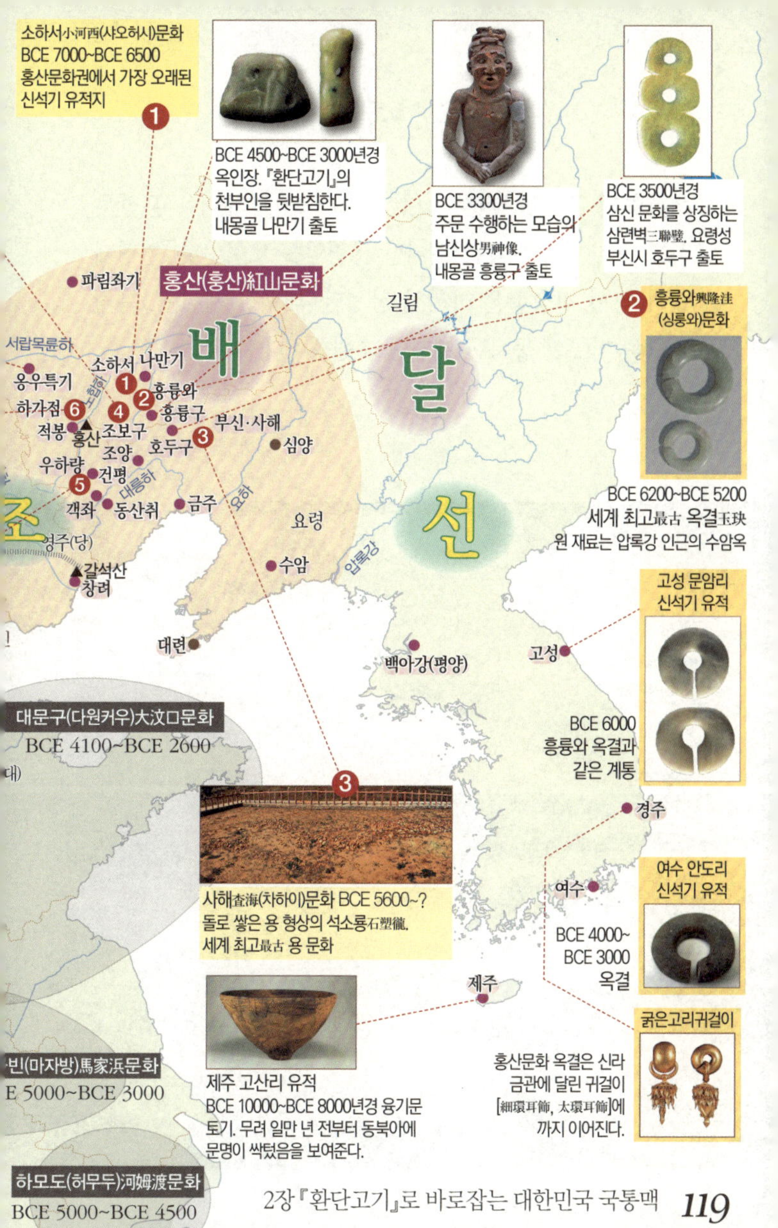

소하서小河西(샤오허시)**문화**
BCE 7000~BCE 6500
홍산문화권에서 가장 오래된 신석기 유적지
①

BCE 4500~BCE 3000년경 옥인장. 『환단고기』의 천부인을 뒷받침한다. 내몽골 나만기 출토

BCE 3300년경 주문 수행하는 모습의 남신상男神像. 내몽골 흥륭구 출토

BCE 3500년경 삼신 문화를 상징하는 삼련벽三聯璧. 요령성 부신시 호두구 출토

홍산(훙산)紅山문화

파림좌기
서랍목륜하
옹우특기
하가점 ⑥
적봉 홍산
우하량 조보구 ④ 흥륭와
객좌 ⑤ 건평 조양 호두구 ③
동산취
갈석산
영주(당)
창려
길림
소하서 나만기 ①
부신·사해
심양
대릉하
금주 요하
요령
수암
대련
백아강(평양)
달
선
조

② 흥륭와興隆洼(싱룽와)문화

BCE 6200~BCE 5200
세계 최고最古 옥결玉玦
원 재료는 압록강 인근의 수암옥

고성 문암리 신석기 유적

고성
BCE 6000
흥륭와 옥결과 같은 계통

대문구(다원커우)大汶口문화
BCE 4100~BCE 2600

사해查海(차하이)문화 BCE 5600~?
돌로 쌓은 용 형상의 석소룡石塑龍.
세계 최고最古 용 문화

경주

여수 안도리 신석기 유적

여수
BCE 4000~
BCE 3000
옥결

빈(마자방)馬家浜문화
E 5000~BCE 3000

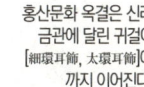

제주 고산리 유적
BCE 10000~BCE 8000년경 융기문 토기. 무려 일만 년 전부터 동북아에 문명이 싹텄음을 보여준다.

제주

홍산문화 옥결은 신라 금관에 달린 귀걸이 [細環耳飾, 太環耳飾]에까지 이어진다.

굵은고리귀걸이

하모도(허무두)河姆渡문화
BCE 5000~BCE 4500

홍산문화

우하량의 총묘단塚廟壇(적석총, 여신묘, 제천단) 유적은 홍산문화가 국가체제를 갖춘 뛰어난 문명임을 보여준다. 원형제단과 방형 적석총은 마리산 참성단, 태백산 제천단, 북경 천단을 비롯한 동북아 제천단의 원형이다.

삼족회흑도_홍산문화 토기 유물의 특징 중 하나가 3수 원리를 담고 있는 세발토기가 많다는 것이다.

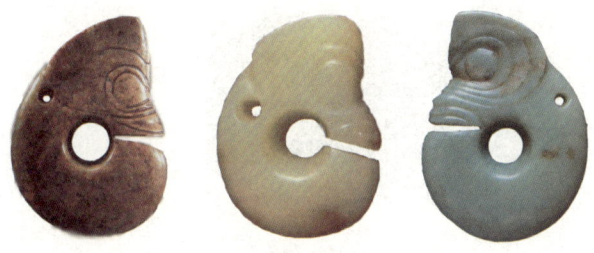

옥조룡玉雕龍
홍산문화 유적에서 흔하게 발견되는 옥으로 만든 용형상물

7천여 년 만에 햇빛을 본 환국·배달 시대의
동방 천자天子문화의 상징 용봉龍鳳

홍산문화 유적지에서 천자天子의 상징인 용龍과 봉鳳의 형상물도 100여 개 이상 발굴되었는데, 이들은 중국의 다른 지역에서 발견된 것 보다 그 시대가 훨씬 앞선다.

봉형토기
조보구문화에서 발견된 서기전 5000년경의 봉황 모양 토기. 중화제일봉中華第一鳳으로 명명되었다.

옥봉玉鳳
봉황 모양의 옥기로 일부 학자는 삼족오로 보기도 하나 일반적으로 봉황으로 본다.

신석기 시대와 더불어 '옥기 시대'라고 이름 붙여도 무리가 없을 정도로 다양한 크기와 형태의 옥기가 무수히 발견되고 있다.

옥종玉琮
고대에 신과 조상에게 제사 지낼 때 사용하던 중요한 예기禮器이다.

곰 형상의 옥 장신구

각종 옥조玉鳥

예로부터 용은 천자天子를 상징합니다.[20] 그동안 중국인들은 그들이 세계 4대문명의 하나인 황하문명의 주인공이자 나아가 용 문화의 원류로서 천자문화의 주체라고 자부해 왔습니다. 이 황하문명의 용 유물은 아무리 멀리 잡아도 5천 년 전 것입니다. 그런데 만리장성 밖, 배달 동이의 영역에서 중국 것보다 2천여 년 이상 앞선 용봉 문화의 유물들이 나온 것입니다.

옥 문화와 용봉 문화를 비롯하여 동이족의 역사와 문화를 보여주는 놀라운 유물이 계속 쏟아져 나오자 중국의 정치 지도자, 역사학자들은 큰 충격을 받았습니다. 그래서 홍산문화의 진실을 감추고 그것이 중화문명인 것처럼 꾸미기 위해, 중국은 한민족의 고대 역사를 그들의 것으로 흡수하는 동북공정東北工程을 시작한 것입니다. 이 작업을 통해 그들은 '홍산문화는 중국 문화로서 세계 4대 문명의 근원이 되는 진정한 인류의 창세문화, 원형문화'라고 주장합니다.

사정이 이러한데도 한국 강단사학계는 홍산문화에 대해 침묵하거나 '우리나라 문화 코드와 달라서 우리 문화의 직접적인 원형이 아니다'라며 부정하고 있습니다.

---

20) "龍, 人君之象也."(『논형論衡』「기요紀妖」)

3

고대 한민족의 전성기, 단군조선

1) 나라를 삼한三韓으로 나누어 다스림

환국과 배달을 계승하여 신교의 3수 문화를 절정으로 꽃피운 때가 바로 단군조선 시대입니다. 배달이 세워지고 1,565년 되던 해에 18세 거불단 환웅이 세상을 떠났습니다. 이에 일찍이 14세에 비왕裨王(왕을 보좌하는 부왕)으로 임명되어 24년간 제왕 수업을 받고 있던 단군이 천제의 아들로 추대되어 제위에 올랐습니다. 단군왕검은 배달 말기의 혼란을 잠재우고 9환족 전체를 하나로 통일하여, '조선朝鮮'이라는 새 나라를 열었습니다(서기전 2333년).

'조선'은 '아침 햇살을 가장 먼저 받는 곳[朝光先受地]'이란 뜻으로 광명사상을 담고 있습니다. 단군왕검은 삼신상제님께 천제를 올리고, 송화강 아사달(지금의 흑룡강성 하얼빈)에 도읍을 정하였습니다. '아사달'은 '아침 햇빛이 비치는 밝은 땅'이란 뜻입니다.[21]

---

21) 이밖에도 아사달은 ① 아시밝(첫 빛) ② 삼신에게 제사 지내는 곳 ③ 단군왕검이 머무는 도성, 즉 임검성壬儉城(왕검성王儉城, 왕험성王險城) ④ 확 트인 밝은 벌판이나 장소, 즉 평양平壤의 뜻을 담고 있다. 이때의 평양은 일반명사로 북한의 도시인 평양과는 다르다.

  단군조선은 삼신의 신성 가운데 인간과 만물을 다스리는 치화신治化神이 발현된 시대입니다. 그래서 단군왕검은 삼신의 원리에 따라 강역을 삼한(진한·번한·마한)으로 나누어 다스렸습니다. 이 제도가 바로 삼한관경제三韓管境制[22]입니다.

  단군은 대大단군으로서 병권兵權을 갖고 요동과 만주 지역에 걸쳐 있던 진한을 직접 통치하였습니다. 그리고 요서 지역의 번한과 한반도의 마한은 각각 대단군을 보좌하는

---

22) 삼한관경제는 6세 달문 단군이 신지神誌 발리發理로 하여금 짓게 한 「서효사誓效詞」에 잘 나타나 있다. "삼한의 형세 저울대 저울추 저울판 같으니 저울판은 백아강(마한의 수도)이요, 저울대는 소밀랑(진한의 수도)이요, 저울추는 안덕향(번한의 수도)이라."고 하며 세 수도가 하나의 저울을 이루어 균형을 유지하는 한, 단군조선의 태평시대는 보전될 것이라 노래하였다.

부단군으로 하여금 통치하게 하였습니다. 마한은 하늘의 정신[天─]을, 변한은 땅의 정신[地─]을, 진한은 천지의 중심인 인간[太─]을 상징합니다.

일찍이 한말의 애국지사요, 민족사학자인 단재 신채호는 맨몸으로 만주와 중국 땅을 누비며 민족사를 밝히는 데 심혈을 기울였습니다. 그 업적 가운데 하나가 바로 '단군조선이 나라를 삼한, 곧 변한·진한·마한의 셋으로 나누어 다스렸음'을 밝힌 것입니다. 또 신채호는 말년에「전후삼한고前後三韓考」라는 논문을 써서 단군조선의 전삼한과 조선이 망한 후 백성들이 한강 이남으로 내려와 세운 후삼한을 구분 지었습니다. 단재의 노력과 헌신으로 우리 역사 무대가 한반도가 아닌 대륙으로 바로 잡혔습니다. 한국 강단사학계는 단재의 연구 결과를 독립운동의 일환으로 과소평가하고 있지만, 열악한 시대 상황에서 민족사의 새 지평을 연 단재의 공덕을 새롭게 조명해야 할 것입니다.

삼한관경제는 단군조선의 역사와 문화를 이해하는 데에 결정적으로 중요한 열쇠입니다. 당시 우리나라와 중국, 일본의 관계를 비롯하여 동북아의 국제 정세를 바르게 파악하는 대전제도 '단군조선이 삼한으로 구성되었음'을 인식하는 것입니다. 오늘날 강단 주류사학계가 단군조선의 역사를 제대로 밝히지 못하는 가장 큰 이유는 신교 삼신문화에 근거한 삼한관경제에 대한 이해가 부족하기 때문입니다.

2) 놀라운 수준의 청동기 문화와 거석문화

단군조선은 동북아의 대국으로 70여 개에 이르는 크고 작은 제후국을 거느렸습니다. 『단군세기』에 따르면, 조선의 단군은 제후국을 순회하였고 제후들은 단군에게 조공을 바쳐 예를 표했습니다. 단군은 제후들을 삼신상제님께 올리는 천제에 참여시키거나 그들과 함께 적을 공격하기도 하였습니다.

4,500여 년 전, 한민족은 이미 청동을 사용하였습니다. 단군조선의 영역으로 추정되는 홍산문화 지역인 요서의 하가점에서 청동기 유물이 발견되었는데, 그 가운데 가장 잘 알려진 것이 비파형동검입니다. 악기 비파처럼 생긴 이 검은 요서, 요동, 만주, 중국의 하북성, 산동성, 그리고 한반도 전역에서 발견되고 있습니다. 이러한 사실은 단군조선의 영역이 요서에서 한반도까지 걸쳐 있었음을 입증합니다.

하가점하층문화와 상층문화로 알려진 이 청동기문화는 황하유역의 서기전 2,200년경, 시베리아 지역의 서기전 1,700년경 문화보다 앞선 시기에 시작되

배달 시대 비파형 옥검과
단군조선의 대표 유물인 비파형 청동검

었습니다. 그런데도 우리나라 강단 주류사학계는 이 홍산문화를 인정하지 않고 한국의 청동기 시대가 기껏해야 서기전 1,300년을 거슬러 올라가지 못한다고 주장합니다.

이스라엘의 유명한 고고학자 핑컬스타인Finkelstein 박사에 의하면, 팔레스타인의 청동기 시대를 서기전 3,500년~서기전 1,150년으로 보았습니다. 이와 비교해 볼 때 동북아시아의 청동기 시대가 서기전 2,500년으로 거슬러 올라간다고 해도 조금도 이상하지 않습니다.[23]

다뉴세문경多鈕細文鏡(여러 꼭지 잔줄무늬 거울)도 고조선의 뛰어난 청동기 제작기술을 보여 줍니다. 이 청동거울 뒷면에는 머리카락 굵기에 불과한 만여 개의 가느다란 선이 정교하게 새겨져 있습니다. 비파형동검과 다뉴세문경을 통해 고조선이 고도의 청동 제작기술을 보유한 동북아문명

다뉴세문경多鈕細文鏡
(여러 꼭지 잔줄무늬 거울)
숭실대 한국 기독교박물관에 소장된 국보 제141호. 지름 21.2㎝인 이 청동 거울의 뒷면에 깊이 0.7㎜, 폭 0.22㎜ 간격으로 무려 1만3천 개의 직선과 100여 개의 동심원이 새겨져 있다. 최근에야 거의 흡사하게 복원했을 정도로 매우 뛰어난 청동 주조 기술을 보여주는 유물이다.

23) 『성경: 고고학인가 전설인가』, 32쪽.

의 주역이었음을 알 수 있습니다.

 단군조선은 거석 유적에 속하는 고인돌도 많이 남겼습니다. 고인돌은 원래 신석기와 청동기 시대에 나타난 돌무덤 형식의 하나로, 전 세계에 약 6만여 기가 있습니다. 만주와 한반도에 특히 많이 남아 있는데, 한반도에만 4만여 기가 있는 것으로 추정됩니다.

 고인돌에 사용된 판석의 무게는 적게는 10톤 미만에서 많게는 300톤에 달합니다. 이 거대한 판석을 떼어 옮기려면 수백 명의 인력이 필요하기 때문에, 고인돌을 세우는 것은 강력한 통치체제를 갖춘 사회가 아니면 불가능합니다. 고인돌은 고조선 시대에 이미 국가가 출현해 있었음을 드러내 주는 확고한 증거입니다.

강화도 부근리 고인돌
3의 구조로 된 이 북방식 고인돌에는 천부경 원리가 담겨 있는데, 덮개돌은 천일天一, 두 개의 받침돌은 지이地二를 나타낸다.

3) 동북아를 호령한 대제국, 단군조선

중국의 9년 대홍수를 다스리게 해 준 단군왕검

단군왕검 재위 50년(서기전 2284년)에 홍수가 나서 강이 범람하여 백성이 편안히 살 수 없게 되자 왕검께서 풍백風伯 팽우에게 물을 다스리게 했습니다. 그 다음 해에는 운사雲師 배달신倍達臣을 시켜 강화도 마리산에 삼랑성三郎城과 제천단을 쌓고 천제를 올렸습니다. 그 제천단이 지금도 남아 있는 참성단입니다.

당시 중국은 요堯 임금이 다스리던 때로 단군조선이 물난리를 치르고 몇 년이 지나,[24] 중국 땅 역시 큰 물난리를 겪게 됩니다. 요임금의 신하 곤鯀이 홍수를 다스리려 했으나 실패하고, 곤의 아들 사공司空 우禹가 치수를 맡았습니다. 우는 치수에 힘쓰는 수 년 동안 자기 집 앞을 세 번이나 지나갔지만 한 번도 들르지 않을 정도로 전력을 쏟았습니다. 그럼에도 홍수가 그치지 않고 국가의 존립마저 위태로운 지경이 되자, 중국은 동방 천자국의 단군왕검에게 구원을 요청했습니다.

이에 단군왕검께서 도산塗山(회계산) 회의를 소집하고, 태

---

[24] 단군조선의 홍수는 서기전 2284년에 일어나 1년 만에 해결됐다. 중국은 9년 동안 홍수를 겪다가 서기전 2267년에 끌러졌으니, 서기전 2276년경에 홍수가 발생한 셈이다. 단군조선의 물난리가 끝나고 7년 후 중국의 홍수가 시작된 것이다.

자 부루扶婁를 파견했습니다. 그 회의에서 부루태자가 사공 우에게 '오행치수법五行治水法(오행의 원리로 물을 다스리는 법)'을 전하여, 중국은 마침내 물난리를 해결 할 수 있었습니다(서기전 2267년). 이것이 '중국 9년 홍수 치수'의 전모입니다.

『구약』에서 전하는 노아의 홍수는 겨우 40여 일이지만 중국의 홍수는 무려 9년이나 계속되었습니다. 중국의 9년 대홍수는 고대 동북아의 대재앙이자 인류사의 가장 큰 자연재난이라 할 수 있습니다. 만일 단군왕검의 도움이 아니었다면 중국의 역사는 요순시대에서 더 이상 전개되지 못하였을 것입니다.

단군은 중국의 국난을 끌러준 후 나라의 경계를 정하였는데, '회수와 태산 지역(지금의 산동성, 안휘성, 강소성, 절강성)'을 단군조선에 귀속시키고 분조分朝를 두어 우순(순임금)으로 하여금 단군을 대신하여 다스리게 했습니다.

단군은 또 산동 지역의 낭야성에 감우소監虞所(우순의 정치

강화도 마리산摩利山 참성단塹城壇
남한에서 가장 오래 된 제천단으로 천원지방의 원리에 따라 축조되었다.

를 감독하는 곳)를 설치하여 순으로부터 분조의 정사를 정기적으로 보고 받았습니다

 부루태자가 단군왕검의 명을 받고 특사로 도산에 갈 때, 도중에 낭야성에 들러 반 달 동안 머무르며 백성의 사정을 묻고 들었는데, 이때도 순임금이 치수에 대한 모든 일을 부루태자에게 보고하였습니다(『환단고기』「태백일사」).

 이것을 증명해 주는 기록이 『서경』「순전舜典」의 "사근동후肆覲東后"입니다. 이것을 대개 '순임금이 동쪽의 제후를 만났다'라고 해석합니다. 하지만 이것은 '제후인 순임금이 동방의 천자인 단군왕검을 알현하였다'라고 해석해야 맞습니다.[25]

 낭야성은 그 성을 개축한 변한의 2세 왕 낭야(치우천황의 후손)의 이름에서 유래합니다. 오늘날에도 '낭야'로 불리는 이곳은 진시황이 불사약을 구해오라고 동방 신선의 나라로 사람을 보내기 위해 다녀간 것으로도 유명합니다.

하상주 왕조의 흥망을 좌우한 단군조선

 단군조선은 요순 시대를 이은 하상주夏商周의 건국과 흥

---

25) 『예기』「곡례曲禮」에 의하면, '근覲'은 제후들이 북쪽을 향해서 천자를 알현하는 것이다. 『이아爾雅』의 주註에서는 '근'을 '아랫사람이 윗사람을 뵙는 것(下見上)'이라 풀이한다. 사근동후는 순이 동방의 천자인 단군왕검을 알현한 사건에 대한 기록이다.

망에도 지대한 영향을 미쳤습니다.

 하나라의 창업자는 바로 회계산에서 단군조선의 부루태자로부터 오행치수법이 적힌 금간옥첩을 받아 치수에 성공한 사공 우禹입니다. 9년 홍수를 해결한 덕에 인심을 얻어 하夏나라를 연 우임금은 조선의 은혜를 잊지 못해 죽을 때 회계산에 묻어달라고 유언을 남겼습니다. 현재 우임금의 왕릉은 회계산에 있습니다.

 그런데 중국의 사서 『오월춘추』를 보면, 우가 단군조선으로부터 도움을 받았다는 사실을 감추기 위해 부루태자를 창수사자蒼水使者라고 기록하였습니다. 창수사자가 우의 꿈에 나타나 비법을 알려 주어서 우가 스스로 국난을 해결하였다고, 진실을 왜곡하였습니다.

산동성 교남시의 낭야대 정상에 있는 진왕(진시황) 석상
진왕이 바다 건너 한반도를 가리키며 서복에게 불로초를 구해오라고 명을 내리는 모습이다. 진왕은 낭야를 세 번 다녀갔다고 한다.

하나라에서 상商나라로 중원 왕조가 교체될 때도 단군조선의 힘이 작용하였습니다. 폭군 걸桀의 폭정으로 하나라 백성들이 도탄에 빠지자, 성탕成湯이 걸을 정벌하고자 하였습니다. 단군조선의 13세 흘달 단군은 처음에는 걸을 지원했으나 걸의 폭정이 지속됨에 결국 탕을 지원하여 이기게 했습니다. 성탕은 걸왕을 패사敗死시킨 뒤 나라를 세우고 국호를 상이라 하였습니다.

상나라의 왕통王統은 동이의 혈통입니다. 상나라는 신교로 나라를 열고 국가를 경영하였습니다. 중요한 일이 있을 때마다 하늘에 제를 올리고 길흉을 점쳤는데, 그것이 잘 알려진 갑골甲骨문화로, 신교의 풍습입니다. 또한 상나라의 유물인 옥玉이나 삼족기와 같은 도기陶器를 보면 이들이 홍산문화를 계승했음을 알 수 있습니다,

상나라의 개국공신인 이윤伊尹도 동이족 출신입니다. 이윤은 단군조선 11세 도해 단군 때의 국사國師인 유위자有爲子[26]에게서 신교神敎의 대도大道 문명을 배워 상나라의 제도와 질서를 정립하였습니다. 이런 이유로 상나라의 초기 왕들 역시 단군조선을 상국上國으로 받들었습니다.

---

26) 이윤과 유위자의 관계는 『환단고기』만 아니라, 공자의 10세손인 공빈孔斌이 지은 『동이열전東夷列傳』에도 나온다. "은殷의 탕湯왕을 보필하여 하나라의 마지막 왕인 폭군 걸桀을 쫓아낸 명재상 이윤이 유위자의 문하에서 대도를 전수받았다."고 하였다

그런데 12세 하단갑 때부터는 태도가 달라졌습니다. 조공도 바치지 않았을 뿐더러 심지어 단군조선의 변방을 침범하기까지 했습니다. 이에 조선의 21세 소태 단군과 22세 색불루 단군이 상나라를 정벌하였습니다. 전쟁을 할 때마다 패전을 거듭하던 상나라는 이리저리 옮겨 다니다가 결국 단군조선의 지원을 받은 주周나라에게 멸망을 당하고 맙니다.

주 무왕은 당시 많은 병력과 전차를 보유한 강력한 상나라 군대를 이기기 위해 배달 동이의 협조가 절대적으로 필요하였습니다. 이때 무왕을 도운 동이족의 대표적 인물이 바로 강태공입니다. 이렇게 상나라 다음으로 등장하여 550년 동안 중원을 지배한 3천 년 전의 주나라도, 창업 때부터 단군조선의 영향력에서 벗어날 수 없었습니다. 이전의 왕조와 마찬가지로 조선에 조공과 방물을 바쳐 예를 표했습니다.[27]

단군조선과 중국의 관계를 간단히 정리하면, 단군조선은 동북아의 천자국天子國이었고, 하·상·주 중국 3왕조는 모두 단군조선의 정치적 통제를 받은 제후국이었습니다.

---

[27] 『환단고기』에 주나라 왕 하瑕(4세 소왕昭王)가 고조선에 사신을 보내 조공을 바친 일, 32세 추밀 단군 때 주나라가 번조선에 방물을 바친 일 등이 기록되어 있다.

4) 삼한관경제의 쇠퇴로 기울어진 국운

 단군조선은 21세 소태 단군 말, 개국 후 처음으로 국가 위기 상황을 맞이하였습니다. 상나라 정벌에 공을 세운 개사원 욕살(지방장관) 고등高登과 해성 욕살 서우여徐于餘 사이에 일어난 권력 투쟁이 그 발단이었습니다. 이후 고등의 손자 색불루索弗婁가 군사를 일으켜 정권을 탈취하고 조선의 22세 단군으로 즉위하였습니다.

 색불루 단군은 국정을 쇄신하기 위해 백악산 아사달로 도읍을 옮기고 삼한(진한, 번한, 마한)을 삼조선(진조선, 번조선, 막조선) 체제로 바꾸었습니다. 이것이 단군조선 제2 왕조 시대의 시작입니다. 그런데 병권은 예전처럼 진조선의 대단군이 가졌지만, 삼조선의 결속력은 점차 약해졌습니다. 신교문화의 성소聖所인 소도蘇塗를 중심으로 한 공동체 의식이 약해지고, 백성들 사이에 빈부 격차와 계급 분화가 빠르게 진행되었습니다.

 그러다가 43세 물리 단군 때에 이르러 삼한관경제가 완전히 붕괴되었습니다. 사냥꾼 우화충이 반란을 일으켜 도성을 공격하자, 단군이 피난을 가다가 도중에 붕어하였습니다. 이때 백민성白民城 욕살 구물丘勿이 장당경에서 군사를 일으켜 반란을 평정한 뒤 44세 단군으로 즉위하였습니다. 이로써 장당경 아사달에서 조선의 제3 왕조 시대가 시작되었습니다.

구물 단군은 나라 이름을 대부여大夫餘로 바꾸었습니다. '부여'라는 국호는 본래 초대 단군의 넷째 아들 부여가 다스린 조선의 제후국 '부여夫餘'에서 유래한 것으로 '아침 동이 부옇게 밝아옴', 즉 광명을 상징합니다.

그런데 대부여는 예전의 진한 또는 진조선과 같은 통치력을 행사할 수 없었습니다. 부단군이 다스리는 번조선·막조선도 독자적인 병권을 갖게 되어, 진조선과 대등한 관계가 되었기 때문입니다. 이때부터 조선은 급속하게 몰락의 길을 걸었습니다.

서기전 238년, 47세 고열가 단군은 마침내 오가五加(중앙부처의 장관이자 다섯 지역의 행정 우두머리)에게 나라를 맡기고 산으로 들어가 버렸고, 이로써 2,096년간의 단군조선 역사는 막을 내렸습니다.

단군조선 변천과정

제1 왕조
송화강 아사달(하얼빈) 시대 : 삼한
단군 왕검~21세 소태 단군
(기원전 2333~기원전 1286) 1048년간 지속

제2 왕조
백악산 아사달(장춘) : 삼조선
22세 색불루 단군~43세 물리 단군
(기원전 1285~기원전 426) 860년간 지속

제3 왕조
장당경 아사달(개원) 시대 : 대부여
44세 구물 단군~47세 고열가 단군
(기원전 425~기원전 238) 188년간 지속

고조선 (2333년) 1~47세 단군 성조와 재위기간

세	단군명	재위	치적과 사건
제1왕조 송화강 아사달 시대 (1,048년)			
1	왕검王儉	93	재위 원년 10월 3일 삼신상제님께 천제를 지내심 재위 50년 마리산에 제천단을 쌓게 하심 태자 부루로 하여금 우순虞舜이 보낸 사공에게 '오행치수지법五行治水之法'을 전하게 하심
2	부루扶婁	58	삼신상제님의 덕을 찬양하는 노래(어아가)를 부름. 삼년상三年喪 풍속 시작. 신지神誌 귀기貴己가 칠회력과 구정도 바침
3	가륵嘉勒	45	삼랑 을보륵에게 명하여 '정음正音 38자'를 짓게 하심(가림토)
4	오사구烏斯丘	38	아우 오사달을 몽골리한으로 봉함. 패전 주조, 약수弱水 지방에 유배되었던 열양 욕살 삭정索靖이 사면되어 흉노凶奴의 시조가 됨
5	구을丘乙	16	책력을 만드심. 장당경에 순행하여 삼신단을 봉축
6	달문達門	36	상춘 구월산에서 삼신상제님께 제사 지내고, 신지발리에게 서효사를 짓게 하심. 환국 오훈五訓과 신시 오사五事를 전수하심
7	한율翰栗	54	세금을 반으로 줄여 줌
8	우서한于西翰	8	'20분의 1세법'을 정하심
9	아술阿述	35	청해靑海 욕살褥薩 우착于捉이 난을 일으켜 대궐을 침범하여 임금 상춘으로 피난, 우지于支와 우속于栗을 보내 토벌함
10	노을魯乙	59	신원목伸冤木 세움. 감성監星을 설치
11	도해道奚	57	국선소도를 설치하고 환웅상桓雄像을 모심. 염표문念標文을 선포하심
12	아한阿漢	52	순수관경비를 세우고 역대 제왕의 명호를 새겨 전하심

세	단군명	재위	치적과 사건
13	흘달屹達	61	소도蘇塗를 많이 설치하심. 국자랑國子郞양성(천지화랑). 오성취루五星聚婁 관측.
14	고불古弗	60	기우제를 지내심
15	대음代音	51	80분의 1세법 시행. 아우 대심을 남선비국의 대인으로 봉하심
16	위나尉那	58	영고탑에서 천제 지낼 때 환인천제·환웅천황·치우천황과 단군왕검을 배향配享하심. 천부경을 노래함. 애환가愛桓歌 부름
17	여을余乙	68	엄년嚴年이 쳐들어왔으나 물리침. 재위 6년에 큰 흉년이 들자 곡식을 풀어 백성을 구제함
18	동엄冬奄	49	지백특支伯特 사람이 와서 방물을 바침
19	구모소緱牟蘇	55	지리숙支離叔이 주천력과 팔괘상중론을 지음
20	고홀固忽	43	공공共工인 공홀工忽이 구환지도九桓之圖를 만들어 바침
21	소태蘇台	52	은왕 무정武丁이 삭도와 영지 등을 침범하다 우리 군사에게 대패하고 조공을 바침. 우현왕 색불루가 무력武力으로 부여신궁夫餘新宮에서 단군으로 즉위하자 임금께서 제위를 물려주고 아사달에 은거함
제2왕조 백악산 아사달 시대 (860년)			
22	색불루索弗婁	48	삼조선으로 국제를 고쳤으나 삼한관경제는 유지함
23	아홀阿忽	76	아우 고불가에게 명하여 낙랑홀樂浪忽을 다스리게 하심
24	연나延那	11	여러 왕이 조칙을 받들어 소도를 중설하여 하늘에 제사 지냄
25	솔나率那	88	기자箕子가 서화西華에 살면서 은둔생활을 함
26	추로鄒魯	65	달단韃靼의 추장이 입조함
27	두밀豆密	26	수밀이국, 양운국, 구다천국이 사신을 보내 방물을 바침
28	해모奚牟	28	빙해冰海 지역의 여러 왕이 사신을 보내 조공을 바침

세	단군명	재위	치적과 사건
29	마휴摩休	34	주周나라 사람이 공물을 바침 지진, 남해 조수가 석 자나 후퇴함
30	내휴奈休	35	청구靑邱에 순행하고 돌에 치우천황의 공덕을 새기심. 주周나라와 수교
31	등올登兀	25	오개吳介를 상장으로 삼음
32	추밀鄒密	30	선비산 추장 문고가 공물을 바침
33	감물甘勿	24	영고탑 서문 밖 감물산 아래에 삼성사를 세우고 제를 올림
34	오루문奧婁門	23	풍년이 들어 백성들이 '도리가'를 지어 부름
35	사벌沙伐	68	장수 언파불합을 보내 해상의 웅습(구마소)을 평정하심
36	매륵買勒	58	용마가 천하天河에서 나옴. 협야후 배반명을 보내 해상의 적을 토벌케 하심. 12월에 삼도 평정, 배반명이 일본 초대 왕(神武)이 됨
37	마물麻勿	56	진秦나라 사절이 입조함
38	다물多勿	45	중국 여러 나라의 인재들이 귀순해 옴
39	두홀豆忽	36	중국 여러 나라에서 사절을 보내옴
40	달음達音	18	견융犬戎이 와서 복종함
41	음차音次	20	연燕·한韓나라 사절이 옴
42	을우지乙于支	10	정鄭나라 사절이 옴
43	물리勿理	36	융안隆安의 사냥꾼 우화충于和冲이 난을 크게 일으켜 임금이 피난가다 해두海頭에 이르러 붕어함. 백민성白民城 욕살 구물이 난을 편정함
제3왕조 장당경 아사달 시대 (188년)			
44	구물丘勿	29	구물이 단군에 올라 국호를 대부여로 바꾸고, 삼한三韓을 삼조선三朝鮮 체제로 고침.
45	여루余婁	55	장령·낭산에 성을 쌓음. 기우제를 지내심.
46	보을普乙	46	읍차 기후가 번조선 궁에 진입. 70세 번조선 왕으로 윤허
47	고열가高列加	58	단군왕검의 사당을 백악산에 세움

4
단군조선 이후의 우리 역사

 단군조선 이후 한민족의 국통맥은 어떻게 이어졌을까요? 주류 강단사학자들은 환국, 배달, 조선으로 이어지는 우리 상고사를 부정하고, 단군과 그 시대를 신화로 치부하면서 번조선의 정권을 탈취한 강도 위만의 조선을 내세워 한민족의 국통맥을 왜곡시키고 있습니다.

 한민족사의 정통맥을 단절시켜 그 근원을 되찾지 못하게 하는 가장 큰 장벽이 위만조선입니다. 강단사학자들이 말하는 단군조선에서 위만조선, 한사군으로 이어지는 국통맥은 잘못된 한국사 맥입니다. 올바른 한국사의 국통맥은 환국→배달→조선→북부여→고구려입니다.

1) 단군조선을 계승한 북부여

 그동안 한국사에서 가장 알 수 없었던 것이, 단군조선이 망하고 어떻게 고구려로 이어졌는가 하는 연결 맥이었습니다. 고조선과 고구려를 이어주는 잃어버린 역사의 고리, 그것이 바로 북부여사입니다. 『환단고기』를 통해 우리는 비로소 온전한 북부여사를 알 수 있게 되었습니다.

 단군조선의 마지막 47세 고열가 단군 시절, 대단군의 통치권이 약화되고 부단군과 지방 군장들의 목소리가 커져가던 때 고리국 출신의 종실宗室 해모수가 만주 지역에 '북부여'를 건국했습니다(서기전 239년). 나라 이름을 북부여로 정한 것은 단군조선(대부여)의 강역 중에서 북녘 땅(만주)을 중심으로 나라를 열었기 때문입니다.

 서기전 238년, 고열가 단군은 자신에게 나라를 다스릴 힘이 없음을 알고, 오가五加(다섯 부족장)에게 새 단군을 천거해 달라 부탁하고 산으로 들어갔습니다. 이후 오가가 나라를 다스리는 공화정이 실시되었고, 그로부터 6년 뒤 해모수가 백성들의 추대를 받아 단군으로 즉위하였습니다.

이로써 북부여가 단군조선(대부여)의 대통을 잇게 되었습니다(서기전 232년).

2) 남삼한의 성립

북부여가 단군조선의 역사를 이어가고 있을 때, 부단군이 다스리던 번조선과 막조선에도 큰 변화가 일어났습니다. 서방 진출의 발판이자 외적의 침략을 막는 방파제 구실을 하던 번조선은 당시 진나라 말기와 한나라 초기의 혼란을 피해 넘어온 중국 한족들로 몸살을 앓고 있었습니다. 그중 한나라의 제후국인 연나라 사람 위만衛滿이 있었습니다.

위만은 한나라 조정으로부터 숙청당할 위기에 처하자 조선인 복장을 하고 부하 1,000명과 함께 번조선의 준왕에게 투항하였습니다(서기전 195년). 준왕은 위만을 받아준 것은 물론, 그를 번조선의 서쪽 변방인 상하운장(지금의 북경 동쪽)을 지키는 장수로 임명하였습니다. 이처럼 준왕에게 은혜를 입은 위만은 오히려 그곳에서 몰래 세력을 기른 다음, 이듬해 거짓으로 '한나라가 침략하여 도성을 지켜야 한다'며 왕검성을 쳐들어와 준왕을 내쫓고 스스로 왕이 되었습니다(서기전 194년).

이 무렵 요서 지역 출신 대부호인 최숭은 바다를 건너 남으로 내려와 막조선의 왕검성(지금의 평양) 지역에 낙랑국을 세웠습니다(서기전 195년). 그리고 위만이 번조선을 차지하자 번조선의 상장군 탁탁卓은 백성을 이끌고 한강 이남으로 이주하여 새로이 '마한'을 세웠습니다(서기전 194년). 이때 진조선과 막조선의 백성들도 한강 아래로 남하하여 각기 '진한'과 '변한'을 세웠습니다. 마한은 전북 익산을, 진한은 경북 경주를, 변한은 경남 김해를 중심으로 자리를 잡았습니다. 한강 이남에 세워진 마한, 진한, 변한은 대륙을 호령하던 단군조선의 마한, 진한, 번한을 계승한 이름입니다. 단군조선의 삼한이 '북삼한'이라면, 북부여 시대에 출현한 한강 이남의 삼한은 '남삼한'입니다. 북부여, 낙랑국, 남삼한 등이 병립한 한국사는 이른바 열국列國 시대를 맞이하게 됩니다.

3) 북부여의 구국영웅 동명왕과 동부여

북부여는 4세 단군에 이르러 큰 전환점을 맞았습니다. 중국 역사상 가장 강력한 군주 가운데 한 사람인 한 무제武帝의 침공을 받은 것입니다. 무제는 한 고조 유방의 증손자로서 제7세 임금입니다. 서기전 109년, 한 무제는 위만의 손자 우거왕이 다스리던 번조선(위만정권)을 침략하여 왕검성을 함락시키고, 그 여세를 몰아 북부여까지 침공하였습니다(서기전 108년).

이때 분연히 의병을 일으켜 한 무제를 물리친 영웅이 있으니, 바로 한국사에서 철저히 왜곡되어 온 동명왕東明王 고두막한高豆莫汗입니다. 우리는 그동안 동명왕을 고구려 시조인 고주몽의 다른 이름으로 알고 있었습니다. 그러나 동명왕은 주몽보다 30년이나 앞선, 북부여 시대의 인물입니다.

한 무제가 우거정권을 무너뜨리던 무렵, 고두막한은 졸본卒本에서 나라를 열어 '졸본부여'라 하고 스스로 동명왕이라 칭했습니다(서기전 108년). 한 무제를 격퇴한 뒤, 그는 왕위를 넘겨받아 북부여 5세 단군으로 즉위했습니다(서기전 86년).

고두막한이 북부여의 대통을 잇자 4세 단군의 동생인 해부루가 북부여를 떠나 동쪽 땅에 새로운 부여를 세웠습니다. 이것이 동부여입니다. 가섭원(지금의 흑룡강성 통하현)에 세워졌다 하여 **가섭원 부여**라고도 합니다. 한 무제의 동방 정벌이 동부여 탄생의 계기가 된 것입니다.

그런데 중국 사서들은 한나라가 북부여에게 대패한 수치스러운 사실을 숨기기 위해 북부여의 존재 자체를 전혀 언급하지 않았습니다. 그리고 어떤 부여인지 밝히지 않은 채 북부여와 동부여의 이야기를 뒤섞어서 뭐가 뭔지 모르게 대충 얼버무려 놓았습니다. 이 때문에 중국 사서를 신봉하는 한국 강단사학계는 북부여사의 실체를 모를 뿐만 아니라 대제국 고구려가 어떻게 등장했는지도 전혀 알지 못합니다.

고두막 단군의 등장으로 전기前期 북부여 시대가 끝나고 북부여의 새 역사가 시작됩니다. 그 후 북부여는 고두막 단군의 아들인 6세 고무서 단군에 이르러 182년(서기전 239년~서기전 58년)의 역사를 마치게 됩니다.

4) 고구려 이후 대한민국까지

북부여의 국통은 고구려로 계승되었습니다. 북부여의 6세 고무서 단군에게는 아들이 없었습니다. 그러던 중 마침 고주몽이 동부여에서 탈출하여 졸본으로 들어왔습니다. 고무서 단군은 범상치 않은 주몽을 보자 자신의 둘째 딸 소서노와 혼인시켜 사위로 삼은 후, 왕좌의 대통大統을 물려주었습니다(서기전 58년).

주몽은 북부여의 시조인 해모수의 4세손입니다. 즉 해모수의 둘째 아들이 고진이고, 고진의 손자가 불리지인데, 주몽은 바로 불리지의 아들입니다. 주몽은 동부여에서 태어나 자라다가 고향인 북부여로 돌아가 고무서 단군을 이어 북부여의 7세 단군이 된 것입니다. 주몽은 단군으로 즉위하자 해모수를 태조로 삼아 제사를 지내고, 나라 이름을 고구려로 바꾸었습니다(서기전 37년, 『삼성기』 하).

한국사 교과서를 보면 고구려 역사(서기전 37년~서기 668년)는 건국에서 패망까지 700년이 조금 넘습니다. 그런데 중국사서 『신당서』를 보면, 시어사侍御史 가언충賈言忠이 요동에서 돌아와 당 고종에게 고구려와의 전시戰時 상황을 보고하면서 '고구려는 900년을 넘지 못하고 팔십 먹은 장수에게 망한다'고 한 『고구려비기』 내용을 전하는 대목이 나옵니다. 가언충이 인용한 '고구려 역사 900년'은 주몽이 아닌 해모수를 고구려의 태조라고 해야만 해석이 가능합니다. 해모수가 북부여 단군으로 즉위한 해로부터 계산하면 고구려의 역년이 꼭 900년입니다(서기전 232년 ~서기 668년). 『신당서』의 이 기록은 당나라 때까지만 해도 중국에서 해모수는 물론 북부여 역사를 알고 있었음을 입증합니다.

'광개토태왕이 17세손'이라는 광개토태왕 비문 구절 또한 해모수가 고구려의 태조임을 밝혀 줍니다. 광개토태왕은 주몽의 13세손이자 해모수의 17세손입니다. 이처럼 고구려가 북부여의 정통을 계승하였기 때문에 북부여를 '원고구려'라고 부릅니다.

고구려가 멸망한 후 고구려 장수 대중상大仲象은 다시 나라를 세우고 이름을 '후고구려'라 하였습니다. 이렇게 **원고구려-고구려-후고구려**로 이어지는 역사 또한 우리 국통맥을 이야기할 때 빼놓을 수 없는 대목입니다.

대중상의 후고구려는 그의 아들 대조영大祚榮에 의해 대

진大震으로 이름이 바뀌어 한민족의 국통맥을 이어갑니다.

진震은 '동방'을 뜻하므로 대진은 '위대한 동방의 나라'라는 뜻입니다. 우리 귀에 익숙한 '발해'는 당나라가 대진을 제후국으로 깎아내리려고 발해渤海라는 바다 이름에서 따 붙인 것입니다.

대진은 동북아의 주인이던 고구려의 계승자로서, 당시 국경을 맞대고 있던 신라와 달리 독자적인 연호를 쓰고 황제 칭호를 사용했습니다. 해동성국海東盛國이라 불릴 정도로 강성했으나 거란의 침입으로 926년경에 멸망하고 맙니다. 일설에는 백두산 화산이 폭발하여 수도인 상경용천부 일대가 화산재에 뒤덮여서 그 여파로 멸망했다고도 합니다.

후신라(통일신라)와 대진이 공존하던 남북국 시대가 끝난 후, 한민족의 국통은 고려, 조선, 대한민국으로 계승됩니다. 단군조선 시대의 사관史官 발리는 「신지비사神誌秘詞」에서 '한민족의 국통 맥은 아홉 번을 바뀌며 전개된다'고 하였습니다. 그가 예견한 것처럼 우리나라는 ①환국 → ②배달 → ③(단군)조선 → ④북부여(열국 시대) → ⑤고구려·백제·신라·가야(사국 시대) → ⑥대진·신라(남북국 시대) → ⑦고려 → ⑧(근세)조선 → ⑨대한민국으로 이어져 온 것입니다.

삼신의 3수 원리로 전개된 한민족사의 9천년 국통 맥國統脈

왜 고구려 역사는 900년일까?

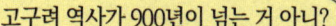

chapter

3

잃어버린 대한의 혼을 찾아서

1
한민족과 인류의 원형문화, 신교

1) 삼신상제님을 모시는 신교

한민족의 9천 년 역사를 되살리고 나아가 인류의 희망찬 새 역사를 열기 위해 우리는 먼저 무엇을 해야 할까요?

민족의 흥망을 결정짓는 것은 무력이 아니고 문화 사상이다. 문화 사상은 그 민족의 생명력이다. 그러므로 역사는 문화 사상을 중심으로 다루어야 한다.[1]

민족의 흥망성쇠는 그 민족의 문화 사상에 달렸음을 피력한 역사학자 최인의 이 말과 같이, 우리의 고유한 문화 사상부터 바로 알아야 합니다. 우리가 바로 알고 제대로 다루어야 할 고유 사상이란 바로 한민족과 인류의 원형문화인 신교입니다.

오늘의 우리가 어떤 신앙생활을 하고 어떤 문화 사상을 갖고 살든 그 모든 것은 인류 원형문화이자 최초의 종교인 신교에 뿌리를 두고 있습니다. 신교는 9천 년 전 환국 시대 이래로 삼신상제님을 받들어 온 한민족의 전통 문화입니다.

---

1) 최인, 『한국사상의 신발견』, 47~48쪽.

삼신이란 무엇이며, 왜 삼신상제님이라고 부르는 것일까요?

예로부터 사람들은 대자연의 모든 생명체가 태어나고 살아가는 주된 근거로 신을 이야기했습니다. 그 신을 신교에서는 일신一神이라 합니다. 일신에서 '일'은 오직 하나뿐인 절대 근원을 뜻합니다. 그런데 그 일신은 자신을 현실 세계에 드러낼 때 삼신三神으로 작용합니다(『태백일사』「소도경전본훈」). 그래서 우주의 조물주를 삼신이라 부릅니다.

삼신이라고 해서 세 분의 신이 존재하는 것이 결코 아닙니다. 한 분이신 조물주 하나님의 창조성이 조화造化·교화敎化·치화治化라는 세 가지 신성神性으로 작용하는 것입니다. 다시 말하면 삼신은 만물을 낳는 조화신造化神, 만물을 기르고 깨우치는 교화신敎化神, 그리고 만물의 질서를 잡아나가는 치화신治化神으로 자신을 드러냅니다. 하나의 손가락이 세 마디로 나뉘어 움직이듯이, 한 분 일신이 세 손길로 작용하는 것입니다.

이러한 조물주 삼신을 '생명의 근원으로 으뜸이 된다'는 뜻에서 원신元神이라 부릅니다. 그런데 원신인 삼신만으로는 인간과 만물이 태어날 수도, 현실 세계가 출현할 수도 없습니다. 삼신의 조화권을 그대로 쓰시면서 자연 이법을 직접 주관하여 천지만물을 낳고 통치하시는 신이 삼신과 한 몸으로 계십니다. 바로 '삼신일체상제三神一體上帝'입니

신의 본래 호칭

삼신(元神) : 무형의 조물주

삼신 상제님(主神) : 유형의 참 하나님

```
           조화신父
         /        \
    교화신師      치화신君
         \  성性  /
    삼진  명命 ···· 정精
    三眞
          태一인간
```

다. 이를 줄여서 '삼신상제님'이라고 부릅니다.

　삼신은 얼굴 없는 무형의 원신을 뜻하고, 삼신상제님은 유형의 인격신, 즉 우주 살림을 맡아 하시는 주재자를 뜻합니다. 직접 하늘과 땅을 다스리고, 인간의 삶과 죽음, 인간 역사의 과거와 현재, 미래를 주관하시는 지극히 존귀하고 거룩하신 지존무상至尊無上의 하느님이 상제님입니다.

　9천 년 전 환국 문명이 시작될 때, 영성이 환히 열린 당시 사람들은 이 우주에 삼신상제님이 계심을 알았고, 언제나 삼신상제님과 소통하며 하루하루의 삶을 삼신상제님과 함께하였습니다.

2) 삼신이 현현한 천·지·인

 동방의 신교문화에서는 이 우주를 구성하는 3대 요소인 하늘과 땅과 인간을 신의 피조물로 보지 않습니다. 천·지·인은 조물주 삼신의 자기현현自己顯現, 즉 삼신이 현실계에 자신을 드러낸 것입니다. 천지인 삼재는 물질 덩어리가 아니라 삼신의 생명과 신성과 지혜와 광명을 그대로 다 지니고 있는 영적 존재인 것입니다.

 이것을 『천부경』에서는 천일天一·지일地一·태일太一이라 하였습니다. 여기서 '한 일一 자'는 하늘과 땅과 인간이 하나의 근원인 삼신에서 나왔음을 뜻합니다. 그러므로 하늘도 하느님, 땅도 하느님, 인간도 살아 있는 하느님입니다!

 그런데 인간을 '인일人一'이라 하지 않고 '태일'이라고 한 것은 인간이 하늘·땅의 뜻과 이상을 실현하는 주체로서 하늘·땅보다 더 크고 위대하기 때문입니다.

 하늘은 만물을 낳는 아버지의 덕성으로 삼신 가운데 조화신의 신성이, 땅은 생명을 기르고 가르치는 어머니의 덕성으로 삼신 가운데 교화신의 신성이, 천지의 아들딸인 인간은 삼신 가운데 세상의 질서를 잡고 새 세상을 여는 치화신의 신성이 드러난 것입니다. 이것이 신교에서 밝혀 주는 천지인의 참 모습입니다. 여기에는 서양에서 말하는, 절대적인 창조주 유일신唯一神이 계시고 이분이 말씀Logos

으로 하늘·땅·인간을 창조했다는, '창조와 피조'라는 이원론의 세계관은 전혀 개입할 수 없습니다.

3) 인간의 몸 속에 깃든 삼신

『환단고기』에서 밝혀 주는 인간의 실체에 대한 또 다른 놀라운 소식이 있습니다. 삼신의 생명이 인간의 몸에 들어와 성명정性命精, 삼진三眞이 된다는 것입니다.

조화지신造化之神은 강위아성강爲我性하고
교화지신敎化之神은 강위아명강爲我命하고
치화지신治化之神은 강위아정강爲我精하나니 (『단군세기』)

조화신은 내 몸에 들어와 내 안의 하느님 마음, 즉 인간 본연의 마음인 '성性(성품)'이 됩니다. 인간은 조물주 삼신의 조화신성을 갖고 있기 때문에 이 참마음을 쓰면 광명한 삶을 영위할 수 있습니다. 일상의 나의 마음은 사물과 접촉하는 과정에서 매순간 변하지만, 본성은 조물주 하느님의 마음 그 자체인 것입니다.

교화신은 내 몸에 내려와 생명 활동의 원천적인 신성한 힘인 '명命'이 됩니다. 인간은 이렇게 조물주 삼신의 무한한 영적 생명력을 갖고 있으므로, 닦음에 따라 불멸의 선仙이 될 수 있는 것입니다.

치화신은 내려와 내 몸의 동력원, '정精'이 됩니다. 정은 영어로 에센스essence라고 하는데 내 몸의 진액, 곧 신장의 정수精水로서 생명의 씨앗이라고도 합니다. 호르몬 분비로부터 인간 몸의 생리 작용, 의식 작용 등 생명 활동에 필요한 모든 에너지의 원천입니다. 그래서 신장의 정수(腎水)가 고갈되면 몸의 기능이 약해지고 정신 기능이 무너지기까지 합니다. 무엇보다 정을 축적하고 잘 간직하는 것이 무병장수의 비결입니다.

진리를 성취하는 인간이 되는 데에 가장 중요한 관문이, 이 성명정 삼진을 지켜서 자신 속에 내주한 조물주 삼신의 신성과 온전히 하나가 되는 것입니다. 수행자들이 삼진을 지키지 못하여 마음에 빈틈이 생기면, 그 순간 천지에 가득 찬 마魔가 덤벼들어 그동안 쌓은 수행의 공력을 허물어 버립니다. 도승이 깎아지른 절벽 위 바위에서 가부좌를 틀고 앉아 수행하는 것은 바로 이 때문입니다.

삼신이 내려와 삼진이 된다고 밝혀 준 『단군세기』 서문은 인간에 대해 '오직 사람이 만물 중에서 가장 고귀하고 높은 존재이다'라고 선언하고 있습니다. 인간은 조물주 삼신의 세 가지 신성을 오롯이 부여받은 성스러운 존재이기 때문입니다. 그래서 사람이라면 누구나 삼신의 조화심법을 열어 삼신의 가르침을 실현하는 삶을 살아야 하는 사명을 안고 있는 것입니다.

4) 신교의 3대 경전, '『천부경』·『삼일신고』· 『참전경』'

이러한 신교의 가르침을 담은 3대 경전이 있습니다. 그것은 환국·배달·조선의 삼성조 시대에 출현한 『천부경天符經』, 『삼일신고三一神誥』, 『참전계경參佺戒經』입니다.

『천부경』

『천부경』은 1만 년 전 인류사의 황금시절인 환국 시대부터 구전되어 온 삼신상제님의 천강서로서 인류 최초의 경전이자 상제님의 제1의 계시록입니다. 총 여든한 자로 이루어진 『천부경』에는 신교 우주관의 정수인 만물 창조의 법칙이 밝혀져 있습니다.

『천부경』의 첫 구절은 '일시무시일一始無始一', 즉 '하나(1)는 만물이 비롯된 근원이나 무에서 비롯된 하나다'입니다. 앞의 두 글자 '일시一始'는 하나(1)에서 모든 것이 비롯되었다는 말입니다. 하늘도, 땅도, 인간의 몸과 마음도 하나(1)에서 비롯되었습니다. '하나'는 창조의 근원 자리로서 곧 '신'이요 '도'입니다. 신으로 말하면 '하나'는 곧 3수 원리로 작용하는 삼신입니다.

'무시일無始一'은 '무에서 비롯된 하나'를 뜻합니다. '무'는 숫자[상수象數]로는 영(0)이며, 무극·태극·황극의 삼극론으로 말하면 창조의 근원인 무극을 가리킵니다. 결국

天符經
천부경

천부경은 9천년 전 삼신상제님의 천강서
인류문화 최초의 경전·제1의 계시록!

中중	本본	衍연	運운	三삼	三삼	一일	盡진	一일
天천	本본	萬만	三삼	大대	天천	三삼	本본	始시
地지	心심	往왕	四사	三삼	二이	一일	天천	無무
一일	本본	萬만	成성	合합	三삼	積적	一일	始시
一일	太태	來래	環환	六육	地지	十십	一일	一일
終종	陽양	用용	五오	生생	二이	鉅거	地지	析석
無무	昻앙	變변	七칠	七칠	三삼	無무	一일	三삼
終종	明명	不부	一일	八팔	人인	匱궤	二이	極극
一일	人인	動동	玅묘	九구	二이	化화	人인	無무

'일시무시일…'로 시작되는 이 천부경을 많이 읽으면,
천지의 뜻과 만물창조의 법칙을 깨닫는다.

一神降衷 性通光明
일 신 강 충 성 통 광 명

삼신께서 참마음을 내려주셔서 사람의 성품은 삼신의 대광명에 통해 있느니라.

3장 잃어버린 대한의 혼을 찾아서

'일시무시일'은 '하나에서 우주 만유가 나왔는데 그 하나는 우주 창조의 근원인 무극에서 비롯되었음'을 말하고 있는 것입니다.

『천부경』의 첫 구절 '일시무시일'은 마지막 구절 '일종무종일一終無終一'과 짝을 이룹니다. 『천부경』 여든한 자가 일(1)에서 시작해서 일(1)에서 끝납니다. 『천부경』의 진리 주제어가 바로 일(1)인 것입니다.

첫 구절 '일시무시일' 다음에 나오는 것이 '석삼극析三極'입니다. 여기에 진리의 눈을 뜨는 데 가장 중요한 우주론의 핵심인 삼극론三極論이 들어 있습니다. 삼극이란 우주에서 가장 지극한 세 가지, 곧 이 우주를 생성, 변화하게 하는 궁극의 근원인 모체 자리를 말합니다.

'석삼극'은 1과 3의 관계를 이야기하는 것입니다. 절대 근원인 1이 존재의 세계에 드러날 때, 곧 창조주가 당신을 현상 세계에 드러낼 때는 세 가지 지극한 손길인 하늘과 땅과 인간으로 나온다는 뜻입니다. 이를 보면 『천부경』은 1태극수의 무궁한 창조성을 밝힌 '1태극 경전'입니다.

그러면 『천부경』은 '천지인'에 대해 무엇이라고 정의하고 있을까요?

"천일일天―― 지일이地―= 인일삼人―三, 천일, 지일, 인일"이라 하였습니다. 하늘과 땅과 인간은 일자一者를 그대로 가지고 있다는 말입니다. 이 구절은 또 '우주 만유의 본질은 일체'라는 뜻도 됩니다. 삼계는 그 본질에서는 '하늘도 하느님이고, 땅도 하느님이요, 인간도 하느님'인 것입니다.

여기서 천일天―과 지이地二는 우주 음양陰陽 법칙의 출발점입니다. 천일은 1, 3, 5, 7, 9 등 무한대 양수陽數의 근원이 됩니다. 그런 의미에서 하늘은 생명의 아버지로, 아버지 하느님으로도 상징됩니다.

그 다음 어머니 땅은 기르는 분으로 지이는 2, 4, 6, 8, 10 등 무한대 음수陰數의 근원이 됩니다. 땅은 우주 음陰의 생명력이 솟아나와 만물을 낳아 기르는 근원인 것입니다.

5,500년 전 태호복희太昊伏羲씨가 『천부경』에 도통을 하고 처음 팔괘八卦를 그릴 때, 하늘 아버지의 생명을 상징하는 천일은 작대기 하나[―]로, 어머니의 덕성을 상징하는 지이는 작대기를 잘라서 둘[--]로 그렸습니다. 하느님 아버지와 어머니의 생명의 신성神性을 부호언어인 양효陽爻와 음효陰爻로 표현한 것입니다. 이렇게 천지는 양과 음이라는 만물의 생명력이 비롯된 근원으로, 창조와 조화의 손길로 작동하는 것입니다.

그리고 이 천지의 음양 조화 생명력의 묘합妙合으로, 그 기운을 온전하게 가지고 태어난 게 인간입니다. 천지의 자녀인 인간은 음양이 완전히 일체가 돼서 나온, 우주 생명의 총체성을 갖춘 존재입니다. 이것이 '인일삼'의 의미입니다.

『천부경』은 첫 구절에서부터 1을 거듭 강조하면서 1에 근본을 두고, 우주의 생성 변화와 인간 삶의 목적에 대해 간단한 우주의 수 열 개(1~10)로써 진리 정의를 해 주고 있습니다. '우주의 창조주, 조물주를 상징하는 1태극 본체에서 어떻게 천지인이라는 현상 세계가 벌어졌는가? 그 속에서 태어난 인간이란 무엇인가?'에 대해, 하늘·땅·인간의 존재와 위격, 생명성에 대해 정의를 내리고 있습니다.

이렇게 천지 만물의 생성과 변화 법칙을 드러낸 『천부경』은 지구촌 인류 문화사에 등장한 **동서양 모든 종교와 철학 사상의 밑뿌리**가 되는 경전입니다.

오늘날 디지털 문명을 가능케 한 원리도 『천부경』에 담겨 있습니다. '일시무시일'의 '무에서 나온 일'이 곧 이진법의 0과 1이 아니겠습니까? 『천부경』을 제대로 해석하면 지구촌 인류 문명의 근본 코드를 해석할 수 있는 큰 지혜를 얻게 됩니다. 이렇게 위대한 『천부경』을 낳은 신교는 인류 영성문화만이 아니라 이성문화의 원형입니다.

『삼일신고三一神誥』

『삼일신고』는 배달의 시조 거발환 환웅이 백성을 교화하기 위해 지은 경전으로 총 366자로 이루어져 있습니다. '허공虛空', '일신一神', '천궁天宮', '세계世界', '인물人物' 등 다섯 장으로 나누어 삼신상제님과 인간과 우주만물의 관계를 이야기합니다. 여기에 신교의 시공 우주관, 신관, 세계관, 인간관, 수행원리의 정수가 담겨 있습니다.

"삼신상제님이 천상 궁궐에서 천지만물을 주재하신다. 인간이 상제님의 천명을 받들어 천지의 이상 세계를 건설하는 큰 공덕을 쌓을 때 '큰 나(大我)'가 되어 상제님이 계시는 천궁에 들어가 영원한 즐거움을 누린다."는 것이 『삼일신고』의 핵심 메시지입니다. 모든 인간에게 '상제님의 세계에 들어가기 위해 자신의 성품[性]과 목숨[命]과 정기[精]를 잘 닦아 본연의 모습으로 돌아갈 것'을 당부하고 있습니다. 이것은 진정한 천국이 무엇인지, 그 천국에 이르는 길이 무엇인지 밝혀 주는 축복의 소식입니다.

『삼성기』 하에 따르면, 환웅천황께서 나라를 열고 백성에게 교화를 베푸실 때, 『천부경』을 풀어 주고[演天經] 『삼일신고』를 강론하셨습니다[講神誥]. 이로 볼 때, 배달 시대에 환국의 우주 광명 사상을 계승한 한민족에게는 이미 신과 대자연에 대한 원초적인 깨달음이 있었다는 것을 알 수 있습니다. 6천 년 전부터 한민족의 유전자 속에는 우주에 대한 깨달음의 정보가 심어져 있었던 것입니다.

『참전경參佺經』

『참전경』의 '참전'은 '참여할 참參' 자에 '신선 이름 전佺' 자로 '완전한 인간이 되는 길에 참여한다'는 뜻입니다. 완전한 인간이 되기 위해 지켜야 할 계율을 기록한 경전이 바로 『참전경』입니다.

오늘날 전하는 『참전경』은 강령 8조목과 366절목으로 구성되어 있습니다. 이 366절목은 인간이 세상을 살면서 행하거나 겪는 모든 일을 삼백예순여섯 가지로 분류하고 그에 대해 처신하는 법을 알려 주는 가르침입니다. 366절목의 첫째가 바로 경신敬神, 즉 삼신상제님께 지극한 마음을 다하는 일심 사상입니다.

이 『참전경』은 고구려 9세 고국원왕 때의 명재상 을파소가 백운산에서 하늘의 계시를 받아 기록한 것입니다(서기 191년). 을파소는 '신시배달 시대에 이미 만세에 걸쳐 바꿀 수 없는 표준이 있었다'고 하여, 『참전경』이 『천부경』, 『삼일신고』와 함께 배달 시대부터 신교문화 경전으로 전승된 것임을 밝혔습니다.

당시 을파소는 나이 어린 영재들 중에 참전계를 잘 지키는 자를 뽑아 삼신상제님을 위해 일하게 했습니다. 그리고 고구려의 화랑인 조의선인도 평상시에 심신과 학문을 닦을 때 참전계를 생활의 규범으로 삼았습니다.

5) 『천부경』이 낳은 하도와 낙서

하도와 낙서는 상제님의 천강서

『천부경』은 인류의 창세문화인 신교 제1의 경전이기도

하지만 동양 문명에서 깨달음의 역사가 열릴 수 있었던 뿌리이기도 합니다.『천부경』을 공부하고 우주 변화의 이치를 크게 깨달은 첫 번째 인물이 바로 태호복희씨입니다.

태호복희씨는『천부경』에서 얻은 깨달음을 바탕으로 천지 만물의 탄생 법칙과 우주가 나아가는 미래상을 밝힌 하도河圖를 그렸습니다. 천하天河(지금의 송화강)에서 용마龍馬의 등에 드리워진 상을 보고,『천부경』에서 밝힌 1에서 10까지의 수를 동서남북과 중앙에 배치하여 우주 시공간의 순환 원리를 밝힌 것입니다. 한마디로 하도는 우주 창조의 설계도입니다.

『환단고기』에 따르면, 복희씨는 동방의 성스러운 산, 백두산에서 삼신상제님께 천제를 올린 후 하도를 내려 받았습니다. 하도 또한『천부경』과 마찬가지로 상제님으로부터 내려 받은 천강서인 것입니다.

『천부경』을 바탕으로 나온 또 다른 우주변화 원리도가 있습니다. 4,300년 전 단군조선 초기 시절인 중국의 요순 시대에, 우나라 사공 우禹가 9년 홍수를 다스리던 중에 얻은 낙서洛書입니다.『서경』「홍범」편을 보면 우는 낙수洛水에서 올라온 거북의 등껍질에 새겨진 무늬를 보고, 당시 중화정권을 무너뜨릴 만큼 큰 위기를 가져온 홍수를 다스리는 데 성공했다고 합니다. 우가 보았다는 무늬가 바로 낙서입니다. 그런데『환단고기』에 따르면 당시 우는 단군조선의 부루태자로부터 오행치수법을 전수받아 9년 홍수를 해결하였습니다. 이 두 기록을 비교해 볼 때 낙서와 오행치수법 사이에는 밀접한 관계가 있음이 분명합니다.

낙서는 9년 대홍수의 물난리를 막고자 고심하던 사공 우의 정성에 감복해서 하늘이 내려준 상象입니다. 낙서 역시 삼신상제님의 천강서입니다.

하도는 1에서 10까지의 수를 이용하여 우주가 지향하는 이상향을 그려놓은 설계도인 반면, 낙서는 1에서 9까지의 수를 이용하여 이상향을 향해 가는 인류의 행군 과정을 그린 것입니다. 서로 음양 짝을 이루는 하도와 낙서는 동양 수학의 기반을 이룹니다.[2]

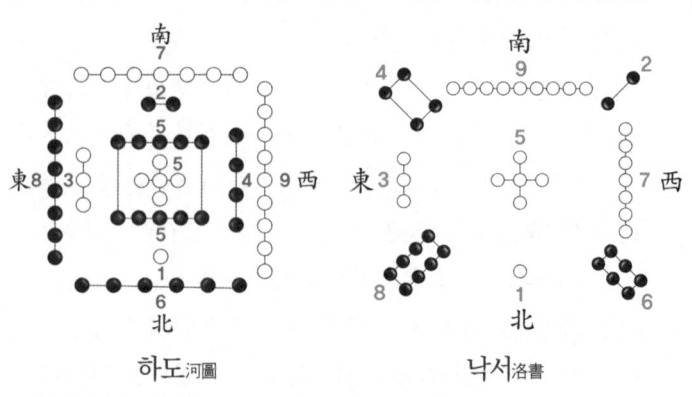

하도河圖　　　　낙서洛書

---

2) 하도河圖와 낙서洛書에서 '도서圖書'란 말이 나왔다.

서양으로 전해진 동양 수학

놀랍게도 낙서는 멀리 서방 세계에까지 전파되었습니다. 낙서의 의미와 전파 과정을 연구한 미국의 수학자 프랭크 스웨츠Frank Swetz은 낙서가 서양으로 전해져 마방진magic square을 낳았다고 합니다. 그의 주장에 따르면, 서양 수학의 밑바탕을 구축한 고대 바빌로니아, 그리스, 이집트 시대에는 마방진의 개념이 전혀 없었습니다. 6세기경에 인도에서, 9~10세기경에 이슬람에서 마방진이 쓰이기 시작했고 유럽은 12세기 이후에야 마방진을 사용했습니다. 서양의 마방진은 고대 서양의 수학과 무관하게 출현했다는 말입니다. 동양의 낙서가 서양으로 가 마방진이 된 것입니다.[3]

하도 또한 서양으로 전파되었을 가능성이 높습니다.

하도 내부의 수를 다 합하면 10이 됩니다. 1에서 4까지의 수로 이루어져 있습니다 (1+2+3+4=10). 낙서에는 없고 하도에만 있는 수, 10은 우주의 시공간(동서남북)을 완성시키는 **완전수**입니다. 하도의 이 정신 그대로 피타고라스도 10을 '완전한 수'로 정의

4	9	2
3	5	7
8	1	6

마방진

---

3) 프랭크 스웨츠, 『낙서의 유산Legacy of the Luoshu』, 79~109쪽.

했습니다(그가 고안한 테트락티스를 이루는 수를 다 합하면 10이 된다). 이로 볼 때 5,500년 전 배달 시대에 나온 하도가 고대 서양으로 전해졌을 가능성이 아주 높습니다.

정리를 하면, 우주 수학의 원전인 『천부경』에서 하도와 낙서가 나오고, 동서 문명은 이 하도와 낙서로부터 많은 영감을 얻었습니다.

6) 신교문화 헌장 「염표문念標文」

그러면 신교문화에서 가르친 '바람직한 인간상'은 무엇일까요? 그 해답이 단군조선의 11세 도해 단군께서 선포한 **「염표문念標文」**에 잘 나타나 있습니다. 「염표문」은 '마음[念] 속에 지닌 큰 뜻을 드러낸[標] 글'이라는 뜻입니다.

도해 단군은 일찍이 배달의 환웅천황이 환국의 마지막 환인에게서 받은 홍익인간 사상을 열여섯 글자로 정리하고, 여기에 천지인의 창조정신과 목적을 덧붙여서 「염표문」으로 선포한 것입니다.

천지인의 덕성과 하는 일

「염표문」은 천지인의 덕성과 도, 그리고 하늘, 땅, 인간이 각각 해야 하는 역할을 밝혀 주고 있습니다. 그 내용을 살펴보면 다음과 같습니다.

하늘은 말할 수 없이 깊은 신비로움으로 침묵을 하고 있고 장대하니, 그 도는 한없이 넓고 원융무애[普圓]하여 적용이 안 되는 곳이 없습니다. 만물이 하늘 아버지 품안에서 산다는 말입니다.

그리고 하늘이 오직 주장하는 일은 참됨과 하나 됨입니다. 하늘의 시공세계에서는 언제 어디서든지 항상 참을 주장합니다. 참되지 않은 것은 반드시 병들고 저절로 소멸됩니다. 그것은 진리 정신에 의한 소멸인 것입니다.

어머니 땅은 아버지가 내려 주시는 하늘의 신성과 밝은 광명, 생명의 씨앗을 그대로 간직하고 갈무리해서 한없이 크니, 그 도는 하늘의 도를 그대로 받아 그 꿈을 이루는 것으로 원만[効圓]한 것입니다. 즉 이 대우주의 생명 창조의 목적과 꿈, 하늘의 뜻이 우리가 사는 어머니 지구의 품속에서 이루어진다는 말입니다. 그리하여 어머니의 도가 주장하는 일은 인간과 만물의 생명을 낳아 기르는 한없는 정성스러움과 하나 됨입니다.

그럼 천지의 아들과 딸로 살아가는 인간의 도와 덕성은 무엇일까요?

인간은 지혜와 능력으로 한없이 존대하고 위대하니 그 도는 선택하는 것입니다. 즉 '한 개인으로 살다가 없어질 것인가, 역사를 창조하고 천지와 하나 된 성숙한 인간으로 살다 갈 것인가' 하는 것은 (강요가 아니라) 인간의 의지, 주체적인 선택에 달려 있다는 말입니다.

그리고 인간으로 태어나서 꼭 해야 하는 일은 협일, 즉 참여하여 한 마음이 되어 힘을 합치는 것입니다. 가정이나 사회, 그 어디서나 사람들이 서로 힘을 합쳐서 마음이 하나로 모아질 때, 말할 수 없는 조화가 일어나 모든 일을 성취할 수 있는 것입니다.

'삼대三大, 삼원三圓, 삼일三一, 하늘과 땅과 인간은 이렇게 각각 한없이 크고 원만하고 하나 되는 일심의 경계에 머물러 있다! 이것이 우주 생명의 본성이다!', 이것이 「염표문」이 가르치는 핵심 내용입니다.

「염표문」은 결국 진리의 구성 틀이 하늘과 땅과 인간을 벗어나서는 안 된다는 것을 보여 줍니다. 그러므로 천지가 전제되지 않는 진리는 인간 삶의 근본 주제가 결여된 불완전한 진리요, 천지인이 전제되지 않는 진리 정의는 깨달음을 빙자한 위선적인 진리 정의에 지나지 않습니다.

「염표문」이 말하는 인간의 사명

이어서 「염표문」은 하느님에게서 받은 인간의 본성, 그 참마음은 무엇이며 사명은 무엇인지 밝혀 주고 있습니다.

"고로 일신강충一神降衷하사 성통광명性通光明하니."

'그러므로 대우주에 꽉 들어차 있는 무형의 조물주 일신이

당신의 참마음을 인간에게 내려 주셔서 우리의 본래 마음, 참마음은 우주광명에 통해 있으니.'

'일신강충 성통광명' 이 구절에는 우주의 광명사상이 담겨 있습니다.

'인간의 본성, 참마음은 우주의 광명과 통해 있다!'

인류의 황금시절인 환국 시대에 인간이라면 누구나 추구하던 가치가 바로 우주광명, 천지광명입니다. 그래서 나라 이름도 '광명'을 뜻하는 '환'이었습니다. 환은 대자연의 본래 모습이며, 우주 생명력의 본성이며, 인간 문명의 근본 주제이며, 나아가 인류 역사의 최종 목적입니다.

그러나 오늘날 사람들 99.9%가 자신이 본래 삼신의 대광명과 통해 있는 신적 존재라는 사실을 까맣게 잊은 채 우주광명을 전혀 체험하지 못하고 인간이란 동물로 살다가 갑니다. 현대 과학문명의 근본적인 한계 때문입니다.

광명 문화가 발현됐던 환국은 오늘을 살아가는 모든 인간의 이상향이자 미래 문명의 모델입니다. 따라서 환국 시대의 진리 가치, 생활문화를 연구하여 세상을 더 밝고 즐거운 세상으로 만드는 것이 오늘의 인류 문명이 나아가야 할 길입니다. 인류 역사는 환국 문명의 재창조 과정인 것입니다.

念標文
염표문

9천년 국통맥과 홍익인간 심법전수

天은 以玄默爲大하니
    천   이현묵위대

其道也普圓이오 其事也眞一이니라.
  기도야보원   기사야진일

地는 以蓄藏爲大하니
    지   이축장위대

其道也効圓이오 其事也勤一이니라.
  기도야효원   기사야근일

人은 以知能爲大하니
    인   이지능위대

其道也擇圓이오 其事也協一이니라.
  기도야택원   기사야협일

故로 一神降衷하사 性通光明하니
  고   일신강충   성통광명

在世理化하야 弘益人間하라.
  재세이화   홍익인간

✚ 하늘은 아득하고 고요함으로 광대하니
   하늘의 도는 두루 미치어 원만하고
   그 하는 일은 참됨으로 만물을 하나 되게[眞一] 함이다.

✚ 땅은 하늘의 기운을 모아서 성대하니
   땅의 도는 하늘의 도를 본받아 원만하고
   그 하는 일은 쉼 없이 길러 만물을 하나 되게[勤一] 함이다.

✚ 사람은 지혜와 능력이 있어 위대하니
   사람의 도는 천지의 도를 선택하여 원만하고
   그 하는 일은 서로 협력하여 태일의 세계를 만드는 데[協一] 있다.

✚ 그러므로 삼신께서 참마음을 내려 주셔서[일신강충]
   사람의 성품은 삼신의 대광명에 통해 있으니[성통광명]
   삼신의 가르침으로 세상을 다스리고 깨우쳐[재세이화]
   인간을 널리 이롭게 하라[홍익인간].

그러면 「염표문」에서 말한 인간의 사명은 과연 무엇일까요?

 '이 세상에 머물러 살며 원형문화, 삼신의 신교문화의 법도로 교화를 하여[在世理化] 천지의 꿈과 이상을 이루는 인간이 되어라[弘益人間]', 바로 이것입니다.

 '홍익인간'은 물질적으로 세상을 풍요롭게 하라는 말이 아닙니다. 환국의 우주 광명 문화를 되살려 온 인류가 꿈꿔 온 이상 세계, 곧 후천선경을 세우라는 것입니다. '홍익인간'은 다른 말로 태일太一이고, 그것이 대한大韓입니다.

 한마디로 「염표문」은 한민족의 영원한 진리 주제인 환단, 즉 천지광명의 도를 밝히고, 사람이라면 누구나 좇아야 할 참인간의 길을 선언한 글입니다. 신교문화의 심법을 전수한 보배로운 글로서,『천부경』여든한 자와 더불어 백성들이 마음에 아로새겨 생활화해야 할 '**신교문화 헌장憲章**'입니다.

2
신교는 동서문화에 어떻게 계승되었나

1) 신교문화의 꽃, 천제天祭

9천 년 동안 계승된 천제문화

최근 지구촌 곳곳으로 번져가고 있는 뜨거운 한류문화의 열풍! 세상 사람들을 흥분시키는 한류문화의 강력한 영적인 힘은 어디에 근원하는 것일까요? 그것은 동서양 문화의 뿌리이자 인류 원형문화인 신교에서 나온 것임은 두말할 필요가 없을 것입니다.

동방 한민족은 환국 시대부터 내려온 유구한 신교문화의 전통을 계승한 종주입니다.

신교문화의 꽃이자 핵심은 바로 '하늘에 올리는 제사', 즉 천제天祭 문화입니다. 천제는 '하늘에 계신 삼신상제님께 제사를 올리는 의례'입니다. 그 제의를 주관하는 이는 하늘의 아들이자 상제님의 대행자인 천자입니다.

『환단고기』를 보면 환국 이래 수천 년 간 한민족은 제천단祭天壇을 쌓고 하늘에 계신 상제님께 천제를 올림으로써 상제님에 대한 믿음과 공경을 바쳤습니다.

천제는 상제님께 천지의 뜻을 받들며 천지와 하나 된 삶을 살겠노라 맹세하고, 보은하는 가장 거룩한 행사입니다. 천제를 올린 뒤에는 모든 백성이 한데 어울려 술 마시고 춤추며 노래하는 제전을 열었습니다.

따라서 천제는 '인간 삶의 의미, 삶의 참다운 가치에 대해 새롭게 깨어나게 하는 가장 영광스러운 축제요 모든 백성이 함께하는 거국적인 대축제의 한마당'이라 할 수 있습니다. 현재까지 발굴된 제천단 가운데 가장 오래된 것은 5,500여 년 전 배달국 시대에 세워진 것으로 추정되는 내몽골 지역 우하량 제2지점의 원형 제단입니다.

배달 시대를 계승한 단군조선의 역대 임금들도 매년 봄 가을에 천제를 올렸습니다. 음력 3월 16일 대영절大迎節(삼신상제님을 크게 맞이하는 날)에는 강화도 마리산에서, 음력 10월 3일에는 백두산에서 각각 천제를 봉행하였습니다. 이 단군조선의 천제문화는 부여의 영고迎鼓, 고구려의 동맹東盟 등으로 이어졌습니다.

이러한 천제문화는 불교를 국시로 삼은 고려에 이르러 새로운 형태를 띠게 됩니다. 고려 때 국가 최고 의례였던 팔관회와 연등회는 단순한 불교 행사가 아니라, 본래 천제문화에서 유래한 것입니다. 이러한 천제문화는 한민족의 유구한 역사와 함께 근세조선 초까지 이어졌습니다.

이후 중국 명나라가 천자국을 자처하며 조선의 왕에게

천제를 일절 금하도록 하자 조선의 천제는 기우제 또는 초제(하늘의 별을 향해 올리는 제사)로 격이 낮추어졌습니다. 천자만이 상제님께 천제를 올릴 수 있기 때문입니다.

 천제문화가 다시 부활한 것은 1897년, 고종황제 때였습니다. 고종은 원구단圜丘壇을 설치하고 상제님께 천제를 올리며 황제 등극과 대한제국大韓帝國 시대의 시작을 선포하였습니다. 지금의 서울 조선호텔 자리가 당시의 원구단 자리입니다.

 고종 황제는 왜 굳이 천제를 거행한 것일까요?

 청일전쟁, 일본의 명성황후 시해, 고종과 왕세자의 아관파천 등으로 국위가 땅에 떨어질 대로 떨어진 상황에서, 조선 본연의 위상을 되찾아 꺼져가는 국운을 되살리기 위

서울 원구단의 황궁우 내부에 모셔진 황천상제 위패

천자의 상징, 용봉 문화

천자는 온 우주를 다스리시는 상제님께 천제를 올리는 제사장이자 상제님을 대신하여 백성을 보살피고 나라를 다스리는 통치자이다. 천자를 상징하는 토템이 용봉龍鳳인데, 용봉은 천지의 음양기운, 즉 천지의 물 기운과 불 기운을 다스리는 영물이다.

홍산문화 유적지에서 약 7,600년 전에 돌로 만든 용의 형상인 '석소룡'과 약 5,000년 전의 옥기인 'C자형 옥룡'이 발굴되었다. 뿐만 아니라 약 7,000년 전에 빚은 '봉황 모양의 토기'까지 발굴되었다. 동방 용봉 문화의 창시자는 중국

그리핀

한족이 아닌 우리 한민족인 것이다.

   그리스에 가면, 동방의 봉황을 연상시키는 전설 속 동물을 볼 수 있다. 바로 봉황 머리에 사자 몸뚱이를 한 '그리핀griffin'이다. 약 4,500년 전에 세워진 그리스 크레타 섬의 크노소스 궁전 벽화에 그리핀이 여러 마리 새겨져 있다. 또한 피타고라스의 고향인 사모스 섬의 바씨 박물관에 청동으로 만든 그리핀 조각이 한 방 가득 진열되어 있다. 동방의 용봉 문화가 멀리 지중해 연안까지 전파된 것이다.

해서였습니다. 천제를 거행하고 국호를 대한제국이라 선포함으로써, 조선이 외세의 간섭에서 벗어나 본연의 천자국으로 다시 태어난다는 것을 천하 만방에 선언한 것입니다.

천제문화의 자취, 지구라트와 피라미드

환국의 천제문화는 환국 말기에 여러 민족의 이동과 더불어 사방으로 퍼져 나갔습니다. 그 가운데 중동 지역으로 이동한 민족이 수메르인입니다.

환국에서 남쪽의 산악지대를 거쳐 메소포타미아 평원에 도착한 수메르인들은 그곳에서도 하늘에 제사를 지냈습니다. 신령하고 높은 산에서 천제를 지낸 고향의 풍습에 따라 인공으로 산을 쌓고 제를 올렸습니다. 그 인조 산이 바로 오늘날 중동 지역에 남아 있는 지구라트ziggurat(聖塔)들입니다. 수메르인은 서기전 3,500년경 이래 흙벽돌로 거대한 지구라트를 쌓은 뒤 그 위에 신전을 세우고 그 안에서 제를 행했습니다.

수메르의 지구라트는 서기전 3,000년 경, 문자와 원기둥 같은 건물 양식 등과 함께 이집트로 흘러 들어가 피라미드가 되었습니다. 이집트인도 초기에는 피라미드의 평평한 꼭대기에서 하늘에 제를 올렸습니다. 초기 피라미드 또한 태고시대 인류 제천문화의 유적인 것입니다.

미국 일리노이 주의 몽크스 마운드 Monk's Mound

수메르 도시국가 우르의 지구라트(Great Ziggurat of Ur)
출처 : 『죽기전에 꼭 봐야 할 세계건축 1001』, 25쪽

멕시코 테오티우아칸 달의 신전에서 바라본 태양의 신전(사진의 왼쪽)

일본 오키나와 남서쪽에 위치한 요나구니 섬 인근 바다의 피라미드
(서기전 8000년 경)

카프레 왕의 피라미드와 스핑크스   사카라의 계단 피라미드

이 밖에 몽골, 만주, 티베트 등에서도 피라미드 유적을 찾아볼 수 있습니다. 티베트 서부에서는 러시아 과학자가 무려 100여 개에 달하는 피라미드를 발견했습니다. 뿐만 아니라 북아메리카의 인디언문명, 멕시코의 톨텍문명과 아스텍문명, 중앙아메리카의 마야문명 등지에서도 피라미드가 발견되었습니다.

일본 오키나와 섬 인근 해저에서도 거대한 피라미드가 발견되었습니다. 이곳을 150번도 더 찾은 그레이엄 헨콕은 "대규모 종교의식이 행해진 장소 같다. 이 구조물이 만년 전 유적이라는 것이 밝혀진다면 역사를 통째로 뜯어고쳐야 할 판"이라고 놀라움을 표시하였습니다.

이렇듯 지구촌 여러 곳에 분포된 지구라트와 피라미드 유적은 태곳적 인류가 제천문화라는 공통된 풍습을 갖고 있었음을 입증합니다. 천제는 태고시절 한민족과 인류 공통의 문화 행사로 인류의 원형문화인 것입니다.

중국과 일본에 전파된 천제문화

천제문화는 일찍부터 중국 땅에 전파되어, 중국의 역대 왕들도 상제님께 제를 올렸습니다. 『사기』 「봉선서」에는 춘추 시대까지 72명의 중국 왕이 산동성의 태산에 올라 천제를 지냈다고 전합니다. 춘추 시대 이후 진시황, 한 무제 등도 태산에서 천제를 봉행했습니다.

산동성은 배달 시대 때 동이족의 주된 근거지에 속했습니다. 그래서 중국의 어느 지역보다 천제문화가 발달하였고, 중국 천자들도 먼 길을 마다 않고 이곳을 찾았습니다. 산동성의 태산은 중국 천제문화의 성지와도 같은 곳입니다. 태산 꼭대기에 있는 옥황전玉皇殿에는 지금도 '옥황대제玉皇大帝'라는 위패를 써 붙인 황금빛 상제 상이 모셔져 있습니다.

동북아의 제천단은 대부분 원형 제단과 사각형 울타리로 이루어져 있습니다. 천원지방天圓地方 사상을 표현한 것입니다. 북경 천단공원의 중심 제단인 환구단 또한 흰 대리석으로 된 3층 원형 제단을 네모난 울타리가 둘러싸고 있습니다. 고종 황제가 세운 원구단 역시 천원지방 구조입니다.

'천원天圓'은 '하늘은 원만하고 둥글다'는 뜻입니다. 하늘을 기하학으로 나타내면 원입니다. 하늘은 모든 만물을 포용하기 때문에 그 정신은 원만하고 조화로운 것입니다.

'지방地方'은 '땅은 모가 난다'는 뜻이 아닙니다. 방方은 '반듯하다', '방정하다'는 뜻이며 기하학으로는 사각형으로 나타냅니다. 『주역周易』「곤괘坤卦」를 보면 어머니 지구의 정신, 지구의 본성을 직방대直方大라고 하여, '곧을 직', '방정할 방', '큰 대', 세 글자로 나타냅니다. '천원지방'이라는 동북아 제천단의 공통된 구조는 동북아 전역의 제천문화가 하나의 근원에서 뻗어 나왔음을 입증합니다.

북경 천단 공원 내 기년전과 내부에 모셔진 황천상제 위패

천단공원의 태일太一을 상징하는 천심석天心石

북경 천단공원의 3원 3단 구조로 된 원형圓形 천단

'하늘은 둥글고 땅은 방정하다'는 사상을 담은 천원지방天圓地方 구조에, 다시 3원 구조로 되어 있는 거대한 천지 제단은 동북아 제천단의 원형이다.

이세신궁 내궁(아래)과 제관행렬(위)
이세신궁은 내궁과 외궁으로 이뤄져 있다. 신궁의 제사는 항례제와 임시제가 있는데, 정기적인 제사인 항례제는 연간 1600회 실시하며, 그 중심은 아마테라스오미카미天照大御神를 모시는 것이다. 임시제는 왕실 또는 국가중대사가 있을 때 거행한다.

이즈모 대사의 신락전神樂殿
건물 정면에 걸린 꽈배기 모양의 대형 금줄은 뿌리 문화를 잃은 한국에서는 찾아볼 수 없는 신교문화의 자취이다.

한민족의 신교문화는 일본으로 흘러 들어가 신사神社 문화, 즉 일본의 전통종교인 신도神道가 되었습니다. 일찍이 육당 최남선은 '일본 고유의 종교로 알려진 신도가 고신도古神道와 다름이 없다'고 했습니다. '고신도'란 고대 한민족이 천신을 모시던 제천의례를 뜻합니다. 일본 동경대의 구메 구니다케久米邦武(1839~1931) 교수 또한 "신도는 옛 조선의 제천 행사의 풍속이다."라고 했습니다. 결론적으로 삼신상제님을 모시는 제천 풍속이 일본의 신도 문화로 자리 잡은 것입니다.

일본에서는 정치政治를 '마쯔리고토(祭り事)'라고 합니다. '신을 모시는 행사'라는 뜻으로 제정일치祭政一致의 면모를 보여 줍니다. 곧 삼신상제님과 천지신명을 받들고 그 뜻에 따라 행하는 일이 일본의 전통적인 정치인 것입니다.

이를 통해 알 수 있듯이 일본에는 신교문화의 자취가 아직도 많이 남아 있습니다.

2) 신교의 문화코드, 삼신 · 칠성

한민족의 뿌리 문화, 삼신 · 칠성문화

신교의 삼신사상은 9천 년 한민족사에서 국가를 경영하는 제도의 바탕이 되었습니다. 배달 시대에 있었던 우사·운사·풍백의 **삼백** 제도를 필두로 하여 나라 전체를 진한·

마한·변한으로 나누어 다스린 단군조선의 **삼한관경제**, 왕을 중심으로 **좌현왕·우현왕**을 둔 백제의 통치제도 , 조선의 영의정·좌의정·우의정의 **삼정승** 제도 등이 모두 삼신사상에서 비롯된 것입니다. 배달 시대의 홍산문화 옥기 가운데 세 개의 원이 나란히 연결된 삼련벽, 우하량 유적지의 3단으로 된 제천단도 삼신사상을 보여주고 있습니다.

삼신사상에 기반한 통치 체제는 동북아의 이웃 민족에게도 전수되었습니다. 중국 심양에 있는 청나라 궁궐을 보면 중앙에 대정전이 있고 좌우로 좌익왕과 우익왕의 전각이 있습니다. 북방 흉노족도 통치자 대선우와 그를 보좌하는 좌현왕, 우현왕 제도를 두었습니다.

삼신사상은 한민족의 생활문화에도 깃들어 있습니다. 음식을 먹기 전 천지에 세 번 떠서 바치는 고수레에서부터 아기가 태어났을 때 삼신할머니에게 바치는 미역국 세 그릇, 사람이 죽으면 저승사자에게 바치는 밥 세 그릇, 삼세판하는 가위바위보 등 삼신사상은 우리 일상생활 곳곳에서 드러납니다.

그런데 한민족은 하느님을 삼신상제님으로만 모신 게 아니라 칠성 하느님으로도 모셔 왔습니다.

"비나이다, 비나이다, 칠성님 전에 비나이다."

우리네 할머니와 어머니들은 이렇게 새벽마다 장독대에 정화수를 떠 놓고 칠성님을 찾으며 가정의 번성과 안녕을

염원하였습니다. 그래서인지 흔히 칠성님을 순박한 아녀자들의 기도 대상으로만 알고 있습니다. 하지만 원래 칠성은 우주의 조화주 하느님이신 상제님이 계신 별을 가리킵니다.

칠성은 탐랑, 거문, 녹존, 문곡, 염정, 무곡, 파군 등 일곱 별을 말하는데, 무곡성 위에 별이 두 개(고상옥황과 자미제군)가 더 숨어 있습니다. 그 두 개를 합치면 모두 아홉 개, 그래서 북두칠성을 북두구진이라고 부릅니다. 우주의 통치자 삼신상제님은 이 가운데 '고상옥황'에 계십니다. 동방의 한민족은 1만 년 전부터 이것을 알았던 것입니다.

칠성에 계신 상제님은 천지일월과 우주의 다섯 성령[오행]인 금목수화토金木水火土를 다스리시며, 인간의 무병장수와 생사화복, 영원불멸, 도통과 깨달음을 관장하십니다.

한민족은 9천 년 동안 북녘 하늘에 있는 칠성을 섬겨왔습니다. 정화수를 떠놓고 칠성님께 기도한 것도, 고인돌에 칠성을 그린 것도, 죽은 사람이 들어가는 관 바닥에 칠성판을 깐 것도 바로 칠성신앙의 표현입니다. 대표적 민속놀이인 윷놀이 역시 북두칠성이 하늘을 도는 모습을 형상화한 것입니다.

한민족의 전통적인 두발 형태인 상투도 칠성문화의 하나입니다. 상투란 한자어로 '**상두**上斗'이고, '두'는 천상의 북두칠성을 뜻합니다.

인간이 머리 위에 상투를 틀어 동곳을 꽂는 것은 '나에게 사람의 몸을 내려 주신 조화주 하느님이신 상제님과 한마음으로 살겠다'는 서약이요 경건한 예식이었습니다. 조선시대까지만 해도 성인이 된 남자들은 털을 늘어뜨리고 있는 짐승과는 달리 머리털을 위로 모아 잡아매고서 동곳을 꽂았습니다.

이 상투문화는 일본강점기 때부터 사라지기 시작하여, 오늘날에는 찾아볼 수 없습니다. 지금 상투머리 하고 갓 쓴 할아버지를 보면 옛날 봉건시대의 잔재라고 손가락질하는 사람도 있겠지만, 본래 상투에는 인류 문화의 깨달음, 영원한 생명에 대한 희구希求가 담겨 있는 것입니다.

상제님은 삼신三神을 본체로 하여 칠성七星으로 조화 작용을 일으킵니다. 수학으로 말하면, 상제님을 상징하는 수는 '완전수'라 불리는 10이 됩니다. 삼신(3)과 칠성(7)이 음양 짝을 이루어 10무극 상제님의 조화가 실현되는 것입니다.

삼신과 칠성으로부터 생명을 받은 인간

인간은 무엇이며, 어디서 와서 어디로 가는 것일까요? 영원한 수수께끼일 것도 같은 이 의혹에 대한 근원적 해답이 신교문화에 깃들어 있습니다.

사람은 정신과 육체로 이루어져 있습니다. 정신을 관장

하는 것은 혼魂이고 육체를 관장하는 것은 넋[魄]입니다. 그러면 인간의 혼과 넋은 어디로부터 온 것일까요?

고귀한 인간의 영혼과 마음(혼)은 천상의 중심별인 삼태성三台星(삼신)에, 그리고 육신의 생명(넋)은 상제님이 계신 별인 북두칠성에 뿌리를 두고 있습니다. 삼태는 상태上台, 중태中台, 하태下台(태는 '별 태' 자)를 말합니다. 증산도의 「칠성경」 주문에 나오는 '삼태허정三台虛靜'이 바로 그것을 가리킵니다.

천상의 북두칠성 바로 옆에 있는 삼태성의 별들은 하늘 기운인 양으로 작용하여 혼을 생성하고, 칠성의 별들은 땅 기운인 음으로 작용하여 넋을 생성합니다. 그래서 사람이 죽으면 혼은 하늘로 올라가고 넋은 땅으로 돌아가는 것입니다. 삼신과 칠성은 인간 생명을 열어주는 신비로운 창조의 손길입니다.

삼신에서 나온 혼은 세 가지 방식으로 작용하고 칠성에서 나온 넋은 일곱 가지 방식으로 작용합니다. 그래서 인간에게 삼혼칠백三魂七魄이 있다고 합니다.

삼혼에 대해 『환단고기』에서는 구체적으로 '생혼生魂과 각혼覺魂과 영혼靈魂이 있다'고 했습니다. 생혼은 생명을 낳는 혼이고 각혼은 나의 생각이 발동해서 '아, 그런 거구나. 그렇지!' 하고 사물을 인식하고 깨닫는 혼입니다. 그리고 영혼은 순수 의식을 통해 직관하여 아는 혼으로, 거울로 비추듯이 사물을 있는 그대로 직접 봅니다.

한편 넋이 관장하는 우리 몸의 오장육부, 유형의 형체는 하나님이 계신 북두칠성에서 내려 줍니다. 그래서 사람 얼굴에 7개의 구멍이 붙어 있어, 두 눈으로 보고, 두 귀로 듣고, 입으로 맛보고, 코로 천지기운을 쐬는 것입니다.

일본으로 전해진 삼신·칠성문화

일찍부터 한민족에게서 문화와 문물을 전수받은 일본 왕실에 삼신·칠성문화가 그대로 살아 있습니다.

일본의 초대 왕이 신무神武입니다. 신무왕은 지금으로부터 약 2,600년 전인 단군조선의 36세 매륵 단군 때 조선에서 넘어간 협야후 배반명이란 사람입니다. 신무가 큐슈를 거쳐서 지금 나라奈良 지방이 있는 곳, 즉 오사카 오른쪽에 있는 **구마노**熊野에서 가시와라궁으로 갈 때, **삼족오**[야타

일본 구마노 신사의 총본산인 구마노 본궁대사의 입구에 세워진 삼족오 깃발

가라스의 인도를 받아서 들어갔다고 합니다. '태양의 전령' 혹은 '삼신상제님의 사자'로 불리는 삼족오가 수호신이 되어 인도해 준 것입니다. 그래서 일본 전국에 퍼져 있는 3천여 개의 구마노 신사에서 삼족오를 쉽게 찾아볼 수 있습니다. 일본 천황의 즉위식 때 입는 예복에도 삼족오와 북두칠성의 문양이 선명하게 보입니다.

더욱 놀라운 것은 『환단고기』에 담긴 우주론, 인간론, 신관이 융합된 우리의 원형 역사관인 태일太一 문화가 일본의 축제인 마쯔리 행사에 그대로 살아 있다는 점입니다. 이즈모 대사와 함께 일본의 2대 신사로 꼽히는 이세신궁에서 신을 맞이하는 마쯔리를 행할 때 참가자들은 '태일太一'이라 쓴 옷을 입거나 '태일太一'이라고 쓴 커다란 깃발을

일본에 전파된 삼신, 칠성과 태일 문화
일본 이세시伊勢市 주민들이 해마다 신상제神嘗祭(일본 왕이 11월 23일에 거행하는 추수 감사 의미의 궁중행사)를 축하하기 위해 행하는 하츠호비키 축제 광경. 여기에 태일 문화의 모습이 남아 있다.

일본 나지대사那智大社에 있는, 소원을 적어 걸어두는 나무판의 삼족오

들고서 성전으로 행진합니다.

서양 문명의 근원이 된 삼신·칠성문화

서양 문명은 여러 가지 측면에서 동양 문명과 대비되지만 그 근본은 동방의 삼신·칠성문화에 뿌리를 두고 있습니다.

환국 문화를 전수받은 수메르인들은 지금의 이라크 남부로 가서 20여 개의 도시국가를 세웠습니다. 그 가운데 갈데아 우르에는 약 4,100여 년 전에 이스라엘인들이 믿음의 조상이라고 부르는 아브라함의 아버지와 조상들이 살았습니다. 바로 그곳 왕들이 칠성문화의 하나인 상투를 틀었습니다. 4,300년 전 사르곤 왕의 부조 상은 그 사실을 확실하게 보여 줍니다.

그뿐이 아닙니다. 사진을 보면 사르곤 왕이 들고 있는 과일나무의 중심 줄기가 세 개이고 열매도 세 개입니다. 그리고 왕 앞에 있는 생명의 나무도 본줄기가 세 개씩이고 열매

사르곤 왕의 부조상

도 세 개씩 매달려 있습니다. 이것은 동방 환국의 삼수 문화가 흘러들어갔음을 보여 줍니다.

사르곤 왕은 수메르 초기 왕조 시대의 혼란기를 끝내고 메소포타미아 전역을 통일하여 아카드 제국을 건설한 왕입니다.

수메르인들의 칠성 신앙을 알 수 있는 것이 또 있습니다. 7일을 순환 주기로 하는 역수曆數를 썼다는 점입니다. 오늘날 통용되고 있는 칠요일七曜日 순환 방식이 수메르 문화에서 기원한 것입니다. 그리고 그들은 제천단인 지구라트에서 우주를 경영하는 일곱 주신(동방의 칠성신)을 받드는 제사를 올렸습니다.

이스라엘 땅에 처음 정착한 민족은 유대인들이고, 그들의 믿음의 첫 조상은 수메르 땅에서 이주해 온 아브라함입니다. 기독교 문화가 유대교에 뿌리를 두고 있는 연유로 삼신과 칠성문화는 기독교 문화에서도 나타납니다. 『신약성서』 「계시록」을 보면, 백 살이 넘은 사도 요한이 기도를 하다가 그 영혼이 천상에 올라갔습니다. 가서 보니 '하나님의 보좌 앞에 하나님의 일곱 성령The seven spirits of God이 있더라'라고 했습니다. 하나님의 일곱 별을 본 것입니다. 그것을 일곱 개의 등불로도 얘기하는데, 서양은 그것을 성령론으로 말합니다.

약 2,500년 전 그리스의 철학자이자 서양 과학문명의 아버지로 불리는 피타고라스도 3수의 중대성을 알고 있었습니다. 그가 태어난 그리스 동쪽 사모스 섬의 피타고리온 마을에 그를 기리는 동상이 세워져 있습니다. 그 동상 현판에 새겨진 "3은 우주의 중심 수다."라는 글귀가 3수에 대한 그의 깨달음을 대변합니다.

연대로 보면 피타고라스는 단군조선 후기 때 사람입니다. 그는 일찍이 탈레스의 주선으로 이집트로 유학을 가, 그곳에서 23년간 수학하면서 이집트 문화에 정통하였습니다. 이후 이집트가 신바빌로니아에 대패하였을 때 바빌론으로 포로로 끌려갔는데, 그곳에 12년을 머무르며 메소포타미아 문명도 익혔습니다.

피타고리온 마을의 방파제 옆에 서 있는 피타고라스의 동상. 그를 받치고 있는 조형물에 "숫자 3은 우주의 중심 수"라는 글귀가 새겨져 있다.

3장 잃어버린 대한의 혼을 찾아서

이집트와 메소포타미아 문명은 수메르 문명에서 뻗어나간 것이고, 수메르 문명은 환국에서 뻗어나간 것입니다. 이로 볼 때 피타고라스가 동서양을 넘나들며 배운 문화와 사상은 환국의 신교문화와 무관하지 않을 것입니다. 즉 그의 3수 사상도 동방의 3수 문화를 밑바탕으로 한 것일 가능성이 매우 높습니다.

인디언 문화 속의 삼신·칠성문화

아메리카 원주민의 유적인 거대 피라미드 안에 들어가 보면 신관 일곱 명이 앉아서 회의를 한 좌석이 있습니다. 또 미국 워싱턴에 위치한 스미소니언박물관에 소장된 인

미국의 수도 워싱턴DC의 스미소니언 박물관에 소장된 인디언 추장의 깃털모자
인디언 모자에 꽂힌 77개의 깃털은 신교의 칠성신앙이 북아메리카로 전파되었음을 보여 준다.

디언 추장의 모자에는 77개의 깃털이 꽂혀 있습니다. 이것은 모두 신교 칠성문화의 자취입니다.

중남미 인디언문화에서도 삼신문화가 보이는데 그 대표적인 것 중의 하나가 고수레 풍습입니다. 인디언들은 옥수수나 과일로 만든 발효주인 치차chicha를 마시기 전에 손으로 세 번 찍어 대지에 뿌립니다. 중남미 인디언들이 밥을 먹기 전에 음식을 손으로 떼어서 세 번 던지는 풍습은 스페인 정복자들이 남긴 기록에도 나와 있습니다. 멕시코시티의 국립인류학 박물관에 소장된 삼발이 그릇도 중남미로 이식된 삼신문화의 한 증거입니다.

3) 신교에서 탄생한 동서 종교

신교 시대의 삼도三道

무형의 조물주 삼신 하느님(일신)이 조화造化로써 자신을 드러낸 것이 하늘과 땅과 인간입니다. 하늘은 조화신이 주장하고, 땅은 교화신이 주장하고, 사람은 치화신이 주장합니다. 여기에서 인류를 이끄는 큰 이치인 원형 삼도三道가 나오는데, 이것이 유·불·선儒佛仙의 원형입니다(『태백일사』).

하늘의 조화신을 본받아서 나온 것이 전도佺道입니다. 전도는 하늘의 도[天道]의 조화를 주장합니다. 전佺은 '사람 인人' 변에 '온전 전全' 자가 합쳐진 글자로, 하늘과 하나 된 온전한 인간[신인합일神人合一]이라는 뜻입니다. '전인수계佺人受戒'라는 말이 있습니다. 온전한 사람이 되기 위해 삼신의 계를 받아 참됨[眞]을 이룬다는 뜻입니다.

하늘의 교화신을 본받아서 나온 것이 선도仙道입니다. 선도는 땅의 도[地道]를 주장합니다. 선仙은 '사람 인人' 변에 '메 산山' 자가 합쳐진 글자로 신선神仙의 영원한 생명력을 뜻합니다. 어머니 땅이 낳아 기르는 생명의 본성을 본받아서 내 몸속의 불멸의 생명성[命]을 깨달아 널리 베푸는 도가 선도입니다.

하늘의 치화신을 본받아서 나온 것이 종도倧道입니다. 종도는 인간의 도를 주장합니다. 종倧은 '사람 인人' 변에 '마루 종宗' 자가 합쳐진 글자로 으뜸이 된 사람, 온전한 사람을 뜻합니다. 천지와 만물을 조화하여 그 이상을 세우는 대인大人의 도가 종도인 것입니다.

천지인 삼신의 도에서 나온 이 원형 삼도를 계승한 것이 지금의 불도佛道, 선도仙道, 유도儒道입니다. 온전한 인간을 추구하는 전도佺道가 후세에 드러난 것이 불도이고, 선도仙道의 맥은 도교로 이어졌으며, 인도人道를 바탕으로 해서 나온 종도倧道를 계승한 것이 유도입니다.

그렇다면 신교문화의 원형은 동서양의 유·불·선·기독교에 어떤 모습으로 흘러 들어갔을까요?

동이문화를 답습하여 정리한 공자孔子

유교는 공자가 창시한 것으로 알려져 있습니다. 공자는 본래 중국 은나라의 제후국이던 송나라의 왕 미자의 후손으로 정통 동이족입니다. 미자의 조상은 은나라 사람입니다. 『예기禮記』를 보면 '공자는 은殷나라 사람이라' 하였습니다. 은나라는 홍산문화의 전통을 그대로 가지고 대륙의 남쪽으로 내려간 배달 동이족이 세운 나라입니다.

또 공자의 손자 자사는 '대동大同 세계를 궁극의 이상으로 삼은 유교 도덕의 원 시조'를 '요, 순과 문왕, 무왕'이라고 하였습니다. 요堯는 동이족 유웅씨 후손인 황제헌원의 5세 손(『사기史記』)이고, 순임금 또한 동이 사람(『맹자孟子』)입니다.

공자는 일찍이 담자, 장홍, 사양, 노담 네 사람을 스승으로 모셨습니다. 그는 담자에게 동방의 관제와 문헌을 배웠고, 장홍에게 음악을 배웠으며, 사양에게 거문고를 배웠고, 노담에게 예를 배웠습니다. 그런데 이들은 모두 동이東夷 출신입니다. 특히 사양과 노담은 중국 땅에서 동이의 주된 근거지이자 신교문화가 가장 번성했던 산동 지역 사람입니다.

공자는 스스로 "술이부작述而不作"이라 하여 새로운 학설을 지은 것이 아니고 '옛 것(배달과 조선의 동이족 예악문화)을 믿고 좋아해서 정리한 것'이라고 말하였습니다. 공자는 신교문화의 풍토 속에서 동방 배달 조선의 동이문화를 수집, 정리하여 유교의 사상으로 정립한 인물인 것입니다.

유교의 교리는 본래 천명天命의 주재자인 상제님의 가르침을 받드는 것이었습니다. 유교의 주요 경전인 『주역』, 『시경』, 『서경』 등을 보면 모두 천天, 천명天命 사상의 근원인 '상제님의 가르침'을 노래하고 있습니다. 한 예로 『시경』 머리 부분에 '상제님께서 네게 임하시니, 마음을 둘로 하지 말라(上帝臨汝, 無貳爾心)."는 가르침이 있습니다.

공자가 이상 사회의 모델로 삼은 3천 년 전의 주周나라의 왕들 또한 하늘을 인격적인 상제천上帝天으로 인식하였습니다. 공자도 『주역』「설괘전」에서 "상제님이 동방에서 출세하신다(帝出乎震)."라고 하여 상제님을 인간에게 천명을 내리고 인간이 덕을 잃으면 천명을 거두고 재앙을 내리는 존재로 여겼습니다.

임진왜란 때 유학자인 서애 류성룡은 이순신 장군에게 다음과 같은 글을 주었습니다.

깊은 밤 어둠 속에 상제님께서 내게 임하시네.
방안 깊숙이 홀로 있는 곳에도 신명이 살피고 계신다. …
삼가하고 두려워하여 '상제님의 법칙' 대로 따를지어다.

또한 유교 경전에는 천제문화에 대한 기록도 있습니다. 『서경』에는 지금으로부터 4,300년 전에 요임금과 순임금이 상제님께 천제를 올렸다고 전하고 있습니다.

그러나 공자 사후에 제자들이 스승의 언행을 기록한 『논어』에서는 하늘을 인격적인 상제천보다 자연천自然天, 도덕천道德天 개념으로 이야기하고 있습니다.

이처럼 상제님을 잃어버리면서 유교는 송대宋代의 성리학으로 흘렀으며, 삼신상제님을 받드는 제천문화를 상실하고 고답적인 이기론理氣論으로 빠져 버렸습니다. 이후 유교에서는 신교인 상제 신앙의 자취를 거의 찾아볼 수 없게 되었습니다.

불교에 남아 있는 신교의 원형

불교의 창시자인 석가모니에 대해, 서구학자들은 대개 흰 얼굴을 한 인도-유럽계의 아리아인이라 추정해 왔습니다. 그러나 1921년에 영국의 저명한 인도사학자 빈센트 스미스Vincent Smith가 '석가 몽골인설'을 최초로 주장한 뒤, 인도와 태국의 학자들은 석가족의 원래 뿌리가 동방의 몽골계 인종(코리족)이었을 것이라고 확신에 찬 어조로 말하고 있습니다.

석가족은 자신들이 태양족의 후예라면서 그 사실을 매우 자랑스럽게 여겼다고 합니다. 불교의 초기 경전인 『숫따니빠따Suttanupata(經集)』에는 석가가 자신의 가문에 대해 "정직하고 부와 용기를 갖추고 있다. 가계는 아딧짜

Adicca(태양)이다."라고 말한 내용이 나옵니다. 석가 스스로 자신의 집안이 '태양을 숭상하는 광명족'이라고 말했다는 기록은 광명을 숭상한 인류의 시원 종족인 환족, 배달과의 연관성을 보여 줍니다.

불교가 이 땅에 들어오기 전에 이미 불교의 원형이 있었다는 사실도 여러 곳에서 밝혀졌습니다. 『삼국유사』「아도기라」 등 여러 서적에 전불前佛시대 절터 이야기가 나옵니다. 이는 석가모니가 탄생하기 오래 전에 이미 한국에 부처가 있었으며 불교의 원형이 있었다는 말입니다.

또한 불교 대웅전大雄殿의 기원도 환국을 계승한 환웅의 배달국 시대부터 비롯됩니다. 환웅시대에 한민족은 가장 큰 나무를 지정하여 신수神樹로 봉하고 이를 웅상이라 하여 환웅을 경배하였습니다. 후에 환웅전桓雄殿을 지어 환인, 환웅, 단군 삼위성조를 모셨습니다.

환웅전은 대인전大人殿, 대웅전大雄殿으로도 불렸습니다. 그러다가 환웅전의 명칭은 삼성전三聖殿으로 바뀌었고, 나중에 불교가 유입되면서 환웅전에 모셨던 환웅상이 석가모니 불상으로 바뀌어 오늘날에 이른 것입니다.

또 『화엄경』에서 "해중海中에 금강산이 있는데 옛적부터 모든 보살이 그 산중에 살고 있다. 현재도 법기라는 보살이 1,200명의 보살 무리를 거느리고 금강산에 상주하며 불법을 강설하고 있다."라고 하였는데, 이는 '불교의 종주국이 바다 건너 금강산이 있는 나라'라는 말입니다.

불교의 경전에서 무엇보다 주목할 대목은 미래의 부처 미륵님이 인간 세상에 오신다는 것입니다.

천상의 미륵님이 계신 궁전을 여의전如意殿이라 하고 그 하늘을 도솔천兜率天이라 합니다. 미륵은 도솔천의 천주天主님이고 도솔천은 대우주의 중심이 되는 하늘입니다. 석가모니는 자신이 도솔천의 호명보살로 있다가 지상에 내려왔다고 하였습니다.

미륵은 여의주如意珠를 쥐고 무궁무궁한 조화권을 쓰시는 조화부처이며, 천지 안에 있는 모든 부처의 종불宗佛이요, 원불元佛입니다.

그런데 지금 불가에서는 "석가모니가 도를 펼 때 미륵이라는 젊은 청년이 있었다. 그 미륵이 일찍 죽었는데 도솔천으로 올라가 도를 닦고 있다가 말법시대에 다시 인간으로 내려와 서원을 세우고, 용화수 아래에서 부처가 된다."라고 가르칩니다. "미륵이 석가의 당대 제자였다."라고 하여 미륵불의 역사를 왜곡했습니다. 이로 인해 오늘날 불교 신도들조차 '미륵이 이 우주의 통치자로 계신다'는 사실을 알지 못합니다.

도교의 뿌리도 배달 동이의 신교문화

도교는 대체로 황제와 노자를 시조로 삼고 있어서 황로

지학黃老之學이라고 합니다. 조여적의 『청학집』에는 "환인 진인桓仁眞人이 동방선파東方仙派의 조종이고, 환웅천왕桓雄天王은 환인의 아들이다."라는 기록이 있습니다. 동방 신선 문화의 조종祖宗은 바로 환국의 환인천제라는 것입니다.

또 『포박자』에는 "황제헌원이 풍산을 지나다가 배달국의 수도인 청구靑丘에 들러 동방의 큰 스승인 자부선사에게서 『삼황내문三皇內文』을 받고 큰 깨달음을 얻었다."는 기록이 나옵니다. 자부선사는 배달 시대 치우천황의 국사國師였습니다. 그리고 헌원은 한때 '운사雲師'라는 벼슬을 맡아 치우천황의 신하로 있었습니다. 그러니 환국의 환인천제로부터 전해 내려온 신선의 도를 정리한 분은 황제의 스승인 자부선사이고, 신선문화를 실제로 동북아에 생활 문화로 크게 전한 분은 치우천황입니다. 자부선사는 인류 문명의 시조이며 우주 수학의 조상이신 태호복희씨와 동문수학한, 신선 발귀리의 후손입니다.

도교의 또 다른 시조인 노자는 산동성 지역의 동이족 사람입니다. 노자는 자신의 성을 한韓씨에서 동방을 상징하는 '나무 목木' 자가 들어 있는 이李(동방의 아들이란 뜻)씨로 바꾸었습니다. 공자에게 예를 가르쳐 주었다는 노담이 바로 이 노자입니다. 천제문화의 근원이 배달 조선이라는 것을 확연히 알고 있던 노자가 말년에 함곡관을 넘어 서쪽으로 갈 때 수문장 윤희에게 『도덕경』 81장을 전해 주었는데, 이 사건이 천자문화가 동방에서 왔음을 뜻하는 '자기동래紫氣東來'의 유래가 되었습니다. 이 명구는 청나라 건륭제 때 지은 이화원頤和園의 동문 입구(만수산萬壽山의 동쪽 기슭에 있는 성문)와 심양의 고궁에서도 볼 수 있고, 중국 전역에 있는 조선족의 상가나 음식점 현판에서도 자주 보게 됩니다.

당나라 때 8대 신선의 한 사람인 여동빈은 우주에서 가장 높은 하늘을 '대라천大羅天'이라 정의하고 있습니다. 대

동방 천자문화의 출원을 말해 주는 네 글자, 자기동래紫氣東來
산동성 태산의 첫 문턱에서 마주치는 문구, '자기동래'의 '자줏빛 자紫'자는 천자의 별인 자미원紫微垣의 자 자로 천자를 상징한다. 즉 자기동래는 '천자문화의 기운이 동방에서 왔다'는 뜻으로, 중국 천자문화의 출원이 동방 한민족임을 그들 스스로 밝힌 것이다. 이 네 글자는 한민족의 역사를 되찾아 주는 천하의 명구이다. 자기동래 현판은 심양의 고궁인 봉황루, 서태후 때 재건된 이화원 등에도 있다. 본래 노자가 함곡관을 지날 때 문지기에게 써 준 문구라 전해 온다.

라천에는 신선과 부처의 조상이 되는 대우주의 조화주 하나님이 계십니다. '가정에 가장이 있고 나라에 통수권자인 왕이 있고, 크고 작은 모든 조직에 주인이 있듯이 대우주에도 우주를 다스리는 통치자가 계신다. 그분은 구천상제九天上帝, 호천상제昊天上帝다'라고 했습니다.

하나님이 계신 천상의 수도를 옥경玉京이라 하고, 그곳에 계시는 하나님을 옥황상제라 하는데, 성리학을 집대성한 주자는 그분을 '옥황대제玉皇大帝'라고 불렀습니다. 원시 유교에서 그들의 뿌리인 상제님을 강조했듯이, 도교의 철인들 역시 대우주의 주인이신 상제님을 숱하게 노래하고 있습니다. 이러한 사실을 도교 경전 총서인 『도장道藏』에서 확인할 수 있습니다.

하지만 노자, 장자 이후 후대로 내려오면서 사변철학과 무병장수를 추구하는 양생술에 치우친 나머지, 도교는 우주의 통치자요 도道의 주재자인 상제님과 멀어지게 되었습니다.

신교에 뿌리를 둔 유대교와 기독교 문화

기독교는 이스라엘의 유대교에서 나왔습니다. 히브리인들은 그들 신앙의 아버지, 민족의 뿌리를 아브라함이라고 합니다. 아브라함과 그의 선조는 수메르 출신입니다.

『구약성서』에 따르면 지금의 이라크 남쪽 땅 갈데아 우르에 살던 아브라함이 야훼의 명을 받아 가족들을 데리고 가나안으로 와서 이스라엘 민족의 조상이 되었습니다. 갈데아 우르는 정확히 말하면 수메르 땅에 있던 우르입니다. 동방에서 온 수메르인들이 여러 도시들을 세워 최초로 메소포타미아의 문명을 건설하였습니다. 서기전 약 4,500년경의 일입니다.

그로부터 2,000년이 흐른 후 수메르 도시들이 외세의 침입으로 정치적 혼란에 빠지게 되자 아브라함 일족은 수메르 지역의 문화와 풍습을 그대로 갖고 유프라테스 강을 건너 가나안으로 이주하였습니다. 이런 이유로 아브라함의 후손들은 '강을 건너온 사람'이라는 뜻인 '히브리인 Hebrew'이라 불렸고, 이때부터 유대문화가 시작되었습니다.

가나안 초기 시절, 히브리인들은 '엘'과 '야훼'를 함께 받들었습니다. 가나안을 포함한 중동 일대에서 원주민들이 '엘' 신을 주신으로 여겨 신앙하고 있었기 때문입니다. 당시 야훼는 엘이 거느린 여러 신 가운데 하나였습니다. 하지만 아브라함의 손자 야곱이 얍복강에서 엘 신과 씨름하여 이긴 후부터, 히브리인들은 야훼를 최고신으로 섬겼습니다('이스라엘'은 '엘을 이긴 자'라는 뜻). 야훼 중심의 유일신 신앙을 하게 된 것입니다.

수메르 문화의 영향을 잘 보여 주는 유대인의 관습은 바로 '조상 제사'입니다. 수메르 문명권에 속했던 중동의 여러 사회에서는 동방 환국의 제천문화와 제사 풍속을 그대로 계승하였고, 돌아가신 부모와 조상들에게 제물을 바치는 조상 숭배 문화가 강하게 살아 있었습니다. 그리하여 그들은 무덤 속에 음식과 음료를 넣어 주는 관을 따로 만들기도 하였습니다.

이와 같은 '유대교'와 환국의 '신교'와의 연관성은 구약의 여러 기록에서 확인할 수 있습니다. 그 중 가장 인상적인 것이 아브라함의 삼신三神 체험입니다. 어느 날, 야훼는 99세의 아브라함에게 본처인 사라의 몸을 통해 아들을 내려 주겠노라고 언약하였습니다. 그리고 대낮에 야훼가 찾아왔습니다. 아브라함이 고개를 들어 보니 '사람 셋'이 맞은편에 서 있었습니다(「창세기」 18:2). 이 '사람 셋'은 바로

아브라함의 이동 경로

동방의 신교문화에서 받들어 온, 천상에서 인간의 생명을 내려 주는 삼신을 뜻합니다.

또 신교의 칠성문화가 구약과 신약 전반에 걸쳐서 '제사장 일곱, 일곱 별, 일곱 교회, 일곱 천사' 등 7수 사상으로 다양하게 나타납니다.

그뿐이 아닙니다. 신약을 보면 예수는 자기를 보내신 분에 대해 이렇게 말했습니다.

하늘에 계신 우리 아버지여, 아버지의 이름이 거룩히 여기지게 하옵시며 아버지의 왕국이 임하옵시며 아버지의 뜻이 하늘에서 이루어진 것 같이 땅에서도 이루어지이다. (「마태복음」 6:9)

내가 아버지로부터 나와 세상에 왔고 다시 세상을 떠나 아버지께로 가노라. (「요한복음」 16:28)

예수는 자신을 '하느님의 아들', '사람의 아들ㅅ구'이라 했습니다. '내가 바로 하느님'이라고 말한 구절은 성서에 단 한 곳도 없습니다. 예수는 처음부터 끝까지 '하늘에 계신 우리 아버지'를 외치고 '이 우주의 중심에 온 하늘땅을 다

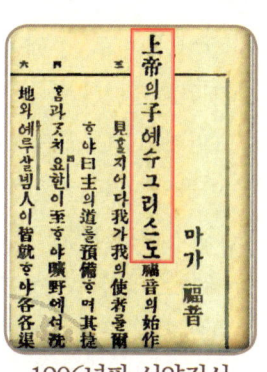

1906년판 신약전서

스리시는 아버지 하나님이 계신다. 그 아버지를 증거하러 왔다'고 했습니다.

또 세례 요한이 요단강에서 유대교 신자들에게 세례를 줄 때, 예수가 다가가서 "나에게도 세례를 주라. 우리가 이와 같이 하여 모든 의를 이루는 것이 합당하니라." 하고 세례를 받습니다. 예수가 세례를 받고 물에서 나올 때 하늘이 열리고 하나님의 성령이 비둘기같이 내려옵니다. 그 때 하늘로부터 "이는 내 사랑하는 아들이요 내 기뻐하는 자라."라는 소리가 울려옵니다.(「마태복음」 3:13~17) 1906년에 출판된 『국한문 신약전서』를 보면 예수에 대하여 "上帝의 子 예수 그리스도"라고 표현하고 있습니다.

어느 날 예수가 제자들에게 "너희는 나를 누구라 하느냐?" 하고 묻자 베드로가 "주는 그리스도시요, 살아 계신 하나님의 아들입니다."(「마태복음」 16:15~16)라고 신앙 고백을 합니다. 바로 이 때문에 베드로가 기독교의 종통 계승자가 된 것입니다.

그런데도 기독교는 2,000년 신앙 역사에서 그 아버지와 아들의 '정확한 관계와 위격'을 바로 세우지 못했습니다. 구약과 신약에서 아버지 하나님에 대한 '올바른 신관'이 제대로 확립되지 못했기 때문입니다. 그로 인해 기독교 교리가 전혀 다르게 변질되어, 장차 이 땅에 온 우주의 통치자이신 아버지가 오시는 게 아니라, 예수가 다시 온다는 예수 재림설로 떨어져 버렸습니다.

하지만 앞에서도 언급했듯이, 『신·구약』의 마지막 장, 「계시록」에는 사도 요한이 증언한 내용이 나와 있습니다. 사도 요한은 그의 영혼이 천상에 불려 올라가 아버지 하나님이 천상의 옥좌에서 선언하시는 말씀을 들었고, 아버지의 옥좌 앞에 있는 일곱 성령을 보았습니다. 거기에 동방 신교문화의 원형이자 성령문화의 원형인 칠성령 사상이 잘 드러나 있습니다.

정리를 하면, 신교는 인류 문화의 모태이자 생명의 젖줄로써 '뿌리 문화'이고, 신교의 숨결을 받아서 나온 유·불·선·기독교는 제2의 신교로서 '줄기 문화'라 할 수 있습니다. 한민족이 시원 역사를 잃어버리면서 인류 뿌리 문화인 신교문화가 어둠 속으로 서서히 사라지고 거기에 공자, 석가, 예수, 노자 등이 주창한 줄기 문화가 자리를 잡은 것입니다.

이스라엘 역사

아브라함에서 야곱까지

아브라함이 수메르의 갈데아 우르에서 이주하여 정착한 이른바 언약의 땅 가나안은 원래 팔레스타인 지역이었다. 가나안 땅에 정착한 아브라함은 말년까지도 대를 이을 후손이 없었다. 이에 아브라함의 아내 사라는 자신의 몸종인 하갈을 남편에게 붙여 이스마엘을 낳았다. 이스마엘은 후에 이슬람 문화를 일으킨 조상이 된다.

아브라함은 99세에 삼신三神을 맞이하여 제를 지내고, 100세에 이르러 삼신께서 약속한 아들 이삭을 얻었다. 이삭이 40세가 되도록 아들이 없자 아브라함은 다시 삼신께 간구하여 손자 야곱을 얻었다. 아브라함, 이삭, 야곱, 이 3대의 혈통 계승은 수메르에 전수된 동방 신교의 원형 정신인 3수 원리가 역사에 펼쳐진 것으로 볼 수 있다.

요셉에서 사사士師 시대까지

야곱은 12명의 아들(이들로부터 후에 이스라엘의 12지파가 열리게 됨)을 두었는데 이 중 열한 번째가 요셉이다. 아버지의 총애 때문에 형들의 질투를 받던 요셉은 형들에 의해 노예 상인에 팔려 이집트로 끌려갔으나 우연히 이집트의 바로 왕에게 능력을 인정받아 총리의 지위에 오르게 됐다. 이를 계기로 히브리인들,

곧 아브라함의 후손들은 이집트로 이주했다.

그러나 시간이 흘러 요셉의 공로 등 역사가 잊히면서 히브리인들은 오히려 이집트에서 4백 년 이상 노예 생활을 하게 되었다. 그러다가 모세의 지휘 하에 그들은 이집트를 벗어나 다시 가나안으로 향한다.

모세가 이끄는 히브리인들은 가나안 땅으로 직행하지 못하고 40년간을 광야에서 생활하였다. 이들은 이집트 등, 지난날 그들이 살던 곳에서 섬기던 다양한 신들을 숭배하였다. 그러나 지도자 모세는 유일신 숭배자로 변해 있었다. 여기에는 매우 중요한 역사적 배경이 숨겨 있다.

모세는 젊은 시절에 이집트의 왕궁에서 살았는데, 당시 이집트 파라오였던 이크나톤(서기전 14세기)은 유일신 숭배자였다. 이크나톤은 이집트의 전통적인 다신숭배에 반기를 들고 태양신인 아톤만을 숭배하는 유일신교를 최초로 확립한 인물이다. 그는 전통적인 이집트 사제들의 세력을 꺾기 위해 수도를 테베로부터 엘 아마르나로 이전하기까지 하였다. (그러나 그의 종교개혁은 기득권 세력의 반발로 실패로 돌아감)

이 이크나톤에게서 큰 영향을 받은 모세는 동포들이 이집트의 다양한 신들을 섬기는 것을 참을 수 없었다. 그는 시나이 산에 이르자 유일신 신앙을 세우기 위해 야훼 신을 내세웠다. 모세는 야훼로부터 십계명을 받아서 히브리인들에게 그것을 지킬 것을 명령하였다. 모세가 제시한 십계명 가운데 으뜸가는 계명이 "나 이외의 다른 신을 섬기지 마라."는 것이었다. 이렇게 해서 야훼 일신교를 확립한 모세는 가나안에 들어가지 못하고 요르단 강 건너편에서 죽었다. 그러자 그의 뒤를 이은 여호수아가 히브리인들을 이끌고 가나안 땅에 들어간다.

당시 가나안은 이미 여러 족속들이 정착해 있었기 때문에 히브리인들은 이들과 싸워서 땅을 차지할 수밖에 없었다. 구약에 등장하는 여러 족속들과의 잔인무도한 싸움은 히브리인들이 가나안 땅을 되찾는 과정에서 비롯된 것이다.(오늘날 이스라엘과 팔레스타인들 간의 분쟁은 이때부터 이어져온 것이라고 볼 수 있다.)

험난한 과정을 겪은 뒤에야 가나안에 정착한 히브리인들은 부족들의 군사 지도자이자 재판관인 사사士師의 지배를 받았다. 사사는 신과 백성을 중개하는 신교의 스승들이다. 삼손과 데릴라 이야기에 나오는 삼손이 그런 사사의 한 사람이다.

사울 이후 800년이 안 되는 이스라엘 역사

사사들이 이끌어가던 당시 이스라엘은 통일된 국가가 아닌 여러 부족들의 느슨한 연맹이었다. 그러다보니 주변 족속들과의 싸움에서 밀리는 경우가 많아 유능한 군사 지도자인 왕이 절실하였다. 그러던 중 서기전 1,020년경 강력한 지도력을 발휘한 사울이 왕으로 추대되면서 비로소 한 국가로서 역사가 시작됐다.

이스라엘 왕국은 사울 왕의 뒤를 이은 다윗 왕과 그 아들 솔로몬 왕이 나와 예루살렘을 정복하고 그곳에 왕궁과 화려한 성전을 짓는 등 강성한 국가로 발전한다. 그러나 솔로몬이 죽자 '북쪽의 이스라엘'과 '남쪽의 유다 왕국'으로 나뉘어 서로 싸우다 차례로 아시리아와 바빌론 왕국에 의해 멸망하였다.

유다 왕국 사람들은 바빌론으로 끌려가 약 70년간 포로생활을 하다 돌아온다(서기전 597~서기전 538). 당시 페르시아 제국이 바빌론을 이기고 유대인들을 고향으로 돌려보낸 덕분이다. 유대교의 교리와 의례가 확립된 것은 바로 이 포로생활 시기와 그로부터 귀환한 직후였다. 이때부터 야훼가 내린 600여 개의 세세한 계명을 지키는 것이 유대교의 신앙이자 의무가 되었다.

페르시아의 한 속주로 있었던 이스라엘은 페르시아가 그리스(마케도니아)의 알렉산더 대왕에게 패하면서 다시 그리스의 지배를 받게 되었다. 이것이 150여 년 간 지속되었는데, 결국 저 유명한 마카비 가문이 주도한 독립전쟁으로 이스라엘은 독립을 쟁취한다. 그러나 그것도 오래 가지 못했다. 이번에는 마카비 왕조(하스몬 왕조)의 내분을 계기로 '로마의 속주'가 되어 약 370년 동안 로마의 지배를 받았다.(서기전 63년~서기 313년)

그 후 400년 간 아랍의 지배를 받기도 했고 중세 시대에는 200년 동안 십자군의 지배를 받았다. 그러다 1948년이 되어서야 독립 국가를 다시 창설하였다. 이스라엘이 독립국으로 존속한 기간은 길어야 800년 정도인 것이다.

chapter

4

동방 땅에 오신 삼신상제님

1

동방에서 부활하는 신교문화

1) 인간으로 강세하신 삼신상제님

우주의 통치자이신 상제님은 일찍이 공자, 석가, 예수와 같은 성자들을 이 세상에 내려 보내시어 인류를 교화하고 문명을 꽃피우게 하셨습니다.

> ❋ 예수를 믿는 사람은 예수의 재림을 기다리고 불교도는 미륵의 출세를 기다리고 동학 신도는 최수운의 갱생을 기다리나니 누구든지 한 사람만 오면 각기 '저의 스승이라' 하여 따르리라. '예수가 재림한다' 하나 곧 나를 두고 한 말이니라. 공자, 석가, 예수는 내가 쓰기 위해 내려 보냈느니라. (道典 2:40:6)

그리고 후천 가을개벽을 맞이하여 세상과 인간을 구하시기 위해 상제님은 마침내 인간의 몸으로 친히 동방의 이 땅에 오셨습니다.

그런데 사람들은 상제님께서 인간으로 오셨다는 사실을 쉽게 받아들이지 못합니다. 어떻게 하늘에 계신 상제님이 인간의 몸으로 오실 수 있느냐는 것입니다. 하지만 상제님의 명을 받아 수천 년 동안 지구촌 인간의 교화를 맡

'상제'의 '제'는 본래 우주를 통치하는 '하느님 제' 자이다. 하늘에 계신 '상제上帝'에 대응하여, 상제의 명을 지상에 실현하는 천자를 '하제下帝' 또는 '황제皇帝'라 했는데, 후대에 상제문화를 잃어버리면서 오로지 '임금'이란 뜻만 남았다.

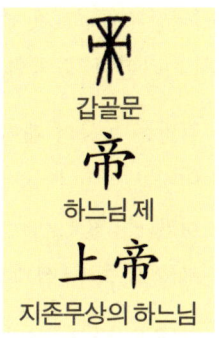

갑골문

帝 하느님 제

上帝 지존무상의 하느님

앗던 동서양 성자들은 한 목소리로 장차 상제님이 인간의 몸으로 오셔서 환란 속에서 인류를 구원하고 새 세상을 열어주실 것이라 전하였습니다.

2) 유교에서 전한 상제님 강세 소식

본래 유교에서는 '하늘의 주인'을 '상제上帝님'이라 불렀습니다. 『시경』, 『서경』 그리고 『주역』에는 '상제'라는 호칭이 여러 차례 나옵니다. 상제님은 우주의 통치자로서 우주의 이법理法을 주재하시는 분입니다.

물론 오늘날 유교는 상제문화의 원형을 거의 잃어버려서 '상제'를 우주의 근원인 하늘의 도[天道]라는 뜻으로만 해석합니다. 하지만 유교 우주론의 경전인 『주역』을 보면 분명히 제출호진帝出乎震, 즉 '하느님[帝]이 동방[震]에서 출세하신다'고 선언하였습니다. 그리고 구체적으로 '종어간

시어간終於艮始於艮, 즉 간艮방에서 매듭짓고 간艮방에서 다시 시작한다'고 밝혔습니다.

> 간방은 동북의 괘이니 만물의 끝남과 새로운 시작이 이루어지는 곳이라. 고로 하늘의 말씀이 간방에서 이루어지느니라(艮, 東北之卦也, 萬物之所成終而所成始也. 故曰, 成言乎艮).(『주역』「설괘전」)

간艮은 팔괘八卦의 하나로, 방위로는 동북방이고 지구상에서 한반도를 가리킵니다. 인체에 비유하면 모든 것을 실제로 이루는 '손(手)'에 해당하고, 나무로 말하면 성장의 최종 목표인 '열매'를 뜻합니다. 따라서 간방인 동북아 한반도는 인류 문명의 최종 결실을 맺는 중심 자리입니다.

"성언호간成言乎艮."이란 '동북 간방에서 동서의 모든 깨달은 자들의 말씀이 완성된다', '동방 땅에 오시는 상제님의 대경대법한 대도의 진리로써 모든 성자들의 가르침과 이상이 실현된다'는 뜻입니다. 이를 『주역』에서는 또 "간지야艮止也."라고 했습니다. '지止'는 그친다, 융합한다, 수렴된다는 뜻입니다. 간방 한반도에서 지구촌의 종교, 정치, 경제, 과학, 학문, 예술, 문화 등이 하나로 수렴되어 결실을 맺는다는 것이 유교의 결론입니다.

3) 불교에서 전한 미륵불 강세 소식

 석가모니는 미륵존불의 강세를 전하였습니다. 이 미륵존불이 곧 상제님입니다. 미륵존불께서는 천상의 아홉째 하늘(구천, 도솔천)에 있는 도솔천궁의 보좌에 계십니다. 도솔이란 '만유를 거느린다'는 뜻으로, 통일(완성)을 의미합니다.

 『미륵경彌勒經』을 보면 석가 부처가 "앞으로 미륵님이 이 세상에 오시며 그때는 1년 사시가 조화되고 모든 백성들이 한마음, 한 뜻이 된다."라고 하였습니다. 그리고 자기 아들 라홀라와 수석제자 가섭을 포함한 10대 제자들을 불러 도솔천을 손으로 가리키며 아주 중대한 선언을 합니다. "말법末法시대(석가 사후 3천 년)가 되면 저 도솔천에 계신 천주, 미륵님이 인간으로 오시는데, 너희들은 그때 열반涅槃에 들라."고 말입니다.

 또 『법화경法華經』에서는 '내 법이 천 년 정법正法, 또 천 년 상법像法, 그리고 마지막 세 번째 천 년 말법末法시대를 거쳐서 새로운 변화가 온다. 그때는 다른 분이 오신다'고 했습니다. 이것은 '나의 법이 궁극이 아니다. 내가 죽고 난 후 세 번째 천 년인 말법시대에 천주님이 도솔천의 보좌를 떠나 속세의 인간으로 오시어 지상에 용화낙원龍華樂園을 건설하신다. 그 도솔천의 주인이신 미륵님이 진정한 부처이니 그분의 가르침을 받아서 궁극의 도를 통하라'는 뜻입니다.

한편 『월장경』에서는 '(말법시대에) 별들의 위치가 바뀌고 고약한 병들이 일어난다', '기근겁(기아), 질병겁(괴병), 도병겁(전쟁)이 일어나서 인종이 거의 다 없어지다시피 한다'고 경고하면서 '그때 구원과 희망의 부처인 미륵부처님이 강세한다'고 하였습니다.

그리고 『화엄경』에서는 '미래의 부처요 구원의 부처인 미륵불이 바다에 둘러싸인 동방의 나라에 강세하신다'고 하며, 이렇게 전하였습니다.

> 미륵이 그 가운데에 계시니, 본래 태어났던 부모와 권속과 백성들을 거두어 성숙케 하는 연고며…

이 모든 말씀을 종합해 보면, 미륵부처님이 동방 땅에 강세하시는데, 그 궁극 목적은 비겁에 빠진 세상을 구원하고 전 인류를 성숙시켜 지상 선경 세계를 열어주시는 데 있음을 알 수 있습니다. 이것은 이제까지 기존 종교가 가르친 자비와 사랑의 실천, 봉사와 헌신 같은 중생 교화의 차원을 뛰어 넘는 것입니다. 이와 관련하여 다음과 같은 메시지는 미륵부처님이 여시는 세계를 잘 그려 줍니다.

> 석가세존이 심어 둔 공덕의 나무가 미륵불이 나오실 '용화세계'에서 꽃을 피우고 열매를 맺게 된다. (『미륵성전』)

용화龍華란 불로불사하는 조화선경 낙원을 말합니다. 따라서 이 메시지의 핵심은 '새 차원의 도법을 여는 미륵 부처님이 오셔서, 석가 부처가 설說하고 염원한 진리의 불국토佛國土를 현실 세계에서 성취하신다'는 것입니다.

미륵부처님의 출세出世, 이것이 바로 불교 3천 년 신앙의 총 결론입니다. 불교가 전하는 궁극의 메시지는 '말법의 때에 천지 질서가 바뀌는 가을 천지개벽이 일어나며, 그때 새로운 깨달음을 열어 주시는 새 부처님, 희망의 부처님, 구원의 부처님이 오신다! 그분은 도솔천의 천주이신 미륵불이다'라는 것입니다. 인간으로 오신 상제님께서는 "내가 미륵이니라."(2:66:5)라고 당신님의 신원을 분명히 말씀하셨습니다.

4) 기독교의 지상 천국 소식

독일의 신학자 불트만R. Bultmann은 『예수 그리스도와 신화학』 첫머리에서 "예수 가르침의 핵심은 '하느님의 왕국 The Kingdom of God'이다."라고 했습니다. '하느님 아버지가 친히 인간으로 오셔서 당신의 나라를 건설하신다', 본래부터 이것이 예수 성자가 전한 핵심 메시지라는 말입니다. 이 '하느님의 왕국'이라는 말에서 우리는 하느님(아버지)이 초월신이 아니라 인격적인 풍모를 지닌 **천지의 통치자**(인격신)

이심을 강하게 느낄 수 있습니다. 여기에는 지상천국이 이뤄지기를 바라는 인류의 열망도 깃들어 있습니다.

따라서 기독교 신앙의 궁극 목적은 하늘이 아니라 우리가 사는 바로 이 땅 위에 하느님의 나라인 지상천국을 건설하는 것입니다. 그 천국은 하느님 아버지가 주관하시고 다스리시는 아버지의 나라입니다. '아버지 하느님의 왕국, 지상천국 시대의 도래를 선포하는 것'이 본래 기독교의 사명인 것입니다. 그리하여 2천 년 전, 세례 요한이 요단강에서 세례를 베풀 때 백성들에게 "회개하라, 천국이 가까웠느니라repent, for the kingdom of heaven is at hand."(「마태복음」 3:2) 라고 외쳤습니다. 기독교의 주제는 이 한 말씀에 압축되어 있습니다.

'회개하다repent'라는 말은 히브리어로 '테슈바흐teshuvah'라 하는데 여기에는 세 가지 뜻이 있습니다. 바로 '되돌아오다return', '대답하다answer', '회개하다repent'입니다. 지금 기독교의 핵심 교리는 이 중 셋째 의미인 '회개하라'에 바탕을 두고 있습니다. 그러나 '테슈바흐'의 핵심적인 구원의 참뜻은 '돌아오다'입니다. "신에게 돌아가는 것이 신에게 대답하는 것이다."라고 한 오쇼Osho의 주장과 같이, '회개하라'고 말하면 인간을 너무나 타락한 존재로 취급하고 저주를 내뱉는 것 같아서 듣는 사람이 죄인인 듯한 느낌을 갖게 됩니다. 그러나 '돌아오라'고 하면 부정적인 의미가 거의 느껴지지 않습니다. 단지 '그대가 생명의 길에서 너무 멀리 벗어났으니 이제 그만 생명의 근원인 아버지의 품안으로 돌아오라'는, 사랑으로 가득 찬 구원의 음성이 들릴 뿐입니다.

기독교의 하느님 강세와 천국 건설 소식은 사도 요한의 「계시록」에 잘 묘사되어 있습니다. 예수의 열두 제자 가운데 백 살이 넘게 장수하며 가장 사무치게 기도한 이가 사도 요한입니다. 그는 로마에서 기독교를 전도하다가 혹독한 고문을 당하고 밧모 섬에 귀양을 갔습니다. 그곳에서 하늘에 계신 아버지께 간절히 기도를 합니다. 그리고 마침내 천상 궁전에 불려 올라가 아버지의 흰 보좌 앞에서 직접 천명을 받으며 지상천국 건설에 대해 한 소식을 듣게 됩니다.

> 나는 알파요 오메가라 이제도 있고 전에도 있었고 '장차 올 자'요 전능한 자라. (「요한계시록」 1:8)
> 내가 크고 흰 보좌와 그 위에 앉으신 분을 보니 땅과 하늘이 그 앞에서 피하여 간 데 없더라. (「요한계시록」 20:11)
> 또 내가 새 하늘과 새 땅을 보니 처음 하늘과 처음 땅이 없어졌고 바다도 다시 있지 않더라. (「요한계시록」 21:1)
> 보좌에 앉으신 이가 가라사대 "보라 내가 만물을 새롭게 하노라." 하시니라. (「요한계시록」 21:5)

"내가 만물을 새롭게 한다." 이것이 2천 년 전에 아버지 하느님이 사도 요한을 통해 선언하신 개벽 메시지입니다. 사도 요한은 하늘과 땅의 질서가 바뀌는 것과 새 질서로 탄생한 신천지 위에 하느님의 나라 천국이 건설되는 것을 본 것입니다. 새 하늘 새 땅을 열어 주시는, 크고 흰 보좌 위에 앉으신 하느님, 그분이 바로 상제님입니다.

이렇게 유교, 불교, 기독교에서는 이구동성으로 장차 일어날 대변혁과 그때 오시는 분에 대해 전하였습니다. 그러나 그들은 그 변혁이 구체적으로 무엇 때문에 일어나는지 몰랐습니다. 그들이 각기 말하는 분이 동일한 한 분이라는 사실도 알지 못하였습니다.

5) 선천종교 구원론의 총 결론, '다시 개벽'

동서양 유불선 성자들이 전한 상제님의 강세 소식은 19세기에, 동방 조선의 한 구도자에 의해 매우 구체적으로 선포되었습니다. 그는 바로 동학의 교조 최수운 대신사大神師입니다. 동학東學은 동아시아 근대사의 진정한 출발점이 되는 분수령으로서 단순히 서학西學에 맞서 일어난 종교가 아닙니다. 동학의 동東은 방위만을 가리키는 말이 아니라 '새로운 문명의 빛이 태동한다'는 포괄적인 뜻을 내포한 말입니다.

최수운 대신사는 1860년 음력 4월 5일, 우주의 통치자 하느님으로부터 직접 도통을 받고 이렇게 선언하였습니다.

십이제국 괴질운수 다시 개벽 아닐런가. (『용담유사』「몽중노소문답가」)

19세기 말은 스페인, 프랑스, 독일, 영국, 그리고 아시아의 일본 등 '12제국'이 전 세계 약소국가를 짓밟고 수많은 인명을 살상하면서 영토와 역사를 침탈하던 때였습니다. 최수운 대신사의 이 메시지는 '장차 12제국의 운명이 어떻게 될 것이냐? 괴질 운수에 걸려서 패망한다. 이것이 다시 개벽이다'라는 말입니다. '앞으로 역사의 모든 불의가 심판을 받고 새 문명 질서가 열린다!'는 것입니다.

상제님은 최수운 대신사에게 성령으로 도통을 주시면서 '세상 사람들이 나를 상제라 불렀거늘 너는 어찌 상제를 모르느냐?'고 꾸짖으셨습니다. 그리고 천명을 내리시어 당신이 곧 이 세상에 직접 오실 것을 알리라고 하셨습니다. 이러한 일련의 과정이 인류의 가을문화 원전인 『도전道典』에 나타나 있습니다.

❀ 최수운이 성경신이 지극하기에 내가 천강서天降書를 내려 대도를 열게 하였더니 … (道典 4:9:1)

여기서 천강서란 상제님이 성령으로 최수운 대신사에게 내려 주신 열석 자 시천주侍天主 주문을 말합니다.

시 천 주 조 화 정   영 세 불 망 만 사 지
侍天主造化定 永世不忘萬事知

'시천주조화정'은 '이 땅에 오시는 천지의 원 하나님을 모시고 후천 조화 선경낙원의 운수를 정한다'는 뜻입니다. 지금은 선천개벽으로 열린 우주의 봄여름철 상극의 운을 끝막고 우주의 가을철 상생의 운이 열리는 후천 개벽기로서, 이때는 인간으로 오시는 온 우주의 통치자이신 상제님을 모심으로써만 후천 조화선경 낙원의 운수를 정할 수 있는 것입니다.

상제님의 명을 받은 수운 대신사는 상제님의 무극대도無極大道가 출현하여 후천 5만 년 선경낙원이 열릴 것을 이렇게 노래하였습니다.

무극대도 닦아내니 오만년지 운수로다. (『용담유사』「용담가」)

만고없는 무극대도 이 세상에 날 것이니, 억조창생 많은 사람 태평곡 격앙가를 불구에 볼 것이니 ……(『용담유사』「몽중노소문답가」)

수운 대신사가 전한 바와 같이 이제 상제님(하느님)의 무극대도에 의해 동서 문명과 모든 종교가 통일됩니다. 아버지 하느님[天主]이 친히 이 강토에 강림하심으로써 천주(성부)시대가 열리는 것입니다.

ᄒᆞ눌님(하느님)이 내 몸 내서 아국운수 보전하네.(『용담유사』「안심가」)

나는 도시 믿지 말고 한울님만 믿었어라 나 역시 바라기는 한울님만 전혀 믿고 …(『용담유사』「교훈가」)

 최수운 대신사는 상제님을 'ᄒᆞ눌님(하느님)'이라 하였는데 이것은 각 종교에서 부르는 하느님이 바로 상제님이라는 사실을 밝혀 주기 위함입니다. **동학의 핵심 메시지는 한마디로 '인간으로 오시는 천지의 참주인[天主]인 상제님을 잘 받들고 모시면 조화문명이 나온다**'는 것입니다. 즉, 동학은 '상제님이 이 땅에 오신다'는 것과 '가을 우주 개벽을 선언'하였습니다. 따라서 '동학'의 진정한 뜻은 '동방

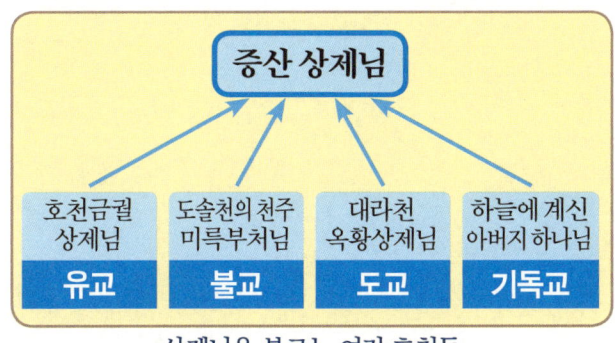

상제님을 부르는 여러 호칭들

땅에 오시는 참 하느님의 도를 배우는 것'입니다.

　이렇듯 선천의 성자들은 장차 오시는 분에 대해 각기 하늘의 아버지, 천주님, 미륵부처님, 상제님이라고 말했습니다. 그리고 이구동성으로 자기들이 믿는 그분이 오셔서, 인류를 건져 새 세상을 연다고 했습니다. 그들이 외친 아버지, 천주님, 미륵부처님, 상제님은 모두 한 분 하느님입니다. 알고 보면 그들은 하나같이 창생들에게 '상제님을 만나 (우주의) 가을철 신천지, 아버지 하나님의 천국인 지상 조화선경造化仙境에 들어가 살라'고 외친 것입니다. 이것이 동서고금의 선천 종교들이 내 놓은 구원론의 총 결론입니다.

2

천지이치로 일어나는 가을개벽

1) 생장염장으로 순환하는 자연과 인간의 역사

지난 1만 년 동안 한민족이 받들어 온 우주의 통치자 삼신상제님은 인간으로 오셔서, 당신께서 주재하시는 대자연의 섭리를 이렇게 밝혀 주셨습니다.

❀ 나는 생장염장生長斂藏 사의四義를 쓰나니 이것이 곧 무위이화無爲以化니라. (道典 2:20:1)

'생장염장'의 뜻을 문자적으로 보면, '생'은 낳다, '장'은 '기른다', '염'은 '수렴, 결실한다' 그리고 '장'은 '휴식한다, 폐장한다'는 뜻입니다. 이것이 어떻게 대자연의 변화 섭리가 될까요? 우리 생활의 기본 단위인 하루가 어떻게 이루어지는지 살펴보면 이를 쉽게 알 수 있습니다.

아침에 일어나[生] 낮에는 나가서 열심히 일을 하고[長] 저녁이 되면 보금자리로 돌아가[斂] 밤에는 팔다리를 뻗고 쉽니다[藏]. 밤에 충분히 휴식을 취해야 생명력이 축적되기 때문입니다. 하루의 생활은 이렇게 생장염장으로 순환합니다.

이 하루 낮과 밤의 순환이 지속되어 지구 1년 4계절이 됩니다. 봄이 되면 초목에서 싹이 나와[生] 줄기를 뻗고 꽃을 피우며 여름철까지 성장을 합니다[長]. 그렇게 성장해서 만들어진 뿌리, 줄기, 이파리, 꽃의 진액은 가을철이 되면 열매로 마무리 됩니다[斂]. 그리고 겨울에는 죽은 듯이 생명 활동을 멈추고 쉽니다[藏].

이 '생장염장'이라는 네 마디 순환 주기가 상제님께서 천지만물을 다스리시는 기본 틀입니다. 많은 사람이 시간이란 과거로부터 미래를 향해 직선으로 흘러가는 것이라고 생각하지만, 상제님이 주재하시는 시간의 속성 중 가장 중요한 것은 '순환'입니다. 우주가 처음 생긴 이래 자연과 인간의 역사는 끊임없이 생장염장의 주기로 순환·발전해 왔습니다.

이 생장염장이라는 우주만물의 순환 이치 속에 개벽開闢의 섭리가 들어 있습니다. 개벽이란 무엇일까요?

* 천지개벽天地開闢도 음양이 사시四時로 순환하는 이치를 따라 이루어지는 것이니라. (道典 2:42:2~5)
* 선천에도 개벽이 있고 후천에도 개벽이 있나니 옛적 일[上古之事]을 더듬어 보면 다가올 일[來到之事]을 알고 다가올 일을 알면 나의 일을 아느니라. 우주의 순환 이치를 알아야 이 길을 찾을 수 있느니라. (道典 11:122:1~4)

개벽開闢은 '열 개開' 자, '열 벽闢' 자로서, '천개지벽天開地闢'에서 온 말입니다. '태초에 하늘이 열리고 땅이 열렸다'는 뜻의 '시원 개벽'을 의미합니다.

하지만 상제님이 말씀하시는 개벽은 그런 뜻만이 아닙니다. 상제님께서는 음양 운동에 따라 '천지(우주)가 4계절로 돌아가며 새로운 시간 질서를 여는 변화의 마디'를 '천지개벽'이라 하셨습니다. 이에 따라 우주는 봄개벽, 여름개벽, 가을개벽, 겨울개벽으로 끊임없이 순환하는 것입니다.

일찍이 생장염장으로 순환하는 천지의 시간대를 밝혀낸 인물이 있습니다. 중국 송나라 때의 철학자 소강절(1011~1077)입니다. 그는 천지가 순환하는 큰 주기를 알아냈는데, 그것이 바로 대우주가 12만9천6백 년을 한 주기로 순환하는 '원회운세元會運世'라는 시간 법칙입니다. 상제님께서 "알음은 강절의 지식이 있나니 다 내 비결이니라."(2:32:1~2)라고 말씀하셨습니다.

〈지구와 우주의 순환 관계〉

변화	시간	지구	우주	
변화의 기본	1년年	129,600도	원元 129,600년	(12會)
대변화	1월月	10,800도	회會 10,800년	(30運)
중변화	1일日	360도	운運 360년	(12世)
소변화	1시時	30도	세世 30년	(1世)

2) 우주변화의 법칙을 담은 우주 1년 도표

 지구가 1년 4계절로 순환하면서 초목농사가 이루어지는 것처럼, 우주도 4계절로 순환하면서 그 계절의 마디마다 개벽이 일어나 자연과 인간과 문명의 변천이 이루어집니다.

 한 해 한 해 흐르는 시간의 순환 리듬을 타고 인간이 철따라 봄에 씨앗을 뿌리고 가을에 결실하는 것과 마찬가지로, 만유 생명의 주권자이신 상제님께서 우주 1년을 통해 우리 인간의 생사존망生死存亡과 아울러 문명의 창조와 완성을 주관하시는 것입니다.

 증산 상제님의 도맥을 계승하신 안운산 태상종도사님께서 처음으로 이 우주 1년 변화의 원리를 알기 쉽게 한 장의 도표로 그려서 세상에 전해 주셨습니다.

우주년年이라 하는 것은 지구년年과 똑같이 둥글어 간다. 지구년은 지구가 태양을 안고 한 바퀴 제고팽이 돌아가면 그걸 1년이라고 한다. 알기 쉽게, 그 속에 24절후도 있고, 시차로 말하면 하루 360도 일 년 360일을 승乘하면 12만9천6백 도다. 지구년은 12만9천6백 도, 우주년은 12만9천6백 년이다. 지구년은 초목농사를 짓기 위해서 있는 것이고, 우주년은 사람농사를 짓기 위해서 있는 것이다. 우주년이나 지구년이나 똑같은 방법으로 둥글어 간다. (태상종도사님 말씀)

우주 1년 : 선·후천 개벽 운동

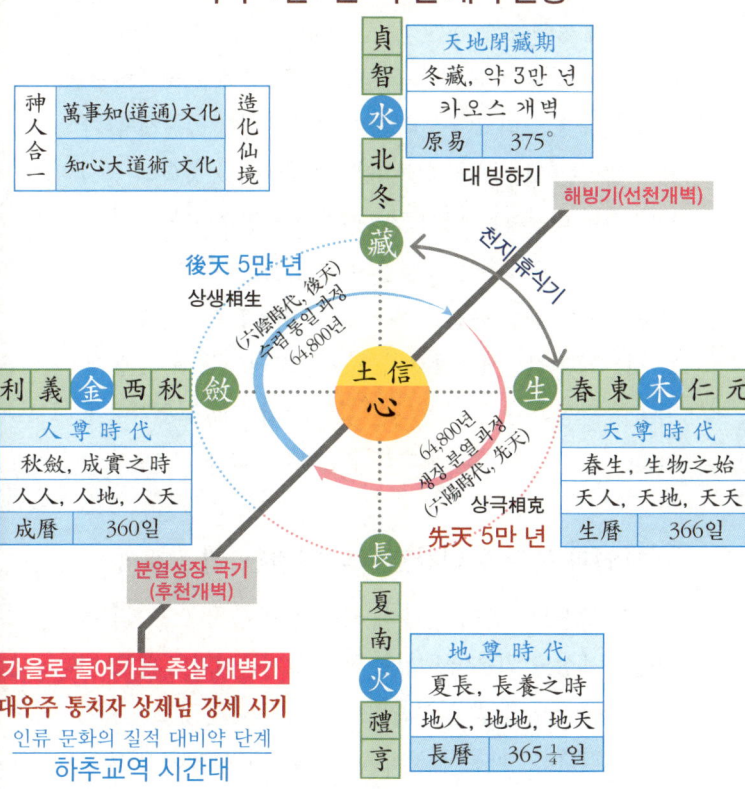

선천 4대 종교 진리의 핵심

	儒	佛	仙	西道
敎理綱領	忠恕	慈悲	感應	博愛
	存心養性 | 執中貫一	明心見性 | 萬法歸一	修心鍊性 | 抱元守一	三界唯一神 | 聖靈感化
三極	五皇極	太極(空)	十無極	
主體性	三綱五倫	三寶五戒	三淸五行	十戒
目的	大同	極樂	太淸	天國

우주의 봄여름을 선천先天, 곧 '먼저 하늘the Early Heaven'
이라 하고 가을겨울을 '뒤 하늘', 곧 후천後天the Later Heaven
이라 합니다. 그리고 우주의 봄이 열리는 것을 선천개벽, 가
을이 열리는 것을 후천개벽이라 합니다. 이를 동학의 창시
자 최수운 대신사는 '**다시 개벽**'이라고 말했습니다.

우주 1년 도표에는 동서양 우주관, 신관 등 인간 삶의
모든 문제에 대한 해답이 들어 있습니다. 천지가 인간농사
를 짓는 우주 1년 4계절 이야기는 인류 역사의 과거, 현재,
미래를 관통하는, 진리의 맥을 잡는 깨달음의 정수입니다.
이것이 증산도 우주론의 핵심이자 결론입니다.

3) 자연과 문명과 인간질서의 대전환, 가을개벽

선천개벽으로 봄이 열릴 때, 지축이 동북쪽으로 기울어
지면서 세상도 기울어집니다. 하늘도 기울어지고 땅도 기
울어져 그 영향을 받은 인간의 마음도 중도를 잃고 기울어
지게 됩니다. 그 때문에 상극相克의 질서가 생겨나 우주 안
의 모든 생명은 불균형과 부조화 속에서 모순을 안고 살
아가는 것입니다.

❈ 선천은 상극相克의 운運이라 상극의 이치가 인간과 만
   물을 맡아 하늘과 땅에 전란戰亂이 그칠 새 없었나니
   … (道典 2:17:1~2)

상극이란 '서로 상' 자에 '이긴다, 경쟁한다, 극한다는 극' 자로 '서로 경쟁한다'는 뜻입니다. 선천은 우주의 생장生長 시대입니다. 상제님께서는 선천 봄·여름 동안, 인간을 포함한 삼라만상을 탄생·성장시키기 위해 상극의 이법을 쓰십니다. 그리하여 어머니의 산도를 찢는 고통 속에서 신생아가 태어나듯이, 모든 생명은 봄에 분열의 아픔을 겪으며 태어나 여름철까지 끊임없는 경쟁을 통해 성장하고 성숙하게 됩니다. 이것은 가을에 열매를 맺기 위한 일련의 과정으로, 선천의 생장·분열 시대에 발생하는 한 맺힌 역사 또한 후천 가을의 성숙된 통일 문화를 열기 위한 필연적인 과정입니다. 곧 선천 세상에 인간을 괴롭힌 숱한 부조리와 모순과 갈등은, 대자연이 만물을 상극의 정신으로 기르는 데서 오는 피할 수 없는 숙명인 것입니다.

〈우주 일년 선후천의 특성〉

선천先天	후천後天
인류의 탄생과 성장시대	인류의 성숙과 통일시대
상극相克 시대	상생相生 시대
영웅시대	성인시대
다종교, 줄기문화	무극대도, 열매문화
천존·지존 시대	인존 시대
천지와 인간의 미완성	천지와 인간의 성숙

김일부 대성사가 상제님의 계시를 받고 완성한 『정역正易』에서는 자연 질서의 개벽에 대해 '그동안 봄에는 1년이 366일, 여름에는 365와 4분의 1일이던 것이 앞으로 1년이 360일이 되는 새 세상을 맞이한다. 동북으로 기울어져 있는 지축이 바로 선다'고 밝혔습니다. 상제님께서 "일부가 내 일 한 가지는 하였느니라."(2:31:7)라고 하심으로써 정역이 당신이 주재하시는 우주의 변화 이치를 설명한 것임을 인정해 주셨습니다.

 후천개벽이 되면 기울어진 우주의 중심축이 정남북正南北으로 똑바로 섭니다. 천지 대자연이 바른 질서로 돌아가는 것입니다.

 지금은 봄여름의 생장과정인 선천 시대가 모두 끝나고 통일과 결실의 후천 시대로 전환하는 대개벽의 때입니다. 상제님께서는 이때 일어나는 인류의 마지막, 총체 구원의 큰 섭리와 변혁에 대해 이렇게 말씀하셨습니다.

> ※ 이때는 천지성공 시대라. 서신西神이 명命을 맡아 만유를 지배하여 뭇 이치를 모아 크게 이루나니 이른바 개벽이라. 만물이 가을바람에 혹 말라서 떨어지기도 하고 혹 성숙하기도 함과 같이 참된 자는 큰 열매를 맺어 그 壽수가 길이 창성할 것이요 거짓된 자는 말라 떨어져 길이 멸망할지라. (道典 4:21:1~7)

4) 가을개벽이 오는 이치

그럼 가을개벽이 일어나는 이치를 음양오행의 원리로 풀어 볼까요?

먼저 음양오행의 원리란 무엇일까요?

음양오행의 원리는 하도河圖에 근원을 두고 있습니다. 하도는 일찍이 태호 복희씨가 천하天河에서 나온 용마龍馬의 등에 그려진 무늬를 보고 대우주의 생명이 율동하는 상을 깨달아 그림으로 그린 도상圖象입니다. 상제님에게서 계시를 받은 태호복희씨가 자연 속에 숨겨진 변화의 상象을 읽고, 천지의 기본수인 1에서 10까지의 수를 동서남북 사방위와 중앙에 배치하여 변화의 기본 구도를 완성한 것입니다. 하도에는 춘하추동 시간과 동서남북 공간이 아름다운 대칭으로 이루어져 있습니다.

하도를 바탕으로 음양오행의 원리가 이뤄지는데, 동에는 목木, 남에는 화火, 서에는 금金, 북에는 수水, 그 중앙에는 토土를 배치해 놓았습니다.

4계절의 변화로 볼 때, 생장염장에서 생生은 목木 기운으로 천지가 인간과 만물 생명을 낳는 봄의 원리이며, 장長은 봄에 태어난 생명이 화火 기운에 의해 분열·성장하는 여름의 정신입니다. 그리고 염斂은 금金 기운이 들어와 모든 것을 수렴하고 만물이 열매 맺는 가을의 변화 원리이며,

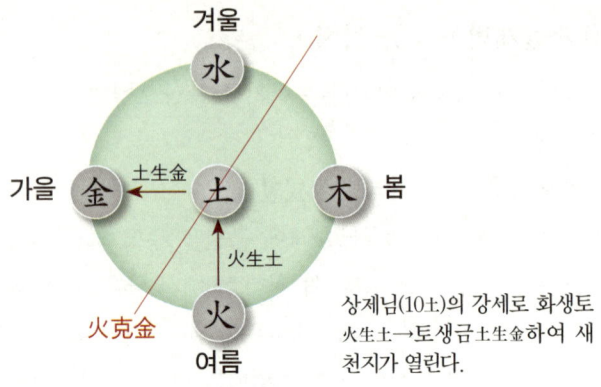

상제님(10土)의 강세로 화생토 火生土→토생금土生金하여 새 천지가 열린다.

장藏은 수水 기운에 의해 활동을 멈추고 쉬는 겨울의 변화 섭리입니다.

4계절의 변화를 오행의 이치로 풀면, 가을에서 겨울이 될 때는 금생수金生水, 겨울에서 봄이 될 때는 수생목水生木, 봄에서 여름이 될 때는 목생화木生火로 변화합니다.

그런데 여름에서 가을로 넘어갈 때는 아주 극적인 대변화가 일어난다는 것을 알 수 있습니다. 수생목→목생화 다음 단계가 중앙을 향해 들어가는 화생토火生土입니다.

그림을 잘 살펴보면 여름의 화와 가을의 금 사이가 끊어져 있습니다. 그것은 여름의 화火에서 가을의 금金은 상생으로 갈 수 없어서 그 어느 때보다 충격이 큰 개벽이 일어난다는 것을 알려 줍니다. 쇠가 불에 들어가면 녹아버리듯이, 가을의 금金 기운이 여름철 불기운(火)과 만나면 화극

금火克金이 되어서 가을 개벽기에는 누구도 절대로 가을 우주 시간 속으로 그냥 넘어갈 수 없는 것입니다.

과연 어떻게 해야 가을 우주로 넘어갈 수 있을까요?

하도와 짝을 이루는 도상圖像으로 낙서洛書가 있습니다. 낙서는 단군왕검의 조선 초기인 4,200여 년 전, 하나라 우 임금이 9년 홍수를 다스리던 중, 낙수洛水에서 나온 커다란 거북(神龜)의 등에 드리워진 여러 개의 점에서 천지 변화의 기틀을 깨닫고 이를 수상으로 그려낸 것입니다.

낙서는 우주의 여름에서 가을로 바뀌는 개벽의 이법과 과정을, 금화교역金火交易의 이치로 밝혀 줍니다. 금화교역이란 선천의 질서를 담고 있는 낙서의 금화金火가 후천 질서를 담고 있는 하도의 화금火金으로 자리바꿈을 함으로써 일어나는 우주질서의 변화를 말합니다.

이것은 여름에서 가을로 넘어갈 때 '우주의 대개벽'이 일어나며 동시에 새로운 우주로 진입한다는 것을 보여 줍니다. 달리 표현하면, 화에서 금으로 넘어갈 때는 중앙의 토土를 거쳐야 자연과 인간과 역사와 문명이 새롭게 태어나 대통일과 성숙의 단계인 가을(금) 우주로 개벽될 수 있다는 이치를 압축해 놓은 것이라 할 수 있습니다.

이 이치에 따라 우주의 여름에서 가을로 계절이 바뀔 때는 반드시 중앙의 조화 손길인 '토'가 개입하여 화생토火生土, 토생금土生金으로 넘어가는 것입니다. 토土는 음양의 상극을 조화시켜 주는 이른바 '변화의 본체' 기운입니다. 토의 매개로 목화금수의 네 기운이 영원히 순환하면서 만물의 생명 창조 활동을 할 수 있게 됩니다.

이 토가 바로 우주의 주재자, 하나님 자리입니다. '화생토火生土 토생금土生金', 이것이 가을개벽이 올 때 '토 자리'에 계시는 우주의 조화주 하느님이 인간으로 오실 수밖에 없는 대자연의 이치입니다.

3
지금은 만유생명이 근본으로 돌아가는 때

1) 인류 문화의 뿌리이자 열매 진리, 증산도

지금은 우주 1년 중 여름에서 가을로 넘어가는 가을 개벽기입니다. 이때 하늘과 땅에서 일어나는 변화의 근본정신은 무엇일까요? 바로 원시반본原始返本입니다.

❋ 이때는 원시반본原始返本하는 시대라. (道典 2:26:1)

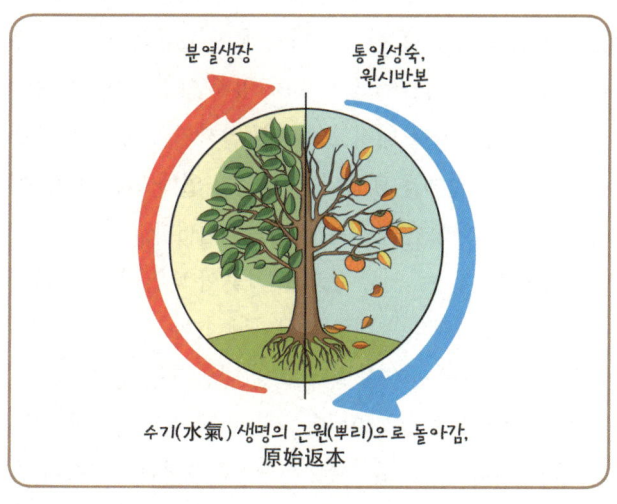

4장 동방 땅에 오신 삼신상제님

원시반본이란 '가을에는 뿌리로 돌아가야 살 수 있다'는 것입니다. 초목을 예로 들면, 봄여름에 뿌리로부터 가지로 잎으로 뻗어 올라가던 수기水氣가 가을이 되면 일제히 뿌리로 돌아가면서 열매를 맺습니다. 그렇게 하지 않으면 겨울에 살아남을 수 없기 때문입니다.

농부가 봄여름에 애써 초목을 가꾸는 것은 가을에 열매를 거두기 위한 것이듯, 천지가 봄에 인간 생명을 낳아 여름철까지 기르는 것은 오로지 가을에 열매 인간을 거두기 위해서입니다. 가을의 열매는 하늘과 땅, 인간(천지인天地人 삼재三才)의 덕이 하나가 되어야 맺을 수 있습니다.

원시반본을 달리 말하면 생명의 근원으로 돌아가서 뿌리와 열매가 만나는 이치, 뿌리가 열매 되는 이치라 할 수 있습니다. 봄에 콩을 심고서 가을에 콩 껍질을 까 보면 콩 알맹이가 아주 탐스럽게 들어차 있지 않습니까? 봄철에 씨를 심으면 뿌리를 내리고 여름철 말까지 성숙하여, 가을이 되면 다시 열매를 맺습니다. 뿌리가 열매 되는 이치, 이것이 본래의 제 모습을 찾는 원시반본입니다.

그와 마찬가지로 인류 문화도 가을이 되면 뿌리 문화가 성숙한 열매 문화의 형태로 되살아납니다.

또 원시반본은 봄여름철에 분열 발달하던 생명의 모든 진액이 하나로 수렴·통일된다는 뜻도 됩니다. 열매에는 뿌리, 줄기, 이파리의 모든 기운이 하나로 수렴되어 있습니다.

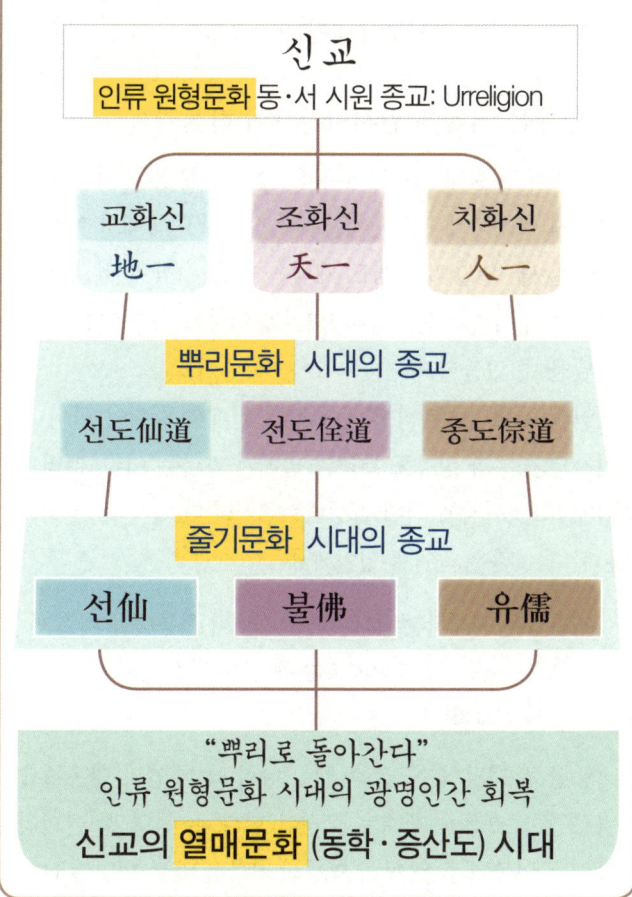

가을의 원시반본 섭리에 따라, 신교의 원형 삼도三道에서 뻗어나간 여름철 줄기 문화인 유·불·선, 기독교 등 동서양의 모든 종교는 개벽과 함께 우주의 주재자이신 상제님의 열매 문화 증산도로 수렴됩니다.

2) 인류는 어떻게 원시반본해야 하는가

우주의 봄철에 천지가 인간의 생명과 문명을 내어 여름철까지 무성하게 길러 왔습니다. 천지의 여름에서 가을로 넘어갈 때, 인간의 생명도 개벽을 당할 수밖에 없습니다. 가을 우주가 열리는 이 대개벽기에 어떻게 하면 인류가 살아남을 수 있을까요?

인간도 원시반본의 정신에 따라 열매를 맺어야 합니다. 인간의 생존과 성공도 뿌리와 열매가 만나는 이치, 뿌리가 열매 되는 이치에 의해 결정되는 것입니다. 인간이 원시반본한다는 것은 과연 무엇일까요?

> ❀ 지금은 원시반본原始返本하는 시대니 혈통줄을 바르게 하라. 환부역조換父易祖하는 자는 다 죽으리라.
> (道典 7:17:3~4)

증산 상제님의 이 말씀에는 '너희 각 개인의 혈통줄을 바로잡아 조상을 제대로 모셔야 한다'는 천명 뿐 아니라 각 민족의 혈통줄을 찾아 역사의 기강을 바로 세워야 한다는 가르침도 담겨 있습니다.

초목을 보면 뿌리 기운으로 움이 터서 자라고 열매를 맺습니다.

사람 역시 뿌리 기운으로 생존합니다. 나의 뿌리인 부모와 조상을 잘 받드는 사람은 조상이 잘 보살펴 주어서 어떤 위험도 잘 넘기고, 예기치 않은 죽음의 위기를 잘 극복하여 기사회생합니다. 그래서 상제님께서 "**너희에게는 선령先靈이 하느님이니라. 너희는 선령을 찾은 연후에 나를 찾으라.**"(7:19:1~2)라고 가르쳐 주신 것입니다.

또한 "자손이 선령을 박대하면 선령도 자손을 박대하느니라."(2:26:6)라고 하신 상제님 말씀을 통해 알 수 있듯이, 제 조상을 박대하고 부정하는 사람은 '뿌리를 잃어버린 존재'가 되어 결국 소멸할 수밖에 없습니다. 또 제 민족의 시조를 천시하고 그 역사를 부정하는 민족도 앞날을 기약할 수 없습니다.

나아가 인류의 시원 역사와 원형문화를 알지 못하면 미래 문명 또한 제대로 설계할 수 없습니다. 과거를 잃어버리면 결코 미래를 개척할 정의롭고 창의적인 안목을 가질 수 없기 때문입니다. 개인이든 민족이든, 자연과 문명과 인간세계가 다 바뀌는 가을 개벽기에 살아남을 수 있는 유일한 방책은, 오직 가을의 천지이법 정신인 원시반본을 실천하느냐, 하지 않느냐에 달려 있습니다.

3) 뿌리 역사를 되찾아야 한다

 한민족은 단군의 자손입니다. 상제님께서는 동방 조선 땅에 오셔서 "나도 단군의 자손이다."(2:26:3)라고 말씀하셨습니다. 이것은 '천지신명과 지구촌 만백성을 다스리는 나도 인간으로 올 때는 시원문화의 혈통을 따라서 왔다'는 말씀으로 한민족의 잃어버린 역사의식, 뿌리 문화의 정체성을 강력하게 깨우쳐 주신 경구입니다.

 원시반본의 섭리로 보면 장차 한민족이 지구촌 문화와 역사의 주인이 됩니다. 상제님은 "조선국 상계신上計神, 중계신中計神, 하계신下計神"(5:347:16)을 말씀하셨습니다. 환국의 환인천제와 배달의 환웅천황, 옛 조선의 단군왕검이 모두 상고 역사시대를 개창하고 다스리신 실존 인물임을 밝혀 주신 것입니다. 이제 원시반본의 섭리로 환인-환웅-단군의 삼성조三聖祖 문화가 부활합니다.

 그러나 찬란했던 시원 역사와 문화를 잃어버린 한국인은, 고대 동북아 문명의 주인공이던 본래의 모습을 기억하지도, 알지도 못하는 정신적 불구자가 되어 있습니다. 이에 증산 상제님께서 "조선국 상계신 중계신 하계신이 무의무탁하니 불가불 문자계어인이니라."(5:347:16)라 하시어 '너희 민족의 뿌리인 환인, 환웅, 단군 삼성조가, 후손들이 역사의 뿌리를 잃어버리고 조상을 부정하는 종교를 믿으면서 제 조상을 박대하므로 몸 붙여 기댈 곳이 없다. 그러므로 내가 너희에게 문자로써 단단히 경계를 하니 부디 환부역조하지 말고 너희들의 시원역사를 되찾아 선령신과 민족사의 시조신을 잘 섬겨라'라고 경고하셨습니다.

따라서 가을개벽을 맞이하는 이때, 우리는 무엇보다 먼저 잃어버린 시원 문화와 뿌리 역사를 되찾아야 합니다. 한민족만이 아니라 70억 인류 모두가 각자 혈통의 뿌리를 찾아 모시고, 각자의 뿌리 역사와 인류의 원형문화인 환국 시대의 우주 광명 문화를 회복해야 합니다.

4) 열매 문화인 상제님의 도를 만나야

지금 우주의 가을철이 성큼성큼 다가오고 있습니다. 이때는 우주의 통치자 상제님이 인존人尊 하나님으로 오시게 되어 있습니다. 봄여름철을 살아온 우리 인생의 목적은 우주의 가을철에 성숙한 열매 인간이 되는 것입니다. 그 길은 오직 인간으로 오신 상제님의 진리, 상생의 도를 만나는 데 있습니다.

땅의 인간이나 하늘의 신명은 모두 상제님의 상생의 도를 만나야만 성숙한 존재로 개벽을 맞이할 수 있습니다. 유불선 종교의 뿌리이자 도道의 근원이신, 우주의 주재자 상제님을 만나 천지의 뜻과 꿈을 이루는 태일太- 인간이 되어야 다가오는 5만 년 지상선경 낙원으로 넘어갈 수 있습니다.

불교를 믿는 사람도 석가모니를 내려 보내신 도솔천의 천주이신 상제님의 도를 만나야 합니다. 예수를 몇 천 년 동안 믿어 오고, 모태신앙을 몇 대째 하였다 할지라도 예수를 내려 보내신 아버지 하나님, 상제님의 진리를 만나야 행복한 내일을 기약할 수 있습니다. 또 유교, 도교 등, 지구촌의 어떤 종교 문화권에 살고 있을지라도 상제님의 도를 만나야 가을개벽을 넘어 살아갈 수 있습니다. 내가 개벽을 넘지 못하면 지금의 나를 있게 한 모든 조상과 미래의 자손도 함께 소멸당합니다.

증산 상제님께서 어느 날 시골길을 가시다 도랑물에 발을 담그시고서 몰려드는 송사리 떼를 보시더니 '아차차 아차차' 하시며 큰 소리로 슬피 우셨습니다. "천하창생이 저 송사리 떼와 같이 먹고살려고 껄떡거리다가 다 죽을 일을 생각하니 허망하고 안타까워서 그런다." 하며 한탄하셨습니다.(7:48:1~9)

실제로 지구촌 사람들은 대부분 오직 잘 먹고 잘사는 데만 관심이 있습니다. "어떻게 하면 내 사업이 번창하나? 어떻게 하면 내 자녀들을 잘 길러서 세상 사람들 못지않게 잘 살게 할 수 있나?" 하고 자신의 이익만을 생각하며, 욕구를 충족시키는 데 몰두해 있습니다.

만일 그렇게 제 중심으로 자기의 이끗만을 생각하며 살다가 상제님 진리를 만나 열매 인간으로 성숙할 기회를 얻지 못하면, 가을개벽의 숙살肅殺 기운이 온 지구촌을 쓰나미처럼 휩쓸 때 허망하게 다 넘어갑니다. 그래서 상제님께서 '허망하다. 허망하다' 하고 한탄하신 것입니다.

4
우주의 가을 문명은 왜 한반도에서 열리나

1) 동북방에서 열매 맺는 우주섭리, 간艮 도수度數

그러면 상제님의 열매 문화는 왜 대한민국에서 나오는 것일까요? 일찍이 안운산 태상종도사님께서는 이렇게 밝혀 주셨습니다.

> 왜 꼭 우리나라에서 상제님의 열매 문화가 나오느냐? 역사적으로 문화의 1번지, 인류 문화의 모태, '어머니 모母' 자, '태아'라는 '태胎' 자, 인류 문화의 뿌리가 우리나라다. 어째서 그러냐 하면 지금으로부터 5,500년 전에 태호복희씨라는 분이 『주역』을 그었다. 이 자리에 『주역』을 부정하는 사람은 아무도 없을 것이다. 지금도 위성 같은 걸 개발하다가 하다하다 안 되면 『주역』을 갖다놓고서 해답을 얻는다. 그게 천지가 둥글어가는 법칙이다. 태호복희씨는 바로 우리의 조상이다. … 우리나라 태호복희씨가 『주역』을 써서 처음 인류 문화의 꽃을 피웠고, 꽃 핀 데서 꽃 떨어지고 열매를 맺는 것이기 때문에 상제님이 이 땅에 오신 것이다.

앞에서도 말했듯이 『주역』에서 전한 '간艮 도수度數'의 섭리에는 장차 동북방 땅에서 열매 문화가 나온다는 메시지가 담겨 있습니다.

열매는 이듬해 새 봄의 농사를 준비하는 '씨종자'가 됩니다. 그러므로 '**열매에는 종終과 시始가 함께 존재**'합니다.

간방艮方에서 '한 시대의 끝매듭(선천)과 우주의 새로운 시대(후천)의 시작'이 다 이루어집니다! 이 간방이 바로 '지구의 동북방', 한반도입니다. '한반도는 지구의 핵이요, 중심자리'입니다. 동방의 대한민국 땅에서 지금까지의 인류 역사가 매듭지어지고 가을철의 새 역사가 출발합니다. 선천 성자들의 모든 꿈과 소망이 바야흐로 한반도에서 성취되는 것입니다.

상제님은 남조선이 가을개벽에서 인류를 건지는 구원의 주체임을 이렇게 밝혀 주셨습니다.

※ 萬國活計南朝鮮이요 淸風明月金山寺라.
만국을 살려낼 활방은 오직 남쪽 조선에 있고
맑은 바람 밝은 달의 금산사로다. (道典 5:306:6)

여기서 남조선은 단순히 북조선의 상대어인 남한을 말하는 것이 아닙니다. 9천 년 한민족사의 국통 맥에서 볼 때, 남조선은 '한민족이 본래 활동 무대였던 동북아 대륙에서 동쪽으로 욱여져 들어온 후 마지막으로 정착한 한반도'를 뜻합니다.

2) 지구의 혈穴 자리, 한반도

증산도 안운산 태상종도사님은 또 상제님이 한반도에 오실 수밖에 없는 이치를 지리地理로써 처음으로 밝혀 주셨습니다.

세계 지도를 놓고 보면, 한반도를 중심에 두고 일본이 왼편에서 감싸 주었다. 이렇게 좌측에 붙은 건 청룡이라고 한다. 집으로 얘기하면 담장이라고 할까 울타리라고 할까. 일본은 좌청룡 중에서도 내청룡이다. 그리고 저 아메리카가 외청룡이다. 또 우측에 붙은 건 백호라고 한다. 중국 대륙, 싱가포르까지가 내백호다. 중국 대륙이 얼마나 육중한가. 백호가

안운산 증산도 종도사님께서 최초로 밝혀 주신 지구의 지리

튼튼해야 녹줄이 붙는다. 아프리카도 한 9억 이상이 사는 굉장히 큰 대륙이다. 그 아프리카가 외백호다. 호주는 안산案山이고. 또 대만과 중국 대륙 사이 대만 해협이 물 빠지는 파破다. 마지막으로 제주도가 기운 새는 것을 막아주는 한문閈門이다. 가만히 보아라. 꼭 그렇게 돼 있다. 그렇게 해서 우리가 살고 있는 이 땅, 우리나라가 지구의 혈穴이다. 지구의 속알캥이, 고갱이, 진짜배기 땅이다. 이 지구의 중심축이다.

지구의 이치가 이와 같기 때문에, 상제님께서 대자연의 섭리에 따라 지구의 혈穴 자리인 한반도에 오시어 가을하늘의 열매 문화를 열어 주시는 것입니다.

필자가 만난 대부분의 서구 지성인들은 한반도가 지리적으로 혈 자리에 해당된다는 이 그림을 보고, 자신들이 공부한 동양문화 가운데 가장 놀라운 것이라고 입을 모으고 있습니다.

3) 신교문화의 종통 계승자, 대한민국

상제님이 한반도에 오신 것은, 한민족이 일찍이 삼신상제님의 가르침을 삶의 지침으로 삼던 신교문화의 종통 계승자이기 때문입니다.

※ 동방의 조선은 본래 신교의 종주국으로 상제님과 천지신명을 함께 받들어 온, 인류 제사 문화의 본고향이

니라. (道典 1:1:6)

신교는 천산산맥 동방을 중심으로 존재했던 환국시대 이래로, 우리 한민족이 9천 년 장구한 역사 동안 믿음으로 받들어 온 생활 문화입니다. 신교는 그 맥이 지구촌 곳곳으로 뻗어나가 동서양 문화의 근간이 되었습니다. 동서양의 모든 종교와 정치와 철학, 생활 문화가 신교에서 나온 것입니다.

서양에도 오래 전부터 신의 가르침을 받아 내리는 신탁 문화가 있었습니다. 2천 년 서양 문화의 주축이 된 기독교 또한 그 진리가 성부·성자·성령의 삼위신 하나님관으로 구성된 신교문화의 일부입니다. 서양 문명은 신교의 가르침을 바탕으로 건설된 것입니다.

또한 우주의 조화주 하나님이신 상제님의 천명天命을 근본 가르침으로 하는 동양의 유교도 신교의 원형을 간직하고 있습니다. 신교의 다른 말이 천天의 주재자인 상제님의 가르침, 곧 천명天命입니다. 또한 도교의 『도장道藏』에는 우주의 조화세계를 거니는 도신道神들이 증언한 상제님의 이야기로 가득 차 있습니다.

한민족은 유·불·선·기독교 등 세계 종교의 시원 문화인 신교의 종주宗主로서 전통적으로 우주의 지고신至高神이신 절대자 상제님께 제사를 올리면서 동시에 자신의 선령

先靈(조상신)과 민족의 뿌리와 천지신명을 숭배하는 신앙관을 가지고 있었습니다. 즉 국조國祖든, 선령신이든, 지역의 신명이든, 산신이나 바다의 용왕이든, 인류 역사상 인간이 체험했던, 삶을 바르게 이끌며 도와주는 모든 신을 수용하여 섬긴 것입니다. 그래서 한민족은 상제님뿐만 아니라 동서의 모든 민족과 종교에서 섬기는 신을 다 포용할 수 있는 상생과 화합의 신관을 지켜온 민족입니다. 한마디로 동방의 한민족은 유일신唯一神과 다신多神이 통일되어 조화를 이루는 가장 이상적이고 진리에 부합되는 신관을 수립했습니다. 그리하여 인류 역사에서 발생한 신들을 모두 아우르는 가장 넉넉하고 보편적 신관, 그리고 이에 따른 우주관, 자연관, 인간관과 광명의 역사관을 갖고 있는 것입니다. 증산 상제님께서는 "이 세상에 조선과 같이 신명神明대접을 잘 하는 곳이 없다."(2:36:2~4)라고 하셨습니다.

그러나 한국은 물론 동북아 시원 역사의 밑뿌리까지 잘라버린 중국과 일본의 역사왜곡 만행으로 민족혼의 본원인 신교문화가 말살됨으로써 우리 한민족은 회복할 수 없는 깊은 상처를 입었습니다. 이에 한민족의 시원 역사를 바로잡고 인류 창세역사의 정의正義를 세워 가을 천지개벽을 이루어 주시기 위해 상제님께서 동방 조선 땅에 강세하셨습니다.

5

마침내 인간으로 오신 삼신상제님

1) 상제님의 지상 강세

상제님께서는 어떤 경로를 통해 이 땅에 오셨을까요?

✽ 내가 도솔천궁에 있다가 서양 대법국 천개탑으로 내려와 모악산 금산사 삼층전에 머물며 경주용담 구경하고 고부 객망리 강씨 문중에 탄생하여…
(道典 6:11:8~9)

상제님은 세상에 오실 때 먼저 성령으로 서양 대법국 천개탑(로마 바티칸시티의 베드로성당)으로 오셨습니다. 하느님이 서양으로 먼저 내려오신 까닭은 기독교의 진리가 아버지 하느님을 중심으로 해서 세워졌기 때문입니다. 그리고 아버지가 인간으로 오심으로써 천국이 건설된다는 것을 그들 진리의 총 결론, 궁극의 이상으로 선언했기 때문입니다. 상제님께서는 그 같은 기독교의 기도와 진리적 염원을 이루어 주시려고 서양으로 먼저 내려오신 것입니다.

그 뒤 상제님은 동방 땅 한반도의 모악산으로 오셨습니다. 모악산에 있는 금산사 미륵전은 일찍이 상제님으로부터 직접 도통을 받은 진표 대성사가 지은 것으로, 상제님이 거처하시는 천상궁전을 그대로 본 따 3층으로 되어 있습니다.

이어서 상제님은 경주 용담을 구경했다고 하셨습니다. 당신께서 인류 구원 사업을 끝매듭 지으신다는 소식을 70억 인류에게 선언할 인물을 내시기 위해 성령으로 경주 용담에 가신 것입니다. 그 인물이 바로 그 무렵 용담에서 수도하고 있던 수운 최제우 대신사입니다.

이런 인연으로 최수운 대신사가 '다시 개벽'과 아버지 신앙문화 시대, 아버지의 통치권 시대가 시작된다는 것을 선언한 것입니다.

그리고 마침내, 상제님의 성령께서 육신의 옷을 입고 전라도 고부 땅으로 오셨습니다. 증산 상제님은 신미辛未(1871)년 음력 9월 19일 자시子時에, 전라도 고부군 우덕면 객망리, 지금의 전북 정읍시 덕천면 신월리에서 탄강하셨습니다.

상제님이 탄강하신 객망리客望里의 본래 이름은 선망리仙望里로, '새 세상을 여는 신선을 기다리는 곳'이라는 뜻입니다. 하늘의 주인, 이 우주의 주인이 오시기를 기다리는 마을인 것입니다. 이 동네에는 두승산이 있는데 고창의 방장산, 부안의 변산과 더불어 우리나라의 삼신산三神山이라 불리어 왔습니다. 두승산에는 상제봉, 망제봉, 시루[甑]봉의 세 봉우리가 있는데 특히 시루봉에는 선인독서혈仙人讀書穴

이란 사색의 보금자리가 맺혀져 있습니다. 시루봉 앞의 마을이 손바래기(객망리)입니다.

상제님이 태어나실 무렵 육신의 아버지이신 성부님께서 문득 신안神眼이 열려 보시니 두 선녀가 하늘에서 내려와 성모님을 보살폈습니다. 이로부터 그윽한 향기와 상서로운 기운이 온 집을 밝게 둘러싸면서 이레 동안 끊이지 않았습니다.(1:17:1~3) 우주 삼계를 다스리시는 대우주 통치자 하나님이 역사상 처음으로 인간의 땅, 인간의 역사 속으로 오신 것입니다.

과거 공자, 석가, 예수 등 많은 성인들이 역사 속에 다녀갔지만, 만유 생명의 부모이신 상제님이 직접 인간 세상에 내려오신 것은 실로 전무후무한 대사건입니다. 이로부터 인류는 성자 시대를 문 닫고 성부 시대, 즉 아버지 하느님

시루산 전경
왼쪽이 큰 시루봉, 오른쪽이 작은 시루봉이다.

이 직접 통치하시는 새로운 시대를 맞이하게 된 것입니다.

2) 상제님의 존휘와 존호

상제님의 존성은 강姜씨요, 성휘는 '한 일一' 자, '순박할 순淳' 자 이시고 아명兒名은 '학鶴' 자, '봉鳳' 자 이시고 자字는 '사士' 자, '옥玉' 자 이시며 도호道號는 '시루 증甑' 자 '뫼 산山' 자, 증산甑山이십니다.

상제님의 성과 존호에는 오묘한 비밀이 담겨 있습니다. 상제님은 수많은 성씨 중에서 강姜씨 성으로 오신 이유를 친히 밝혀 주셨습니다.

> ❀ 세상에 성姓으로 풍風가가 먼저 났으나 전하여 오지 못하고 다만 사람의 몸에 들어 체상體相의 칭호로 쓰이게 되어 풍신, 풍채, 풍골 등으로 일컫게 되었을 뿐이요 그 다음에 강姜가가 났나니 강가가 곧 성의 원시라. 그러므로 이제 개벽시대를 당하여 원시로 반본하는 고로 강가가 일을 맡게 되었느니라. (道典 2:37)

강姜씨는 인류 최초의 시원 성씨입니다. 본래는 풍風씨가 최초의 성씨였는데, 15대 만에 성씨 자체가 끊어졌습니다. 역사 기록을 보면 팔괘를 그은 5,500년 전의 복희씨가 바람 풍風가였습니다. 그러나 풍씨는 15대 이후 패佩, 관觀, 임任, 기己, 포庖, 이理, 사姒, 팽彭이라는 여덟 개의 성씨로 분파되어 성씨가 사라졌습니다.

바로 그 뒤에 나온 성씨가 동양의학의 시조인 염제신농씨의 강姜씨입니다. 그리하여 강씨가 모든 성씨의 원조가 되었습니다. 상제님께서 강씨 성으로 오신 것은 인류 역사와 문화의 뿌리를 바로잡는 가을의 원시반본 정신을 실현하신 것입니다.

상제님은 당신님의 존호를, 당신이 태어나신 마을 앞 시루봉의 이름을 따서 증산甑山(시루산)이라 하셨습니다. 이 존호에는 '가장 높은 산'이라는 뜻이 들어 있습니다. 이는 곧 당신님의 신격과 도격이 이 우주에서 가장 높으신 지존자임을 드러내신 것입니다.

또 시루는 이 천지 안에서 가장 큰 그릇입니다. 세상의 바닷물을 다 들이부어도 가득 차지 않습니다. 상제님은 '인간 역사상 가장 도량이 큰 인물은 이 우주의 통치자인 나다!'라고, 당신님의 도道의 크고 깊음을 상징적으로 드러내신 것입니다.

시루의 기능은 '쪄서 익히는 것'입니다. 따라서 상제님의 존호 '시루'에는 '대자연 속에 살아 있는 모든 생명을 익혀서 성숙으로 인도한다'는 뜻이 들어 있습니다. '증산'은 인간 문화의 궁극적인 성숙과 인류 구원의 목적을 완성한다는 것을 의미합니다. 이와 함께 기존의 모든 인류 문화를 익혀 성숙시키는 상제님의 무한한 조화권능을 상징합니다.

3) 상제님의 성장 과정

인간으로 오신 증산 상제님께서는 어려서부터 온갖 시련을 겪으시며, 선천 개벽 이래 상극 질서로 인해 인간에게 주어진 근원적인 한계가 무엇인지 사무치게 느끼셨습니다.

20대 청년 시절, 증산 상제님은 세상을 두루 다니시며 동학혁명으로 인한 참상과 혼란, 일본과 청나라, 러시아의 침략으로 인한 민족 간의 갈등, 국가 간의 힘의 대결 등, 동서 문화의 거대한 충돌을 현장에서 직접 목격하셨습니다. 이런 역정을 통해 걷잡을 수 없이 패망의 소용돌이로 빠져드는 조선의 현실과 파국으로 치닫는 지구촌의 대세를 꿰뚫어 보시고 선천 성자들의 도격과 깨달음으로는 세상을 건져 낼 수 없음을 간파하셨습니다. 이에 "내가 이제 이 천하를 건지리라." 하시며 광구천하의 뜻을 천지에 선언하시고, 마침내 혼란과 갈등과 고통으로 얼룩진 인간 역사의 무대로 뛰어드셨습니다.

상제님은 27세부터 30세 되시던 경자庚子(道紀 30, 1900)년까지 약 3년 동안 천하를 유력하시면서 장차 인류를 구원할 대도大道의 정립을 준비하셨습니다.

이후 고부 객망리 집에 돌아오신 뒤 신축辛丑(1901)년에 이르러 "천하의 대세가 종전의 알며 행한 모든 법술로는 세상을 건질 수 없다 하시고, 모든 일을 자유자재로 할 조화권능을 쓰지 않고서는 광구천하의 뜻을 이루기 어렵다."(2:1) 하셨습니다. 그리하여 전주 모악산 대원사 칠성각에 들어가 수도에 정진하신 지 스무하루 만인 신축辛丑(道紀 31, 1901)년 음력 7월 7일에 마침내 인간의 몸으로 모든 조화권능을 뜻대로 쓰시는 대도통문을 여셨습니다.

4) 상제님의 조화권능

상제님은 당신님의 도통 경지를 이렇게 밝혀 주셨습니다.

❋ 예로부터 상통천문上通天文과 하달지리下達地理는 있었으나 중통인의中通人義는 없었나니 내가 비로소 인의人義를 통하였노라. (道典 2:22:3~4)

'중통인의中通人義'란 어떤 도통일까요?

모악산 대원사 칠성각 전경

'중통인의'는 '상통천문'과 '하달지리'와 짝을 이루는 말입니다. '상통천문'이란 위로 천문을 통했다는 뜻이고, '하달지리'란 아래로 지리를 통했다는 뜻입니다.

중통인의에서 '가운데 중中'은 '중심', 또는 '적중하다, 관통하다'라는 뜻으로, '중통'은 하늘과 땅, 즉 천지부모의 중심 존재인 인간의 대의와 사명을 완성했다는 의미입니다. 따라서 중통인의는 인간의 위격을 바로 세우고 인간의 고통의 근원을 바로잡아 인류를 건져 내는 궁극의 도통 경지입니다.

상제님은 인류 역사상 처음으로 천지의 꿈을 완성하는 인간의 마땅한 도리, 즉 '인간이 어떻게 살고 궁극적으로 무엇을 해야 하느냐?' 하는 문제를 인간의 입장에서 관통하신 우주의 통치자이십니다.

이로부터 상제님은 이 우주를 개벽하는 조화옹 하나님으로서 천지인 삼계대권三界大權을 주재하시며, 인간 세상에서 조화권능을 뜻대로 쓰시기 시작하였습니다.

이렇듯 삼계우주를 주재하여 하늘세계와 신명세계와 인간세계가 교통하도록 천지대신문大神門을 열어 놓으신 분은 인류 역사에서 오직 증산 상제님 한 분뿐입니다. 선천에 상제님께서 동서양에 내려 보내신 예수, 공자, 석가는 단지 세상의 교화를 맡았을 뿐, 삼계대권을 행사하거나 중통인의의 대도통을 한 인물들이 아니었습니다.

여기서 삼계대권이란 대우주 천체권, 즉 천계天界와 지계地界와 인계人界와 신명계神明界의 만유를 통치하고 주재할 수 있는 하느님의 조화권능을 말합니다.

『도전道典』에는 증산 상제님이 인간 세상에서 조화권능으로 행하신 크고 작은 숱한 이적들이, 직접 상제님을 모시며 그것을 목격한 상제님의 성도와 그 제자의 후손들이 증언한 내용이 실려 있습니다.

한번은 상제님께서 구릿골에 계실 때 성도들에게 "이제는 판이 크고 일이 복잡하여 가는 해와 달을 멈추게 하는 권능이 아니면 능히 바로잡을 수 없느니라."라고 말씀하셨습니다. 마침 이때 아침 해가 제비산 봉우리에 솟아오르고 있었습니다. 상제님께서 해를 향하여 손으로 세 번 누르시며 "가지 말라!" 하시고 담뱃대에 담배를 세 번 갈아 천천히 빨아들이시자 문득 해가 멈추어 더 이상 솟아오르지 못하였습니다. 한참 후에 상제님께서 "세론이 소동할까 염려되니 오래 하지는 못하리라." 하시고 담뱃재를 떠시며 "가라!" 하고 명하시자 해가 문득 몇 길을 솟아올랐습니다.(4:111:4~9)

이 광경을 지켜보던 한 성도가 크게 놀라며, "해가 상제님의 명을 받고 멈췄다가 또 명을 기다려서 가니 어찌 된 영문입니까?" 하고 여쭈자, 상제님께서는 "이를 보고 너희들의 신심信心을 돈독히 하라. 해와 달이 나의 명命에 의해 운행하느니라."라고 말씀하셨습니다.

이렇듯 상제님은 헤아릴 수 없는 무궁한 조화권능을 쓰시며, 인간의 생사화복을 주관하시는 분입니다. 우주의 주재자이신 상제님의 신권과 도권은 천지인 삼계, 그 어디에도 미치지 않는 바가 없습니다. 증산 상제님은 현실 세계를 당신님의 뜻대로 다스리시면서 가을철의 조화문명을 여시기 위해 천리天理와 지리地理와 인사人事가 조화되도록 천지 역사를 경영하고 통치하십니다.

지금까지 살펴본 바와 같이, 동방의 한국은 지리적으로, 우주 원리적으로, 그리고 역사적으로 인류 역사와 문화가 통일·성숙되어 열매를 맺는 성스러운 곳입니다. 그래서 우주의 주재자 상제님께서 동서양의 역사와 문화를 모두 수렴하는 궁극의 열매 진리로써 가을 개벽기에 인류를 건지시기 위해 한반도로 내려오신 것입니다.

그 궁극의 열매 진리, 알캥이 진리가 바로 증산도입니다. 나아가 가을개벽에서 인류를 건지시려는 상제님의 큰 뜻을 현실 역사에서 하나하나 실현해 가는 도道의 일꾼들이 증산도 신앙인입니다.

인류 가을 문화의 진리 원전, 『도전道典』

증산도는 인간으로 강세하신 상제님의 생애와 가르침을 집대성한 『도전』을 간행하여 한민족의 신교문화와 상제신앙의 역사에 큰 획을 그었다.

『도전』은 아버지 하나님이신 증산 상제님과 어머니 하나님이신 태모太母 고수부高首婦님의 탄강과 생애, 행적과 말씀 등 증산도 진리의 모든 내용을 담고 있다. 종교의 가르침(敎)을 넘어 대우주의 순환과 인류의 역사를 주재하시는 상제님의 열매 진리를 담은 까닭에 경전이라 하지 않고 『도전』이라 한다.

『도전』은 30여 년에 걸쳐 증산 상제님의 발자취를 답사하면서 상제님과 태모님을 따르던 성도 및 그 후손들의 증언을 채록해 초기 기록의 잘못을 바로잡고 철저한 고증을 거쳐 편찬했다. 1992년 초판을 간행하고 이후 다시 11년에 걸쳐 거듭 초판의 기록을 재검토하고 답사와 증언 채록을 계속해 2003년에 완간본을 간행했다. 이후 지구촌 전역에 증산도 진리를 전하기 위해 영어 중국어 일본어 프랑스어 독일어 러

시아어 등 6개 언어로 번역했고, 현재 힌디어 번역 작업도 진행 중이다.

세계 역사의 대세는 어떻게 전개될 것인가? 인류 역사의 틀은 어떻게 바뀌며 그 운로運路의 끝은 어디인가? 나는 지금 무엇을 해야 하는가? 나와 민족과 인류가 던지는 모든 질문에 대한 대답이 『도전』에 들어 있다. 개벽 너머 열리는 후천 세상, 그 5만 년 새 역사의 비전을 오직 『도전』에서 찾을 수 있다.

『도전』은 자연과 문명과 인간과 역사와 모든 것이 새롭게 바뀌는 가을 신천지에 대우주의 주재자이신 증산 상제님께서 천지와 인간, 신명과 뭇 생명을 다스리시는 통치 법전이며, 장차 통일된 한 집안 문화권으로 살아갈 인류에게 삶의 지침이 되어 줄 새 문화의 원전이다.

chapter

5

후천 선경 낙원의 설계도 천지공사

1

인간의 참모습과 상제님의 강세 이유

1) 인간의 참모습과 사후의 세계

그러면 이 땅에 오신 증산 상제님께서는 무궁한 조화권능으로 무슨 일을 하고 가셨을까요?

> ✽ 현하의 천지대세가 선천은 운運을 다하고 후천의 운이 닥쳐오므로 내가 새 하늘을 개벽하고 인물을 개조하여 선경세계를 이루리니 이때는 모름지기 새판이 열리는 시대니라. 이제 천지의 가을운수를 맞아 생명의 문을 다시 짓고 천지의 기틀을 근원으로 되돌려 만방萬方에 새 기운을 돌리리니 이것이 바로 천지공사니라. (道典 3:11:3~4)

'천지공사天地公事'란 '우주의 주재자 상제님께서 인류 구원을 위해 천지신명과 더불어 공도적으로 행하신 일'이라고 정의할 수 있습니다. 이 천지공사 세계를 알기 위해서는 먼저 인간의 참모습과 사후의 세계인 신명계에 대해 눈을 떠야 합니다.

그동안 인간의 참모습은 무엇인지, 인간이 죽으면 어떻

게 되는지, 이 의혹에 대한 해답을 명쾌하게 내 놓은 종교도 진리도 없었습니다. 오직 증산 상제님께서 인류 역사상 처음으로 이렇게 밝혀 주셨습니다.

> ❋ 김송환金松煥이 사후死後의 일을 여쭈니 말씀하시기를 "사람에게는 혼魂과 넋[魄]이 있어 혼은 하늘에 올라가 신神이 되어 제사를 받다가 4대가 지나면 영靈도 되고 혹 선仙도 되며 넋은 땅으로 돌아가 4대가 지나면 귀鬼가 되느니라." 하시니라. (道典 2:118:1~4)

상제님의 이 말씀에는 인간의 참모습과 사후 세계의 신비가 들어 있습니다.

우주의 조물주 삼신의 생명과 본성을 그대로 받아서 태어난 인간은 정신 작용을 하는 혼과 육신인 넋으로 이루어져 있습니다. 혼은 하늘 기운으로 오고 넋은 땅 기운으로 옵니다. 그런데 인간이 태어나 살다가 죽으면, 혼과 넋이 분리되어 혼은 하늘로 올라가고, 넋은 땅으로 돌아갑니다. 하늘로 올라간 혼은 4대代 동안 제사를 받다가, 지상에서부터 민족과 인류 공동체 문화를 위해 헌신한 공덕과, 내 몸 속에 살아 있는 삼신, 성명정性命精을 닦은 수행의 수준에 따라 영靈, 혹은 신선神仙이 됩니다. 땅으로 돌아간 넋은 4대가 지나면 귀鬼가 됩니다. 그래서 죽은 사람을 천지의 영적 기운을 합하여 귀신鬼神이라 부릅니다. 그 근원은 하늘은 신, 땅은 귀라는 호칭에서 온 것입니다. 그리고 '신명神明'이라는 호칭은 인간이 죽은 후에 새로 태어난 신은 본성이 밝기 때문에 붙인 이름입니다.

그러면 인간의 삶과 죽음이란 무엇일까요?

정신 작용을 하는 혼이 육신을 입고 태어나면 눈에 보이는 인간이 되어 살아갑니다. 그리고 지상에서 소년기, 청년기, 장년기와 노년기를 지나 생을 마감하면, 혼은 낡은 옷과 같은 육신을 벗어놓고 천상에 올라가 신명으로서 새로운 삶을 삽니다. 이것이 인간의 삶과 죽음의 실상입니다. 인간의 죽음에 대해 상제님은 "사람이 죽는 게 매미가 허물 벗듯이 옷 벗어 놓는 이치니라."(10:36:2)라고 말씀하셨습니다.

> ❋ 사람의 죽음길이 먼 것이 아니라 문턱 밖이 곧 저승이니 나는 죽고 살기를 뜻대로 하노라. …
>
> **生由於死**하고 **死由於生**하니라
> 삶은 죽음으로부터 말미암고
> 죽음은 삶으로부터 말미암느니라. (道典 4:117:10~13)

그리하여 이 우주에는 동전의 양면처럼, 눈에 보이는 인간 세계와 보이지 않는 신명 세계가 공존하고 있습니다. 영적 차원이 달라서 우리 눈에 보이지 않을 뿐, 하늘의 모든 공간이 신도 세계입니다.

2) 천상 신명 세계의 실상

하늘의 신도 세계는 어떻게 이루어져 있는지 상제님 말씀으로 살펴볼까요.

* 하루는 김송환金松煥이 상제님께 여쭈기를 … "하늘 위에 무엇이 있는지 그것만 알면 죽어도 소원이 없겠습니다." 하니 상제님께서 "하늘이 있느니라." 하시니라. 송환이 다시 여쭈기를 "하늘 위에 또 하늘이 있습니까?" 하니 말씀하시기를 "있느니라." 하시매 또 여쭈기를 "그 위에 또 있습니까?" 하니 말씀하시기를 "또 있느니라." 하시고 이와 같이 아홉 번을 대답하신 뒤에 "그만 알아 두라. (道典 4:117:1~5)

상제님의 이 말씀은 신도 세계가 영적 진화 수준에 따라 1천一天부터 9천九天으로 나뉘어 있다는 것입니다. 인간은 살아 있는 동안 얼마나 도를 잘 닦고 세상을 위해 공덕을 베풀었는지에 따라서 죽은 뒤 가장 낮은 1천부터 가장 높은 차원인 9천 가운데 자신의 영적 수준에 부합하는 단계로 가는 것입니다.

상제님이 말씀하신 우주의 신명세계에는, 헤아릴 수 없이 많은 신명이 존재합니다. 개개인의 조상신을 비롯하여 인류 문명의 발전에 헌신과 공헌을 한 동서 문화의 개척자로 살다간 과학자, 철학자, 예술가, 발명가의 문명신, 도를 통하여 인류 영성 문화의 발전에 기여한 도통신, 인류 상극의 전쟁문화 속에서 무관으로 활약하다가 죽은 장군신, 평소 남의 물건을 탐해 도적질을 하다 죽은 적신賊神, 부엌 살림을 맡은 조왕신, 해와 달을 각각 다스리는 일광보살, 월광보살, 인류의 삶과 복지를 위해 헌신한 신들, 숭고한 정의의 정신으로 존경받는 성제군 등 수많은 인격신이 있습니다. 자연의 순수한 조화로 생겨난 자연신도 있습니다. 영화 〈반지의 제왕〉에서 볼 수 있는 나무에 깃든 목신木神, 우리의 할머니나 어머니가 한여름 밤에 들려준 이야기에 등장하는 속 망량신(도깨비) 등은 모두 자연신입니다.

상제님은 인간 세계뿐 아니라 신명 세계 등 우주의 모든 생명을 다스리시고 주재하십니다.

3) 지금은 인류 역사의 원한이 폭발하는 때

선천 개벽으로 우주의 봄이 열리면 천지조화로 인간과 만유 생명이 지구상에 태어나고, 여름철이 되면 분열 기운을 받아 성장을 합니다. 상제님께서는 선천 봄·여름의 환경을 '**상극相克의 운**'이라고 말씀하셨습니다.

> ❀ 선천은 상극相克의 운運이라. 상극의 이치가 인간과 만물을 맡아 하늘과 땅에 전란이 그칠 새 없었나니 그리하여 천하를 원한으로 가득 채우므로 이제 이 상극의

운을 끝맺으려 하매 큰 화액이 함께 일어나서 인간 세상이 멸망당하게 되었느니라. 상극의 원한이 폭발하면 우주도 무너져 내리느니라. (道典 2:17:1~5)

'상극相克'이란 '서로 극한다, 서로 경쟁한다, 이긴다'는 뜻으로 상극은 선천 세상에 인간과 만물을 낳고 무한히 성장시키는 대자연의 섭리입니다.

선천 개벽으로 봄 시간대가 열리는 순간, 만물을 쏟아내기 위해 우주의 중심축이 양陽의 방향인 동북방으로 기울어져 돌아갑니다. 그래서 태양계의 모든 행성의 자전축도 기울어져 있습니다. 지구 또한 자전축이 기울어진 채 부자연스러운 몸짓으로 운행합니다. 상극의 운이 지배하는 것입니다.

천지의 틀과 기운이 음양의 부조화 상태라서, 하늘과 땅이 정음정양正陰正陽이 아닌 **억음존양抑陰尊陽**의 원리에 의해 주도되었습니다. 양의 기운이 강해서 음을 억누른 것입니다. 그 안에 깃들어 사는 인간을 비롯한 뭇 생명도 상극의 기운과 이치의 지배를 받았습니다. 인류가 경쟁과 대립을 통해 문명을 발전시키는 과정에서 약육강식弱肉强食과 우승열패優勝劣敗, 불평등과 부조화 등으로 인해 서로 상처를 주었습니다. 경쟁에서 진 사람들은 풀 길 없는 깊은 한恨을 맺고 죽은 것입니다. 원신冤神들이 천지에 가득 차서, 그들이 뿌리는 원한의 살기 때문에 지상에는 온갖 참사가 그칠 날이 없습니다.

상제님은 "한 사람의 원한이 능히 천지 기운을 막는다."(2:68:1), "상극의 원한이 폭발하면 우주도 무너져 내린다."(2:17:5)라고 하셨습니다. 지난 날 역사 속에 축적된 원한의 파괴력이 얼마나 큰지, 가을개벽의 문턱에 이른 지금은 우주가 폭발할 지경에 이르게 된 것입니다.

원한이 맺힌 사람은 그 원한을 품게 만든 사람을 저주하고 그 자손만대까지 괴롭힙니다. 그렇게 원한에 사무쳐 죽은 사람의 신명을 척신隻神이라 합니다.

※ 세상의 모든 참사가 척신隻神이 행하는 바이니라.
 (道典 3:188:10)

상제님은 "공자가 알고 하였으나 원망자가 있고, 석가가 알고 하였으나 원억冤抑의 고를 풀지 못하였다."(2:95:3)고 하셨습니다. 수천 년 상극의 세월 속에서 살아 온 천하창생의 원한은 실타래보다 더 복잡하게 얽혀 있습니다. 이 깊고 깊은 인류사의 원한은 선천 성자들의 도법과 기국과 가르침으로는 결코 끌러 낼 수 없습니다. 그래서 삼계 대권의 주재자이신 상제님이 친히 인간으로 오신 것입니다.

증산 상제님은 이 땅에 강세하시어 인간과 신명의 모든 원한을 풀어 주는 해원解冤의 도법으로 인류 구원의 새 역사 운로를 마련해 주셨습니다. 이것을 상제님께서는 천지개벽 공사라고 말씀하셨습니다.

> ❀ 내가 혼란키 짝이 없는 말대末代의 천지를 뜯어고쳐 새 세상을 열고 비겁否劫에 빠진 인간과 신명을 널리 건져 각기 안정을 누리게 하리니 이것이 곧 천지개벽天地開闢이라. (道典 2:42:2~4)

우주 통치자의 무한한 조화권능으로 하늘과 땅과 인간 세상을 물샐 틈 없이 뜯어고치신 일, 이것이 상제님의 천지개벽 공사입니다.

2

상제님의 우주역사 사령탑, 조화정부造化政府

1) 천상 신명계의 조화정부 결성

증산 상제님은 이 세상에 오셔서 우주의 통치자로서 인류를 건질 법방을 준비하시고, 어천하시기 전 9년 동안(1901~1909) 선천의 상극 질서를 후천의 상생 질서로 뜯어고치는 천지공사天地公事를 집행하셨습니다.

천지공사는 상제님이 이 땅에 다녀가신 뒤부터 개벽 실제상황을 거쳐 후천 5만 년 새 역사가 전개될 프로그램입니다. 상제님께서는 과연 인류가 장차 어떻게 후천 지상낙원을 건설해 갈 것인지, 그 역사의 행로를 다 마련해 놓으신 것입니다.

천지공사를 집행하시기 위해 상제님은 우선 천상의 신명들로 구성된 우주 통치 사령탑, 조화정부를 조직하셨습니다. 그리고 지난 수천 년 동안, 세상에 태어나 자신의 꿈을 펼쳐보지도 못한 채 원통하게 죽어간 만고원신萬古冤神들로 하여금 세계 역사를 주도해 나가게 하셨습니다.

또한 천하를 바로잡으려는 정의로운 큰 뜻을 품었으나

시세가 이롭지 못하여 뜻을 이루기는커녕, 오히려 역적으로 몰려 온 가족이 몰살당한 채 비탄과 울분 속에 참혹한 최후를 맞이한 만고역신萬古逆神을 상제님의 도법 전수 공사인 도운 공사에 참여하게 하셨습니다. 상제님께서는 천상 조화정부를 주관하시며 조화정부에 참여한 원신과 역신들로 하여금 생전에 하고 싶었던 일을 이루게 하여 그 원통함을 모두 풀어 주십니다.

2) 천지공사가 실현되는 이신사理神事 원리

천지공사는 역사 속에서 어떻게 실현되는 것일까요?

우주의 주재자이신 상제님이 조화정부에서 틀을 짜 놓으시면, 천상세계에서 천지신명이 먼저 상제님의 천명을 받아 천지의 마음으로 인간의 역사를 기획하고 실행합니

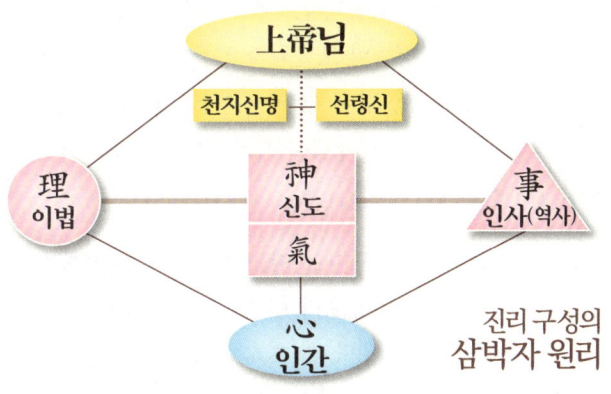

진리 구성의 삼박자 원리

다. 이때 신명이 지상의 인간에게 감응을 해서 그 기운을 받은 인간이 실제 역사로 이루는 것입니다(신인합발神人合發). 이것을 '진리 구성의 3박자', 이·신·사理神事의 원리라고 합니다. 바꿔 말하면, 상제님께서 짜신 천지공사의 모든 일은 반드시 신도神道가 들어야 역사로 이루어지는 것입니다.

증산 상제님께서는 가을철 천지의 주재 기운에 대해 이렇게 말씀해 주셨습니다.

※ 추지기秋之氣는 신야神也라. (道典 6:124:9)

이 말씀은 '가을 우주의 기운은 신이다. 만물을 성숙하게 하는 가을의 생명은 그 자체가 신이며 동시에 후천선경도 신도神道가 들어와 실현된다'는 뜻입니다. 즉 가을개벽의 3대 관문인 자연개벽, 인간개벽, 문명개벽을 극복하는 것은 모두가 신도와 인사의 손길로, 신인이 합일하여 이루어집니다. 천상 신명들의 보살핌과 인간의 노력이 함께 어우러져야 가을개벽을 넘어 새 세상을 건설할 수 있는 것입니다. 지금 이 세상은 상제님이 천지공사로 집행하신 도수度數 그대로 전개되고 있습니다.

※ 이제 하늘도 뜯어고치고 땅도 뜯어고쳐 물샐틈없이 도수를 굳게 짜 놓았으니 제 한도限度에 돌아 닿는 대로 새 기틀이 열리리라. (道典 5:416:1~2)

여기서 '도수'란 '천도지수天度地數'의 약자로서 우주의 통치자 상제님이 짜 놓으신, 천지와 인간 역사가 전개되는 틀, 이정표입니다. 여기에는 지구촌의 세계 정치사가 전개되어가는 운로인 세운世運 공사와, 인류가 상제님의 도법을 전수 받아서 가을철 성숙한 열매 인간으로 거듭나 조상과 함께 구원 받는 축복의 길을 열어 놓으신 도운道運 공사가 있습니다. 이제 그 큰 틀을 간단히 살펴보겠습니다.

3

인류사의 새 판을 짜신
세운世運 공사

1) 인류 역사상 가장 큰 원한의 출발점, 단주丹朱

지난 봄여름철의 상극의 원한은 모든 인간의 영혼을 죄로 물들이고 인류사를 유혈의 역사로 만들었습니다. 그런데 인류 역사가 그렇게 원한의 큰 불덩어리 속으로 진입하게 된 결정적 분기점이 있었습니다. 바로 단주의 원한의 역사입니다. 상제님은 그에 대해 이렇게 밝혀 주셨습니다.

> ❋ 이제 원한의 역사의 뿌리인 당요唐堯의 아들 단주丹朱가 품은 깊은 원寃을 끄르면 그로부터 수천 년 동안 쌓여 내려온 모든 원한의 마디와 고가 풀릴지라. (道典 2:24:4~5)

단주는 중국 요임금의 맏아들입니다. 단주는 당시 동방 동이족東夷族과 서방 한족의 뿌리인 화하족華夏族 간에 계속되던 반목과 전쟁을 끝내고, 평화로운 대동세계를 이루겠다는 원대한 포부를 갖고 있었습니다. 그러나 단주와는 달리 무력을 써서 화하족 중심의 천하를 이루고자 했던 그의 아버지 요임금은 단주를 탐탁지 않게 생각했습니다. 신하들이 왕자인 단주가 총명하다고 후계자로 주청을 하는데도 이를 묵살하고, 자신의 혈통도 아닌 순舜을 사위로 삼아 그에게 왕위를 넘겼습니다. 그리고 단주를 '불초不肖하다' 하며 변방으로 쫓아 버리고, 바둑이나 두면서 세월을 보내라고 바둑을 만들어 주었습니다. 단주가 바둑의 시조가 된 데는 이런 사연이 숨어 있습니다.

천하를 화평한 대동세계로 만들고자 한 원대한 꿈이 좌절되고, 평생을 바둑이나 두면서 소일해야 했으니 단주의 원한이 얼마나 크겠습니까? 흔히 '요순시대' 하면 이상적인 성인제왕의 통치로 태평을 누린 시절로 거론합니다. 그러나 이는 인류사 왜곡의 전범인 유학자들이 조작한 허구의 역사일 뿐입니다. 요임금의 왕자 단주의 크나큰 한이 인류 역사상 원한의 뿌리가 되어 이로부터 끝없는 비극을 낳는 상극의 전쟁이 시작된 것입니다.

증산 상제님은 "천지에 쌓인 원한을 끌러 내려면 만고 원한의 뿌리인 단주의 원한부터 끌러야 한다. 그래야 인류 역사의 모든 원한이 다 끌러진다."라고 하셨습니다. 동방의 시원 역사를 되찾고 나아가 진정한 평화낙원을 건설하기 위한 단초가, 수천 년 동안 불초한 자식으로 왜곡되어 동서 인류사에서 가장 강렬한 원한을 품고 죽은 단주의 해원이라는 말씀입니다. 그 이치를 쉽게 말하면 '벼리 줄의 원리'라 할 수 있습니다. 그물을 끌어 올릴 때 벼리 줄을 당기면 그물코 체가 끌려오지 않습니까? 그래서 상제님은 세계 역사를 이끌어 갈 으뜸자리에 단주를 앉혀 그의 맺힌 원한을 풀어 주시는 것입니다. 상제님께서는 다음과 같이 소리 높여 노래하셨습니다.

* 단주수명丹朱受命이라. 단주를 머리로 하여 세계 원한 다 끄르니 세계 해원 다 되었다네. (道典 6:93:9)

2) 바둑판과 씨름판 도수

그렇다면 단주는 어떻게 지구촌의 역사를 이끌어 가는 것일까요? 상제님께서는 바둑으로 세월을 보낸 단주를 배려하여 바둑판 원리, 즉 오선위기五仙圍碁 도수 천명으로 인류 역사를 이끌어가게 하셨습니다. 오선위기란 말 그대로 다섯 신선이 둘러앉아 바둑을 두는 형국을 말합니다. 한반도를 중심으로 다섯 신선이 바둑을 두는 형세로 나아가도록 세계 역사의 기틀을 짜신 것입니다.

* 현하대세를 오선위기五仙圍碁의 기령氣靈으로 돌리나니 두 신선은 판을 대하고 두 신선은 각기 훈수하고 한 신선은 주인이라. (道典 5:6:2~3)

바둑판 격인 한반도를 둘러싸고 미국·일본·중국·러시아 등 세계 4대강국이 두 편으로 갈라져서, 주인인 조선이 지켜보는 가운데 바둑을 두듯이 세계 정치 질서를 끌고 가는 것입니다. 상제님은 이 오선위기 도수에 다시 씨름판 도수를 붙이셨습니다.

* 현하 대세가 씨름판과 같으니 애기판과 총각판이 지난 뒤에 상씨름으로 판을 마치리라. (道典 5:7:1)

상제님은 오선위기의 세계정세를, 전통 씨름판의 경기 방식과 같이 애기판(1차 대전), 총각판(2차 대전), 상씨름판(마지막 대전쟁)을 거쳐 굴러가게 하신 것입니다. 오선위기 도수와 씨름판 도수를 통해, 이 세상은 한반도에서 벌어지는 상씨름, 곧 인류 최후의 전쟁을 거친 뒤 새로운 질서 세계를 맞이합니다. "삼천三遷이라야 내 일이 이루어지느

오선위기와 4대 강국

5장 후천 선경 낙원의 설계도 천지공사

니라."(6:64:8)라는 말씀대로, 원한으로 점철된 선천의 인류 역사는 세 번의 큰 전쟁을 거쳐 후천선경으로 넘어가는 것입니다.

그럼 그동안 씨름판 도수는 어떻게 전개되어 왔을까요?

상제님께서 천지공사를 집행하시던 20세기 초, 제국주의 세력이 물밀듯이 동양으로 몰려들고 있었습니다. 상제님은 이 서양 세력을 물리치시기 위해 먼저 일본과 러시아 사이에 전쟁을 붙이셨습니다. 이것이 동북아의 판도를 바꿔놓은 러일전쟁입니다. 그러면서 영국과 프랑스로 하여금 각각 일본과 러시아를 돕는 훈수꾼 노릇을 하게 하셨습니다. 이 러일전쟁의 여파가 나중에 유럽으로 번져 제1차 세계대전으로 점화되었습니다. 바로 이것이 애기판 씨름입니다.

그 다음 총각판 씨름은 중일전쟁으로 시작되었습니다. 당시 독일은 일본에게 붙어 훈수를 두고 소련은 중국에 붙어 훈수를 두어, 두 번째 오선위기 국제질서가 형성되었습니다. 이러한 대결 구도가 총각판 씨름인 제2차 세계대전으로 전개된 것입니다. 2차 세계대전에서 일본이 참혹하게 망한 후, 세운世運은 드디어 마지막 상씨름판 전쟁 구도로 들어섰습니다. 주인인 한국이 삼팔선을 경계로 남북한으로 나뉘고 중국과 구 소련, 미국과 일본이 합류함으로써 최종 오선위기 상씨름 대결 구도를 형성한 것입니다.

상제님은 "씨름판대를 조선의 삼팔선에 두고 세계 상씨름판을 붙이리라."(5:7:3)라고 하셨습니다. 상씨름이란 '더 이상이 없는' '최상의 씨름'이란 뜻입니다. 상씨름은 그 규모와 성격이 이전의 1, 2차 세계 대전쟁, 즉 애기판과 총각판의 대결 구조와는 근본적으로 그 판세가 다릅니다. 이것은 이제까지 인류가 전혀 경험해 보지 못한 인간 역사상 가장 강력한 대결 구도로서, 인류사의 새 장을 여는 개벽 상황과 직결되는 끝내기 한 판 승부입니다.

애기판   총각판   상씨름판

오선위기로 전개되는 세계 역사

애기판	총각판	상씨름판
생生	장長	성成
러(불)-일(영)	중(소)-일(독)	남(미·일)-북(러·중)
1904~1905	1937~1945	1950~
제1차 세계대전 국제연맹	제2차 세계대전 국제연합	후천 가을개벽 세계일가 통일 문명

5장 후천 선경 낙원의 설계도 천지공사

3) 끝나지 않은 최후의 역사 대전쟁, 상씨름

1950년 6월에 상씨름의 서곡인 한국전쟁이 일어났습니다. 세계 상씨름이라는 상제님 말씀처럼 여기에 세계 32개국이 참전했습니다. 3년 동안 한반도 전체가 폐허가 되다시피 하고 군인과 민간인 사상자가 5백만, 이산가족이 1천만 명이나 발생하였습니다. 그러고도 전쟁은 끝나지 않았고, 60여 년이 지난 오늘날까지 휴전 상태가 지속되고 있습니다. 지금 남북한은 샅바를 놓은 채, 마지막 결전을 위해 숨을 고르고 있는 실정입니다.

북한은 현재 이 순간에도 도발을 멈추지 않고 있습니다. 북한의 적화통일 야욕을 보여주는 대표적인 것이 땅굴입니다. 평소 김일성은 "땅굴 하나가 원자폭탄 10개보다 낫다!"라고 강조하였습니다. 땅굴을 통해 침투한 북한군 특수부대 10만 명이 어느 날 아침 갑자기 수도권에 나타난다고 생각해 보십시오. 소름끼치는 일이 아닐 수 없습니다. 이진삼 전 육군 참모총장도 '남북 대치상황에서 가장 위협적인 것이 땅굴'이라고 했습니다. 제4 땅굴을 발견하는 데 10년이 걸린 점을 감안하면 아직 발견되지 않은 땅굴이 10여 개가 더 있을 것이라고 국방부는 추정하고 있습니다.

땅굴도 위협적이지만, 현재 남한과 국제 사회를 가장 크게 위협하는 것은 북한의 핵무기입니다. 북한의 핵으로 인하여, 남북한과 세계정세가 어떠한 방향으로 나아갈지 알 수 없는 상황입니다. 최근 레이몬드 오디어노Raymond Odierno 미 육군 참모총장은 '우발 사태가 발생할 경우 대처하기에 가장 위험한 곳은 한반도'라고 지목하여, 심각한 대한민국의 현실을 상기시켜 주었습니다.

4) 천지의 불기운을 묻는 화둔火遁 도수

인류 문명사에서 선천 상극의 분열 기운이 가장 극단적으로 표출된 것이 핵무기입니다. 증산 상제님은 "만일 변산 같은 불덩이를 그냥 두면 전 세계가 재가 될 것이니라. 그러므로 내가 이제 그 불을 묻었노라."(5:229:12)라 하시며 화둔火遁 공사를 보셨습니다. '화둔'이란 문자 뜻 그대로 불을 묻는다는 뜻입니다. 화둔 도수가 이뤄지는 상징적인 사건이 지금의 북핵을 둘러싼 일련의 사태들입니다.

그런데 화둔은 단순히 동북아 한반도의 북핵만을 제거하는 것이 아닙니다. 화둔 도수는 지구촌을 파괴할 모든 핵무기, 생화학, 재래식 무기 등을 해체하는 도수입니다.

또한 화둔이란 여름철 상극 질서에서 비롯된 하늘과 땅과 인간, 신명계의 역사 속에 타오르는 모든 원한의 불덩어리를 조화주 하나님의 경계에서 묻어 없애는 것을 말합니다. 선천 인간의 생명 속에 잠재된 번뇌, 욕정, 욕망, 원한의 불기운 등 분란과 재앙을 불러일으키는 무수한 불기운을 꺾어 잠재우고, 인류의 마음을 활짝 열어 한마음으로 조화시키는 것이 가을우주의 새 역사를 활짝 여는 화둔 도수의 핵심이자 결론입니다.

상제님의 화둔 도수에 따라 미국 러시아(소련) 간의 제로 옵션(1982)을 시발로 해서 일련의 전략무기 감축 조약들, 그리고 남북간의 7.4 남북 공동 선언, 그랜드 바겐Grand Bargain[1] 등 지구촌에 핵을 감축하는 조치들이 단계적으로 진행된 바 있습니다.

물론 화둔 도수 자체만으로 선천 상극 질서 속에 쌓여 온 모든 문제가 해결되는 것은 아닙니다. 우주의 추살秋殺(뭇 생명을 거두어가는 가을의) 기운이 엄습하여, 상상을 초월한 가을개벽의 대변국을 거치면서 화둔 도수가 인간의 역사 속에서 완결됩니다.

---

[1] 그랜드 바겐(Grand Bargain) : 이명박 전 대통령이 북한의 핵폐기와 동시에 그에 상응하는 지원을 하겠다는 제안. '서로 줄 것은 주고, 받을 것은 받는다'는 철저하고 확고한 '행동 대 행동'의 원칙을 강조한 외교용어.

4
가을개벽의 실제 상황

1) 가을 대개벽의 전령, 시두時痘 대폭발

상제님은 개벽 실제상황이 오기 전에 먼저 시두(천연두) 손님이 온다고 하셨습니다.

"내 세상이 되기 전에 손님이 먼저 오느니라. 앞으로 시두時痘가 없다가 때가 되면 대발할 참이니 만일 시두가 대발하거든 병겁이 날 줄 알아라."(7:63:8~9)라고 경계하셨습니다. 또 태모 고 수부님은 "장차 이름 모를 온갖 병이 다 들어오는데, 병겁病劫이 돌기 전에 단독丹毒과 시두가 먼저 들어오느니라."(11:264:2)라고 하셨습니다.

이 말씀대로 앞으로 개벽의 불길을 당겨 급진전시키는 시두가 대발합니다.

그런데 왜 시두가 한국 땅에서 먼저 대발할까요? 그 이유에 대해 상제님은 "천자국이라야 이 신명이 들어오느니라 (7:63:7)"라고 하셨습니다. 가을철 원시반본의 섭리에 따라, 인류의 창세 역사와 문명을 연 동방 문명의 종주국인 대한민국에서, 인류가 감당키 힘든 시련이 가장 먼저 발생하는 것입니다.

1980년 5월 8일, WHO(세계보건기구)는 시두가 완전히 사라졌다고 선언했습니다. 그렇게 공식적으로 모습을 감추었던 시두가 다시 대발하면서 남북 상씨름판은 진정한 통일을 향한 개벽 실제상황의 카운트다운에 들어갑니다.

2) 앞으로 역사 개벽전쟁(상씨름)이 있다

한반도의 통일은 정치인, 군 전문가, 지구촌 각 분야의 석학들이 진단하듯이 독일과 같은 흡수 통일이나, 북한의 체제 붕괴 같은 방식에 의해 이뤄질 수 있는 것이 아닙니다. 140여 년 전 한반도에 인간으로 오셔서 천상 조화정부를 통해 가을 역사개벽, 가을 문명개벽의 프로그램을 기획하고 심판하신 증산 상제님께서 그 최종 결론으로 선언해 주신 말씀이 있습니다.

* 천지개벽 시대에 어찌 전쟁이 없으리오. 앞으로 천지전쟁이 있느니라. (道典 5:202:3)

상제님은 앞으로 한반도를 중심으로 전 지구적인 최후의 한 판 전쟁이 일어난다고 하시며, 이 상씨름 한 판 승부를 '천지전쟁'이라고 천명하셨습니다. 상씨름을 왜 천지전쟁이라고 하셨을까요?

* 상씨름으로 종어간終於艮이니라. 전쟁으로 세상 끝을 맺나니 개벽시대에 어찌 전쟁이 없으리오. 아무리 세

상이 꽉 찼다 하더라도 북쪽에서 넘어와야 끝판이 난
다. (道典 5:415:1~3)
※ 이 뒤에 상씨름판이 넘어오리니 그 때는 삼팔선
이 무너질 것이요, 살 사람이 별로 없으리라. (道典
11:263:2)

오행의 동방 목木 기운을 동양 상수象數철학으로 3·8목
木이라 합니다. 전쟁으로 동방 한반도의 삼팔선이 무너지
면서 우주는 대통일 문화권을 여는 대개벽의 문으로 들어
서게 됩니다. 남북 상씨름의 한판 승부가, 온 지구촌이 가
을 신천지 시간대, 상생의 질서로 하나 된 세계 일가 통일
문명 시대로 들어서는 큰 변혁의 신호탄이 되는 것입니다.
이렇게 천지개벽을 몰고 오기 때문에 상씨름을 천지전쟁
이라 하신 것입니다.

천지전쟁은 천상 신명조화정부의 단주에 의해 주도되
는 오선위기의 정세 속에서 터져 나옵니다. 이 전쟁을 통
해 단주로부터 시작되어 4,300년 동안 쌓여 온 그릇된 역
사의식이 함께 청산됩니다. 그래서 천지전쟁은 또한 역사
전쟁이기도 합니다. 현재 동북아에서 전개되고 있는 역사
전쟁에 불을 붙여 본격적으로 한 판 승부의 방아쇠를 당기
는 결정적인 분기점은 바로 "천자국이라야 들이닥친다."
고 말씀하신 '시두 병란'입니다.

그러면 이제 상씨름이 어떻게 해서 상극의 천지 질서를 끝막는지 살펴보겠습니다.

3) 전쟁과 동시에 병겁病劫이 들어온다

상제님은 "난리가 나간다, 난리가 나간다. 난리가 나가고 병이 들어온다."(5:336:9) 하시고 "장차 전쟁은 병으로써 판을 막으리라."(7:35:5)라고 선언하셨습니다. 가을개벽은 남북 상씨름으로 시작하여 3년 괴질 병란病亂으로 끝을 맞게 됩니다. 이것이 가장 충격적인 개벽 상황 소식입니다.

북에서 밀고 내려오는 남북 상씨름이라는 대변혁의 상황과 거의 동시에 이름 모를 병겁이 닥칩니다. 이 괴질怪疾로 삼팔선이 무너지고 상씨름이 끝나는 것입니다. 상제님은 그 이유에 대해 "동서양 싸움을 붙여 기울어진 판을 바로잡으려 하였으나, 워낙 짝이 틀려 겨루기 어려우므로 병으로써 판을 고르게 되느니라."(7:34:2)라고 밝혀 주셨습니다. 그러면 병겁은 어디서부터 시작하여 어떻게 전개될까요?

※ 이 뒤에 병겁이 군창群倉에서 시발하면 전라북도가 어육지경魚肉之境이요 광라주光羅州에서 발생하면 전라남도가 어육지경이요 인천仁川에서 발생하면 온 세계가 어육지경이 되리라. 이 후에 병겁이 나돌 때 군창에서

발생하여 시발처로부터 이레 동안을 빙빙 돌다가 서북으로 펄쩍 뛰면 급하기 이를 데 없으리라. 조선을 49일 동안 쓸고 외국으로 건너가서 전 세계를 3년 동안 쓸어버릴 것이니라. (道典 7:41:1~5)

※ 앞으로 무법無法 삼 년이 있다. 그 때는 사람들이 아무 집이나 들이닥쳐 같이 먹고살자고 달려들리니 내 것이라도 혼자 먹지 못하리라. (道典 7:34:6~7)

'어육지경魚肉之境'이란, '남에게 짓밟히거나 무참히 죽음을 당함'을 비유한 말입니다. 병겁은 한반도에서 제일 먼저 일어나 남북한을 49일 동안 돌고, 이후 3년에 걸쳐 전 세계를 태풍처럼 휩쓸게 됩니다. 지구촌 70억 인류의 생명을 거둬가는 가을 심판의 시기인 무법천지 3년 동안 인류는 선천 우주사의 모든 악업의 대가를 병겁으로 치르는 것입니다.

※ 병겁이 밀려오면 온 천하에서 너희들에게 '살려 달라'고 울부짖는 소리가 진동하고 송장 썩는 냄새가 천지에 진동하여 아무리 비위脾胃가 강한 사람이라도 밥 한 술 뜨기가 어려우리라. (道典 4:39:2~3)

상제님은 병겁의 급박한 상황에 대해 "이 뒤에 이름 모를 괴질이 침입할 때는 주검이 논 물꼬에 새비떼 밀리듯 하리라."(5:291:11), "그 때는 문중에 한 사람만 살아도 그

집에 운 터졌다 하리라."(7:36:5)라고 하셨습니다.

4) 병겁이 오는 이유

그렇다면 병겁은 왜 일어나는 것일까요? 증산 상제님께서는 병겁의 원인을 이렇게 밝혀 주셨습니다.

> ❈ 선천의 모든 악업惡業과 신명들의 원한과 보복이 천하의 병을 빚어내어 괴질이 되느니라 … 천지의 만물 농사가 가을 운수를 맞이하여, 선천의 모든 악업이 추운秋運 아래에서 큰 병을 일으키고 천하의 큰 난리를 빚어내는 것이니 …. (道典 7:38:2~5)

자연의 섭리로 볼 때 병겁은 가을의 추살 기운과 선천 세상에서 누적된 인간의 모든 악업과 신명들의 원한이 개벽의 시간대에 동시에 발동하여 일어납니다. 수천 년 동안 인간이 저질러 온 모든 죄에 대한 응보와 원을 품고 죽은 원신들이 내뿜는 저주와 복수의 독기가 천지의 추살 기운에 한층 가세되어 벌어지는 게 병겁입니다.

예를 들면 천상에서 생명 줄을 타고 내려와 한 인간의 생명으로 잉태됐지만 끔찍한 수술로 모태에서 떨어져 나간, 수억 조兆의 낙태아 신명이 있습니다. 그리고 아무 잘못이 없는데도, 힘 있는 자에게 억울하게 당해 처참하게 불구가 되어 죽어간 신명들이 있습니다. 또, 다른 민족이

나 부족에게 침략을 당하여 씨가 마르거나, 노예로 팔려가 평생 고통을 당하다 죽은 사람들이 있습니다. 이들의 원한의 살기가 지금 천지에 꽉 차 있습니다. 이 원한에 사무친 무수한 신명들이 '가을의 추살 기운'을 타고 내려와 보복을 하여 인간에게 재앙을 내리고 생명을 앗아가는 것입니다.

병겁은 인류에게는 말할 수 없이 잔혹한 시련이지만 선천 세상의 불의와 모순, 부조화 등 모든 문제를 정화시키는 개벽의 마지막 손길입니다. 병겁으로 지나온 선천 상극 세상에서 풀 수 없던 원한의 매듭을 모두 풀면서, 천지가 참된 인간 종자를 추수하는 시간의 문이 새롭게 열립니다. 즉, 병겁은 겉으로 보기에는 전 인류를 죽이는 무자비한 사건이지만, 실제로는 참된 사람, 알캥이 인간을 건지고 가을우주를 여는 거룩한 새 역사 창조 과정입니다.

5) 가을세상을 여는 또 하나의 관문, 지축 정립

상씨름이 넘어가고, 괴병이 닥치는 것 외에 인류가 거쳐야 할 또 다른 개벽의 관문이 있습니다. 바로 기울어진 지축이 일순간에 정남북으로 바로 서는 지축 정립입니다. 선천의 상극 질서를 종식시키는 지축 정립으로, 가을 천지가 현실세계에 온전히 드러나게 됩니다.

※ 이 뒤에 수기가 돌 때에는 와지끈 소리가 나리니 그 뒤에라야 땅 기운이 발하리라. (道典 4:108:7)

※ 앞으로 천지가 뒤집어져. (道典 7:57:11)

상제님은 후천세상이 올 때 '천지가 뒤집어지고 지구의 방위가 바뀌는 대격변이 일어난다'고 말씀하셨습니다. 현재의 지구는 지축이 동북방으로 23.5도 기울어진 채 타원 궤도를 그리며 태양 주위를 돌고 있습니다.

그런데 이제 가을철 성숙의 새 시간대를 맞아 기울어진 지축이 정남북으로 바로 서고, 타원형 공전궤도가 정원궤도로 탈바꿈합니다. 그리하여 일찍이 상제님의 계시를 받아 『정역正易』을 완성한 김일부 대성사가 밝힌 바와 같이 1년의 날수가 365¼일에서 360일로 바뀝니다. 크고 작은 달의 구분 없이 매월 30일씩이 되어 음력과 양력이 같아집니다. 우주가 운행되는 시간의 질서가 정음정양의 정도수正度數로 바로 잡혀서 상생의 질서로 돌아가는 후천조화선경이 열리게 되는 것입니다.

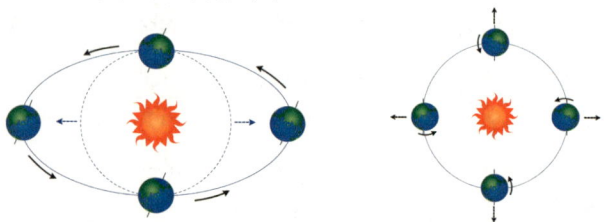

선천 지축도(공전주기 365¼일)**와 후천 지축도**(공전주기 360일)

그러면 지축이 정립되는 순간 이 지구에 얼마나 큰 충격과 변혁이 일어날까요? 이에 대해 상제님께서 이렇게 경고하셨습니다.

* 불火개벽은 일본에서 날 것이요, 물水개벽은 서양에서 날 것이니라. (道典 7:43:1)
* 장차 서양은 큰 방죽이 되리라. (道典 2:139:1)

2011년에 일어난 일본 동북부 대지진의 영향으로 지구 자전 속도가 미세하게 빨라졌고, 일본 열도가 2.4m 이동했습니다. 만일 지축이 정립한다면 그 충격은 실로 상상을 초월할 것입니다. 지축 정립은 '상전벽해桑田碧海'라는 옛말 그대로 육지를 바다로, 바다를 육지로 바꾸어 자연 질서와 환경에 일대 변혁을 가져옵니다.

6) 사람과 천지가 함께 성공하는 천지성공

가을 대개벽으로 불원간 지구촌 전역에 일체의 선악, 시비, 가치가 붕괴되는 대재앙이 덮쳐 올 것입니다. 그러나 이 재난은 미국의 예지자 루스 몽고메리(1912~2001)가 지적하였듯이 '지구 자체의 정화를 위한 필연적인 과정'입니다. 묵은 천지가 생명력이 충만한 새 천지로 태어나기 위한 부활의 몸부림입니다.

가을개벽은 한마디로 천지일월과 인류 역사가 새로 태

어나는 공전절후空前絶後한 대사건입니다. 선천 여름철에 온갖 생명을 성장시켜 온 상극의 불 기운[火氣]이 사그라지고, 온 우주의 존재들을 통일하고 성숙시키는 가을 금 기운[金氣]이 들어오면서 천지의 질서가 상생으로 바로잡힙니다. "이때는 하늘과 땅이 성공하는 시대니라."(2:43:4) 라고 하신 상제님 말씀처럼, 지축이 정립하고 지구 공전궤도가 정원으로 바뀌면서 이른바 후천선경을 건설할 수 있는 지구 환경이 온전히 조성되는 것입니다.

이것이 우주의 봄철 이래 인간농사를 지어온 천지가 참된 인간 열매를 거두어 본래 목적을 이루고, 인간이 성숙한 알캥이, 참인간이 됨으로써 천지와 인간이 다 같이 성공하는 '천지성공天地成功'의 참뜻입니다.

그렇다면 현실 세계에서 실제로 이러한 일을 이루어 나가는 역사의 주체는 누구일까요. 상제님은 당신의 도를 세상에 뿌리 내리고 가을개벽 상황에서 인류를 건져 후천선경을 건설하는 일(의통성업, 천하사)을 당신님의 종통을 잇는 대행자와 일꾼들에게 맡기셨습니다.

※ 모사재천은 내가 하리니 성사재인은 너희들이 하라.
  (道典 8:1:6)
※ 천존天尊과 지존地尊보다 인존人尊이 크니 이제는 인존시대人尊時代니라. 이제 인존시대를 당하여 사람이 천

지대세를 바로잡느니라. (道典 2:22:1~2)

여기서 인존 시대란 사람이 가장 존귀한 시대라는 뜻입니다. 이때는 인간이 천지의 주인으로서 천지의 뜻과 꿈을 이루기 때문에 가장 귀한 존재가 되는 것입니다. 개벽을 넘어 새 세상, 새 역사를 건설하려는 천지의 뜻을 이루는 인존 사람, 그가 곧 '태일太一'입니다.

이렇게 해서 세운(세계 역사 질서)의 마무리는, 상제님의 천명을 받은 일꾼들이 가을 개벽기에 인류를 건져 상제님 도를 현실 역사에서 개척하고 지구촌에 뿌리내리는 도운 공사道運公事로 귀결됩니다.

5

상제님 도법 전수와 인류 구원을 위한 도운道運 공사

1) 도운道運 공사의 핵심, 종통宗統 계승 공사

도운道運은 문자 그대로 증산상제님의 도道가 인간 역사 속에 선포되어 자리 잡는 과정을 말합니다. 또한 상제님의 대행자이신 태모님으로부터 시작된 개척사의 전 과정과 후천 선경낙원을 건설하는 모든 과정을 일컫는 말이기도 합니다.

종통은 '마루 종宗', '거느릴 통統' 자를 씁니다. 상제님의 종통이란 상제님의 대행자로서 상제님의 도를 펴고, 상제님이 뜻하신 도업道業을 이루어 나가는 계승자의 정통맥正統脈입니다. 종통을 '진리의 계승'이라는 뜻에서 법통法統이라고도 합니다. 또 '도의 종통 맥'이라는 뜻으로 도통맥, 또는 도맥道脈이라고도 부릅니다.

상제님께서 내려주신 진리의 가르침이 과연 누구에게, 어떻게 이어지느냐, 그것을 정해 놓은 일이 바로 상제님의 종통 공사입니다. 그러므로 도통(종통) 맥이 비뚤어진 곳에서는 참된 진리를 만날 수도, 도업을 이룰 수도 없습니다.

우리가 살아 숨 쉬는 곳은 천지 대자연입니다. 그리고 그 천지를 대행하는 것이 바로 일월, 해와 달입니다. 증산 상제님은 이 천지자연의 이치로 종통이 계승된다는 것을 분명하게 밝혀 주셨습니다.

* 나는 천지天地로 몸을 삼고 일월日月로 눈을 삼느니라.
  (道典 4:111:15)
* 잘 되었네 잘 되었네, 천지 일이 잘 되었네.
  바다 해海자 열 개開자 사진주四眞主가 오신다네.
  (道典 11:251:1~2)

천지天地에 해당하는 두 분인 상제님, 태모님과 천지의 대행자인 일월日月의 두 성인(대사부)이 나와 상제님 도업을 이룬다는 말씀입니다.

2) 가을철 어머니 문화를 여는 수부首婦 공사

상제님은 만유생명의 아버지로서 우주의 조화 법칙인 음양의 이치에 따라 우주를 주재하십니다. 상제님은 종통 공사도 음양의 이치대로 집행하셨습니다.

정미(1907)년 동짓달 초사흗날, 아버지 하나님이신 상제님께서 어머니 하나님이신 태모 고 수부님에게 도맥道脈을 전하시는 수부 책봉 공사를 집행하시고 수부님을 당신의 종통 계승자로 천지에 세우셨습니다.

※ 동짓달 초사흗날 대흥리 차경석의 집 두 칸 장방에 30여 명을 둘러앉히시고 수부 책봉 예식을 거행하시니라. 상제님께서 말씀하시기를 "내가 진주眞主 도수를 천한 데 가서 가져온다." 하시고 … 이어 경석에게 명하여 "수부 나오라 해라." 하시고 부인께 이르시기를 "내가 너를 만나려고 15년 동안 정력을 들였나니 이로부터 천지대업을 네게 맡기리라." 하시며 …. (道典 6:37:1~5)

상제님과 수부님은 음양동덕陰陽同德으로 존재하십니다. 수부는 '머리 수首' 자, '지어미 부婦' 자로, 머리가 되시는 만유생명의 어머니라는 말입니다. 수부님은 억조창생을 새롭게 낳아 주시는 어머니 하느님이십니다. 수부님을 다른 말로 태모님이라고 부릅니다. '클 태太' 자, '어머니 모母' 자, 인간과 신명의 큰 어머니라는 뜻입니다.

상제님이 어머니요 여성이신 태모님께 종통을 전수하신 참 뜻은 무엇일까요? 그것은 우주 가을철의 정음정양正陰正陽, 건곤합덕乾坤合德, 천지합덕天地合德의 원리에 따른 것입니다.

선천은 억음존양 세상으로 거의 모든 것이 남성 위주였습니다. 수천 년 동안 여성은 정치를 비롯한 사회 활동에 참여하지 못한 채 집안에 갇혀 지내는 등 차별과 억압의 삶을 강요받았고, 종교도 남성이 주도적인 역할을 해 왔습니다. 과거에는 물론 지금까지도 성직자는 대부분 남성 중심입니다.

상제님께서는 후천개벽을 맞아 정음정양의 원리에 따라 당신의 반려자이자, 뭇 여성의 머리이신 태모님께 가을우주의 종통을 전수하셨습니다. 이 수부 도수는 상제님 종통 전수의 핵심 주제입니다.

- ❋ 수부의 치마폭을 벗어나는 자는 다 죽으리라.
  (道典 6:96:6)
- ❋ 천하만민을 살리는 종통대권은 나의 수부, 너희들의 어머니에게 맡긴다. (道典 11:345:7)

우리는 이 말씀에서 수부의 위상과 권능이 얼마나 중요하고 큰지 알 수 있습니다. 한마디로 수부 도수는 증산 상제님의 구원과 진리의 출발점이라 할 수 있습니다.

세간에는 이러한 상제님의 뜻과 천명을 어기며 종통을 이어 받으신 수부님을 부정하고 종통을 임의로 조작하는 난법자들이 많습니다. 상제님은 천지대권을 수부님에게 넘기셨다고 하시면서 "수부를 부정하면 다 죽는다!"고 선언하셨습니다. 수부 도수 속에 후천 개벽기에 죽고 사는 모든 구원의 문제와 도업 성공의 열쇠가 들어 있는 것입니다.

6

천하사 도업을 성취하는
종통 도운 역사

1) 도장道場 문화를 처음 여신 태모님

 상제님의 수부 공사에 따라, 태모 고 수부님은 상제님께서 어천하신 2년 후(도기 41, 신해년, 1911) 도통을 하시고, 상제님을 대행하여 성도들을 다 불러 모으셨습니다. 그리고 전라도 정읍 대흥리에서 후천 5만 년 조화선경 건설의 출발점이라 할 수 있는 도장道場 문을 여시고 도장 살림을 주재하셨습니다. 어머니가 자식을 낳듯이, 역사상 처음으로 도장을 열고 상제님의 진리를 만방에 선포하심으로써, 상제님 신앙 문화를 낳아 주신 것입니다.

 그 뒤 얼마 지나지 않아 상제님 교단은 한민족이 일제하에 신음하던 어려운 상황 속에서도 신도 수가 6,7백만 명까지 이르는 대부흥을 이루었습니다. 그러나 중일 전쟁으로 들어서기 직전의 혼란 속에서 일제가 행한 민족 종교에 대한 대대적인 탄압과 해체 특명(1936년)으로 교단이 해체되고, 도세道勢는 급격하게 무너져 내렸습니다.

2) 추수秋收 도운을 여신
안운산安雲山 태상종도사님

 해방 후 태모님을 계승하여 상제님의 도를 널리 전하고 크게 부흥시킨 분이 안운산 태상종도사님입니다. 태상종도사님은 일찍이 상제님 신앙심이 깊던 조부님과 부친의 영향으로 어릴 때부터 상제님의 대도 진리를 접하셨습니다. 젊은 시절에는 장차 상제님 사업을 펼치기 위해 온 세상을 둘러보시며 때를 기다리셨습니다. 이윽고 상제님께서 천지공사로써 정해 놓으신 도수에 따라, 1945년 8.15 해방과 더불어 상제님의 이념을 세상에 선포하시고 신도들을 다시 상제님 앞으로 부르셨습니다.

 태상종도사님은 김제군 용화동에 본부 도장을 세우고 전국 각지를 순례하시며 상제님 사업을 전개하셨습니다. 해방 후 혼란한 사회 정세 속에서 백절불굴의 정신으로 숱한 어려움을 극복하시며, 신도 수십만을 규합하여 증산도 제2 부흥시대를 여셨습니다. 그러나 1950년 초반 상씨름인 6. 25전쟁을 계기로 도세道勢는 다시 약해졌습니다.

 이후 '삼천이라야 일을 이룬다'는 상제님 말씀 그대로 도운은 드디어 세 번째 전기를 맞게 되었습니다. "갑을甲乙로써 머리를 들 것이요."(6:109:6)라고 하신 상제님의 도운 공사에 따라, 갑인甲寅(1974), 을묘乙卯(1975)년에 이르러 태상종도사님께서 안경전 종도사와 더불어 상제님 천하사의 마무리 추수 도운을 일으키셨습니다. 후천의 세계 수도인 태전太田(대전)에 본부를 두고 증산도 대학교 출범, STB 상생방송 개국, 상생문화연구소 개소, 『도전道典』 출간과 7개 외국어 번역 등 허다한 상제님 도업을 이루어 냈습니다. 그리고 현재 후천 통일 문명을 열기 위한 증산도 세계화에 박차를 가하고 있습니다.

그렇다면 증산도는 어떻게 해서 태전을 중심으로 자리를 잡게 되었을까요?

'콩 태太'자, '밭 전田'자, '태전'은 대전太田의 원래 이름입니다. 상제님은 "내가 후천선경 건설의 푯대를 태전太田에

식장산에서 바라 본 태전 전경
사진 좌측에 보이는 산이 보문산寶文山이다. 본래 이름은 봉무산鳳舞山(봉황이 춤추는 산)이며 그 주봉은 시루봉이다.

꽂았느니라."(5:136:2) 하시어, 후천 지상선경 세계를 개창하는 대업이 태전에서 매듭지어진다는 것을 여러 차례 강조하셨습니다.

그리고 태전에서 공사를 보시며 큰 소리로 "장차 여기에서 전무지후무지법前無知後無知法이 나오리라. 태전을 집을 삼고 인신합덕을 하리니 태전이 새 서울이 된다." (5:306:2~3) 하고 외치셨습니다.

* 일꾼이 콩밭[太田]에서 낮잠을 자며 때를 넘보고 있느니라. (道典 5:136:1)

상제님 일을 대행하는 일꾼(대사부)이 나와서 상제님 도업을 인간 역사에 뿌리 내리며, 인류사의 상극 운을 마무리 짓고 후천선경 세계를 건설하는 성스러운 땅, 그곳이 바로 태전太田입니다.

태전太田

대전大田의 본래 이름. 태전太田의 태太는 태을주의 태 자이다. 조선침략의 원흉인 이토 히로부미가 1909년 1월 13일 순종황제를 호종하다 태전에 이르러 이곳 태전 주위를 둘러보고 산수풍광이 웅대함을 보고서 그 지운을 약화시키려는 속셈으로 "차라리 태전太田이라는 지명을 바꾸어 대전大田으로 부르는 것이 좋겠다."고 역설함에 따라, 대전으로 바뀌었다 (田中市之助, 『朝鮮大田發展誌』). 원시반본 정신에 따라 왜곡된 '대전' 지명을 다시 '태전' 으로 바로잡는다.

3) 인류를 건져 새 역사를 여는 법방은

그러면 대개벽 병겁 상황에서 내가 살고 세상 사람을 살릴 수 있도록 증산 상제님께서 일꾼들에게 내려 주신 구원의 법방法方은 무엇일까요?

❀ 당래에는 병겁病劫이 들어와 천하를 진탕으로 만들 것인데 뉘라서 활방活方을 얻어 멸망하는 인종을 살리리오. (道典 7:32:2)

상제님께서는 "하늘이 다 죽이는 때에도 씨종자는 있어야 되지 않겠느냐?"라 하시며 절체절명의 추살 개벽 상황에서 내가 살고 인류를 살릴 수 있는 활방活方으로 의통醫統을 내려 주셨습니다.

의통의 의醫는 '개벽기의 추살기운 병란에서 살려 낸다'는 뜻이고, 통統은 '통일한다, 거느린다'는 뜻입니다. 그래서 의통은 '병든 세계를 살려서 통일한다'는 의미입니다.

❀ 오직 병겁만은 그대로 두고 너희들에게 의통을 붙여 주리라. (道典 7:33:7)
❀ 만법 가운데 의통법이 제일이니라. (道典 5:242:18)

가을개벽의 병란病亂이 들어오면 그때는 세상에 나와 있는 기존의 법방으로는 대응할 길이 전혀 없습니다. 추살 기운을 타고 이름 모를 괴질이 들어와 남북한에서 49일

동안 돌다가 전 세계를 3년 동안 휩씁니다. 그때 상제님 일꾼인 의통구호대가 상제님이 내려 주신 '의통'으로 지구촌 인류를 살립니다.

쉽게 말해 의통은 '실재實在하는 신물神物'로서, 참혹한 개벽의 현장에서 사람을 살리는 '상제님의 신패神牌'입니다. 이때 의통으로 구원받아 살아남은 사람들이, 그 은혜에 보은하여 모두 한마음이 됨으로써 비로소 세계가 한 가족으로 통일됩니다. 마침내 후천 상생의 새 문명, 세계 일가 통일 문명의 꿈이 실현되는 것입니다.

한마디로 지구촌 70억 인류가 눈 깜박하는 순간에 마구 죽어 넘어가는 급박한 개벽 상황에서 생명을 살려, 선천 인류사의 모든 불의를 바로잡고 마침내 온 천하를 통일하는 아버지 상제님의 조화법이 의통법입니다.

4) 육임 의통구호대, 칠성 도수

가을개벽의 실제 상황에서 상제님의 조화 신권인 의통을 사용하여 인류를 건지는 구원자, 의통구호대는 칠성七星 도수에 따라 7명으로 조직됩니다. 지휘자 한 명과 각기 임무를 맡은 여섯 사람(六任)을 합해서 7명입니다. 그래서 증산 상제님께서는 각기 6명을 포교하라 명하셨습니다.

※ 나를 믿는 자는 매인每人이 6인씩 전하라.
(道典 8:101:1)
※ 칠성 도수는 천지공사를 매듭짓는 도수니라.
(道典 11:360:4)

상제님이 계시는 별인 북두칠성은 만유 생명을 태어나게 하는 이 우주의 중심 하늘(中天, central heaven)입니다. 상제님의 의통구호대는 바로 이 북두칠성에서 성령 기운을 받아 개벽의 현장에서 생명을 살리게 됩니다. 신약의 「계시록」에서 사도 요한이 해 뜨는 곳에서부터 흰 옷 입은 무리가 올라와 죽은 자를 살린다고 했는데, 이들이 바로 칠성 도수에 의해 조직된 증산도의 의통도군道軍(도의 군사들)입니다.

그럼 이제 증산도 의통구호대가 인류를 건져 건설하는 상제님의 후천선경은 어떤 모습일지, 한번 살펴볼까요?

chapter

6

천지의 꿈을 이루는 대한大韓

1
개벽 후에 펼쳐지는 지상 선경낙원

1) 완전한 조화를 이루는 자연환경

지금까지 살펴보았듯이 앞으로 전 인류는 천재天災와 지재地災와 인재人災가 총체적으로 몰려오는 가을개벽의 실제 상황에 직면하게 됩니다. 그러나 가을개벽은 종말이 아닙니다. 상제님의 도법으로 개벽 상황을 극복하고 나면 후천선경이 현실 역사로 펼쳐지기 때문입니다.

우주의 통치자 하나님이 이 세상에 친히 오셔서 무량한 조화권능으로 하늘과 땅의 질서를 뜯어고쳐, 모든 인간이 성숙한 삶을 살 수 있도록 대자연의 새로운 환경 질서, 상생의 새 질서를 열어 주셨습니다. 그리하여 상극의 낡은 질서가 끝나고 상생의 새 질서가 열립니다.

앞으로 일어날 자연 개벽, 문명 개벽, 인간 개벽 가운데 가장 근본적인 것은 인간이 살아가는 무대인 '자연'의 변화입니다.

그동안 동북방으로 23.5도 기울어져 있던 지구의 축이 정남북으로 정립하여 1년이 365¼일에서 360일로 바뀝니다. 시간의 꼬리(5¼)가 떨어져 윤달, 윤년이 없어지고 음력과 양력이 똑같아집니다. 시간과 공간이 완성되어 사시四時가 조화롭게 되며 극한極寒 극서極暑가 사라집니다. 정음정양正陰正陽 도수로 음과 양이 균형을 이루어 해가 지면 달이 뜨고, 달이 지면 해가 뜹니다. 이처럼 천지도 그 주인 되시는 증산 상제님의 손길로 재정비되고 새롭게 단장되는 것입니다.

2) 우주일가 통일문화

선천에는 상극의 이법과 상이한 자연 환경을 배경으로 문화도 중동 중심, 인도 중심, 중국 중심, 그리스 로마 중심 등 각 지역마다 서로 다른 세계관, 우주론을 발전시켜 왔습니다.

그런데 후천에는 인류 문화의 틀이 분열·발달에서 통일·성숙으로 바뀌게 됩니다. 다양한 문화권이 소통하고 조화를 이루면서 하나의 지구촌 통일문화, 우주일가 문화를 형성합니다. 후천에는 인류문명의 틀이 총체적으로 변혁되어 정치, 경제, 사회, 문화 등 인간 삶의 모든 분야가 성숙단계에 이릅니다.

* 후천은 온갖 변화가 통일로 돌아가느니라.
  (道典 2:19:7)
* 후천에는 천하가 한집안이 되리니 모든 언어동정을

> 통일하여 조금도 편색偏塞함이 없게 하리라.
>
> (道典 7:4:1)

언어와 문자가 한국어 중심으로 통일되고 세계 통일정부가 동방 한반도에 들어섭니다. 상제님은 앞으로 펼쳐질 후천세계가 단일 문명권으로 통일되도록 세계일가 통일정권世界一家統一政權 공사를 집행하셨습니다(5:325).

후천은 정치와 종교가 통일되는 시간대이기도 합니다. 그래서 군사부君師父 일체 시대라고 합니다. 개벽기에 인류가 오직 상제님 진리로 살아남으니 상제님이 아버지[父]이시고, 상제님 진리로 후천 오만 년 통치를 하시니 상제님이 임금[君, 帝]이 되시고, 상제님의 가르침대로 살게 되니 상제님이 스승[師]도 되시는 것입니다.

본래 역사의 출발점, 인류 창세 시대인 환단 시대에는 정치와 종교가 나뉘어져 있지 않았습니다. 삼신의 가르침[神敎]이 곧 나라를 다스리는[政治] 절대 지침이 되었습니다. 이때 임금은 제왕이면서 제사장이요 나아가 백성들의 스승이었습니다. 이를 제정일치의 신교神敎 시대라고 부릅니다.

인류의 황금시절인 태곳적 신교 시대에 그랬던 것처럼 후천세상에서도 과학과 종교가 하나로 만나며, 정치와 종교가 합일合一됩니다. 군사위君師位가 일체로 통일되며 성웅聖雄을 겸비한 황제 정치가 각국마다 실현됩니다. 선천 상극 세상이 안고 있는 성장의 한계와 모순이 완전히 극복되고 마침내 대한민국이 상제문화의 종주국으로서 후천 오만 년 동안 지구의 중심 나라가 됩니다.

또한 자연의 부조화, 불균형이 완전히 사라지면서 인간 세상의 남녀 문화도 선천 세상의 그릇된 억음존양 문화, 남성 중심 문화가 사라지고, 남녀가 서로 조화를 이루며 동등한 지위와 권리를 가지고 살아가게 됩니다.

* 예전에는 억음존양抑陰尊陽이 되면서도 항언에 '음양陰陽'이라 하여 양보다 음을 먼저 이르니 어찌 기이한 일이 아니리오. 이 뒤로는 '음양' 그대로 사실을 바로 꾸미리라. (道典 2:52:4~5)
* 몇 천 년 동안 깊이깊이 갇혀 남자의 완롱玩弄거리와 사역使役거리에 지나지 못하던 여자의 원寃을 풀어 정음정양正陰正陽으로 건곤乾坤을 짓게 하려니와 이 뒤로는 예법을 다시 꾸며 여자의 말을 듣지 않고는 함부로 남자의 권리를 행치 못하게 하리라. (道典 4:59:2~3)

3) 인간의 도통과 조화문명

후천 세상에서는 인간과 신명의 체질과 심법이 모두 바뀌게 됩니다. 통일·수렴하는 천지기운을 타고 사람과 신명이 서로 소통하고 제 자리에 앉아서 만 리를 내다보고 모든 것을 통찰할 수 있는 만사지萬事知 문화가 열립니다. 만사지란 '인류의 지혜가 열려서 모든 것을 안다'는 뜻입니다. 모든 사람이 태을주의 천지조화 공부를 통해 자신의 몸 속에 있는 삼신의 광명을 체득하여 앉아서 눈을 감고도 대우주 세계를 다 봅니다. 모든 인간이 공자, 석가, 예수 못지않게 도통을 해서 모르는 것이 없으므로 거짓이 없습니다. 마음을 환히 꿰뚫어 보게 되니 서로 속일 필요도 없고 또 속이려 해야 속일 수도 없습니다.

또 후천에는 성경신誠敬信만 있으면 무엇이든지 이룰 수 있습니다. 본래 상제님으로부터 부여받은 신성이 완전하게 발현되어 인간이 신명도 부리고 시공의 벽을 넘어 순식간에 지구촌 저 멀리 갈 수도 있습니다.

❋ '공자는 72인을 도통케 하고 석가모니는 500인을 도통케 하였다' 하나 나는 차등은 있을지라도 백성까지 마음을 밝혀 주어 제 일은 제가 알게 하며….
(道典 7:82:1~2)

❋ 너희들도 잘 수련하면 모든 일이 마음대로 되리라.
(道典 3:312:10)

후천에는 장수문화가 열리고, 누구나 천지의 무궁한 복록을 풍족하고 공평하게 누리며 살아갑니다.

❋ 모든 사람의 쇠병사장衰病死葬을 물리쳐 불로장생 不老

長生으로 영락을 누리게 하리니…. (道典 7:4:4)
* 빈부의 차별이 철폐되며 맛있는 음식과 좋은 옷이 바라는 대로 빼닫이 칸에 나타나며…. (道典 7:5:3)
* 중생의 복록과 수명을 통찰하여 후천 성인시대에는 복록과 수명을 고르게 할지라. (道典 11:360:6)

태모님 말씀을 보면 앞 세상에는 사람이 아무리 못 살아도 700세는 삽니다. 보통 900살, 도를 잘 닦은 사람은 1,200세를 누립니다. 또 신명과 인간이 지상에서 함께 사는 시대가 펼쳐집니다. 조상과 자손이 합일合一되어 지구촌에서 같이 살아갑니다. 10대조, 20대조 조상과 자손이 오만 년 동안 지상에서 펼쳐지는 조화선경에서 같이 사는 것입니다.

결론적으로 가을개벽 후 열리는 후천선경에서는 지구촌 사람들이 모두 도를 통해서 조화를 부리고 도권道權을 쓰면서 신선의 경지에서 살아갑니다. 모두가 광명한 삶을 살던 환단 시대의 조화 문명, 선仙 문명이 다시 나오는 것입니다.

* 후천에는 만국이 화평하여 백성들이 모두 원통과 한恨과 상극과 사나움과 탐심과 음탕과 노여움과 번뇌가 그치므로 말소리와 웃는 얼굴에 화기和氣가 무르녹고 동정어묵動靜語默이 도덕에 합하며, 사시장춘四時長

春춘에 자화자청自和自晴하고, 욕대관왕浴帶冠旺에 인생이 불로장생하고 빈부의 차별이 철폐되며, 맛있는 음식과 좋은 옷이 바라는 대로 빼닫이 칸에 나타나며 운거雲車를 타고 공중을 날아 먼 데와 험한 데를 다니고 땅을 주름잡고 다니며 가고 싶은 곳을 경각에 왕래하리라. 하늘이 나직하여 오르내림을 뜻대로 하고, 지혜가 열려 과거 현재 미래와 시방세계十方世界의 모든 일에 통달하며 수화풍水火風 삼재三災가 없어지고 상서가 무르녹아 청화명려淸和明麗한 낙원의 선세계仙世界가 되리라. (道典 7:5:1~6)

2

후천 가을의 조화 광명 문화를 여는 주역, 대한

1) 후천문명의 개척자, 태일

그런데 인류가 꿈꾸어 온 후천 문명은 이 땅에 저절로 열리는 것이 아닙니다. 증산 상제님께서는 '성사재인'을 말씀하셨습니다. 인존 시대를 맞아 가을개벽의 큰 시련을 극복하고, 후천의 새 문명을 건설하는 것은 인간의 몫입니다.

앞에서 천지의 뜻을 받들어 지구촌의 모든 상극과 불의의 역사를 바로잡고 장차 가을 개벽 상황에서 인류를 건져 가을 우주의 조화 광명 문화[1]를 개척하는 가을철 열매 인간을 태일太一이라 하였습니다.

이 '태일'은 9천 년 전에 상제님이 직접 인류에게 내려

---

1) 지금 벌어지고 있는 동북아 역사 전쟁, 즉 중국이 우리 시원 역사를 말살하고 우리 역사와 문화와 영토를 빼앗는 것, 일본이 우리 시원 역사를 조작하고 독도를 자기네 땅이라 우기는 것 등은 모두 '광명 문화'의 종주권을 차지하기 위한 싸움이라 할 수 있다. 국호를 보더라도 일본은 '일출지본日出之本, 태양이 뜨는 근본'이라는 뜻이며, 중국은 '중화인민주의공화국'에 중화中華를 써서 '우주 광명 문화의 중심'임을 주장하고 있다.

주신 상제님의 첫 작품이자 숭고한 깨달음의 문화사에서 첫 번째 경전이요 계시록인 『천부경』의 결론입니다.

『천부경』 팔십일 자를 곱씹어 보면 '태일'은 첫째, 천지와 인간과 신명이 태어난 본래 생명의 근원('일시무시일一始無始一'의 일一)을 뜻하고, 둘째로 천지부모와 하나된 궁극의 인간상, 가을철 열매 인간('인중천지일人中天地一'의 일一)을 말하는 것임을 알 수 있습니다.

『환단고기』「삼신오제본기」에도 천지부모와 하나 된 인간의 위격을 '태일'[2]이라 하였습니다. 인간은 본래 천지부모의 뜻과 꿈을 이루는 주인공이며 천지부모와 한마음, 한생명이라는 큰마음으로 사는 대인大人으로서, 천지보다 더 크고 존엄하기 때문에 태일太一이라 한 것입니다.

이 태일을 영적, 신도神道적으로 표현한 말이 태을太乙입니다. 태을천太乙天은 모든 도가 나오는 근원, 조화의 뿌리자리이며 우주 조화의 모체입니다. 안운산 태상종도사님은 "태을천은 우주의 자궁이다."라고 천명하셨습니다. 세상이 처음 시작되던 아득한 태시太始에 인간을 낳아 주고 하늘땅과 만물의 생명이 비롯된 궁극의 발원처가 바로 태을천입니다. 그리고 태을천은 인간으로 하여금 천지부모의 이상과 목적을 이루는 태일이 되도록 해 주는, 조화성

---

2) 稽夫三神, 曰天一, 曰地一, 曰太一.(『환단고기』「삼신오제본기」)

령의 출원지이기도 합니다.

결론적으로 앞으로 모든 가을개벽 상황을 극복하고 전 인류를 한 가족 문화로 통일하여 광명의 대 이상 세계를 열어가는 진정한 주인공이 바로 '태일'입니다.

또한 9천 년 전 환국의 통치이념이며 6천 년 전 초대 환웅천황의 배달국 건국이념이기도 한 홍익인간弘益人間도 단순히 '인간을 널리 이롭게 하라'는 규범적 가르침에 그치는 것이 아니라 '홍익하는 인간'이라는 이상적 인간상[3]을 지칭하는 말입니다. 이런 의미에서 태일이야말로 진정한 홍익인간입니다.

이제 인류는 가을 개벽기를 맞이하여, 본래 상제님이 선언하신 태일의 위격을 회복하여 우주 광명 문화, 환국의 황금시절 문화를 다시 열어야 합니다. 이것이 가을개벽의 정신인 원시반본原始返本의 핵심입니다.

2) 태일은 곧, '대한'

그런데 한민족 9천 년 역사와 신교문화의 맥으로 볼 때, 태일은 바로 '대한大韓'입니다.

이 대한의 의미는 과연 어디서 찾을 수 있을까요? 『조선왕조실록』에 따르면, 1897년 10월 11일 고종 임금은 "우

---

3) 안경전, 『환단고기』, 602쪽

리나라는 곧 삼한三韓의 땅인데, 개국 초에 천명을 받고 하나의 나라로 통합되었으니 지금 천하의 호칭을 대한으로 정한다고 해서 안 될 것이 없다."[4] 하고, 국호를 대한으로 정하라고 명하였습니다. 우리나라는 본래 환국·배달의 신교 삼신문화를 계승한 옛 조선의 삼한이니 그 '한韓'을 되살려 국호를 '대한'으로 정한 것입니다. 그 이튿날 후, 고종 황제는 원구단에서 삼신상제님께 천제를 올리고 '대한제국'의 출범을 만방에 선포하였습니다. 여기에는 동북아 역사와 문명의 중심이던 단군조선의 영광을 회복[5]하고자 한 고종 황제의 의지가 담겨 있습니다.

그런데 '대한'은 한민족의 나라 이름만을 의미하는 것이 아닙니다. 『환단고기』「신시본기」를 보면, '환桓은 하늘의 광명[天光明], 단檀은 땅의 광명[地光明]'이라 하였습니다. 그리고 인간의 몸속에 내재된 '하늘의 광명[桓]'과 '땅의 광명[檀]'을 온전히 드러내어 천지와 하나된 인간이 바로 '한韓[人光明]'입니다. 따라서 '대한'은 진리에 대한 깨달음을 추구하며 살아가는 인간, 천지의 꿈과 뜻을 실현하고 성취하는 참인간의 대명사입니다.

---

4) 我邦乃三韓之地, 而國初受命, 統合爲一. 今定有天下之號曰'大韓', 未爲不可. … (『고종실록』).
5) 조선을 개국한 이성계는 즉위 후 이름을 '새벽 단旦' 자로 바꾸었는데, 이 또한 고조선의 영토와 문화를 회복하여 과거의 영광을 되찾으려는 웅지의 발로이다.

이외에도 '한'은 '크다', '하나'라는 뜻입니다(『태백일사』
「소도경전본훈」). 김상일 교수는 '한'은 인류문명의 시원과
같이 하는 언어이고, 그 문명의 기원을 '하나로 묶어 주는
띠'와 같은 것이라 말합니다.[6] '한'은 바로 온 인류를 한
가족으로 묶어 주는 문화 정신입니다. 개개인 한 사람이
하나의 '한'이고, 70억 전 인류는 '큰 한' 즉 '대한'입니다.
'대한' 사상을 바탕으로 모든 사람이 하나가 될 때 지구촌
70억 인류는 비로소 갈등과 대립의 역사를 종식하고 한마
음 한 뜻으로 '큰 한'의 가족을 이루어 '세계일가世界一家'의
통일 문명권을 열 수 있습니다. '대한大韓'에는 이런 깊은
뜻이 담겨 있습니다.

3) 대한大韓의 인간으로 거듭나는 길

인간은 본래 태일로 태어났지만 현실적으로 화식火食을
하고 천지부모와 멀어진 채 자기 중심적으로 생각하고 행
동하면서 그 속에 내재된 하나님의 신성(광명)이 막혀 버렸
습니다. 지난 우주의 봄여름철, 인류가 성장기를 마치고
이제 열매 맺는 우주의 가을을 맞이하며 인류 창세 시대,
본래 조화로웠던 창의력과 영성을 총체적으로 회복해야
합니다. 한마디로 오늘의 전 인류는 광명 문화를 회복하여

---

6) 박성수·김상일 외, 『한류와 한사상』, 195~203쪽

진정한 대한, 태일의 인간으로 거듭나야 합니다. 그렇다면 그 방법은 무엇일까요?

태고 시대에는 모든 사람이 상제님이 내려주시는 신교神敎를 바탕으로 생활하며, 수행을 통해 삼신에게서 부여받은 인간 본연의 신성神性을 발현하는 신적 존재로 살았습니다.

동서양의 수행문화에는 인간의 마음과 영혼을 치유하고 대광명의 영성을 회복하는 '치유문화'가 있습니다. 그것이 바로 『환단고기』에서 전하는 태고 원형문화 시대의 '주문呪文 수행'입니다. 『환단고기』에서는 9천 년 전 환국의 안파견 환인 이래로 동북아 문화권에서 행한 수행에 대해 다음과 같이 전하고 있습니다.

> 처음에 환인께서 천산에 머무시며 도를 깨쳐 장생하시니 몸에는 병이 없으셨다.[7]
>
> (환인께서) 바깥일을 꺼리고 삼가 문을 닫고 수도하셨다. 주문을 읽고 공덕이 이뤄지기를 기원하셨다.[8]
>
> (환웅께서 웅족과 호족을) '신령한 주문의 도술로써' 환골換骨케 하여 정신을 개조시키실 때 먼저 삼신께서 전해 주신 정해법靜解法(몸과 마음을 고요히 수행하여 해탈하는 법)으

---

7) 初, 桓仁居于天山, 得道長生, 擧身無病.(『삼성기』하)

8) 忌憚外物, 閉門自修, 呪願有功.(『삼성기』상)

로써 그렇게 하셨는데, 쑥 한 묶음과 마늘 스무 줄기를 영험하게 여겨 이를 주시며 경계하여 말씀하셨다. "너희들은 이것을 먹으며 백 일 동안 햇빛을 보지 말고 기도하라. 그리하면 참된 인간이 되리라."[9]

이처럼 인류 황금 시절에는 우주의 언어, 신의 언어, 생명의 언어를 노래하는 주문 수행을 했습니다. 혹자는 주문이라 하면 이상한 것으로 여기고 참선이나 기도, 찬송가는 고상하게 여기기도 합니다. 과연 주문이란 무엇일까요? 주문呪文은 빨 주呪 자, 글월 문文 자, 글자 그대로 '천지의 신성과 조화로운 생명을 빨아들이는 글'이란 뜻입니다. 일반적으로 주문은 깨달음을 얻은 성인들이 우주 생명의 바다 속에서 얻은 하느님의 생명의 조화 소리를 압축하여 표현한 진언眞言입니다.[10] 주문을 송주하는 것은 신이 내 마음에 출입하고 감응하는 숭고한 문화적 의식儀式으로, 천상의 음악, 우주 음악을 노래하는 것입니다.

최근 홍산문화에서, 지금으로부터 5천여 년 전에 만들

---

9) 乃以呪術, 換骨移神, 先以神遺靜解靈其艾一炷·蒜二十枚, 戒之曰 "爾輩食之, 不見日光百日, 便得人形."(『삼성기』하)

10) 인도에 가서 공부했던 캐나다의 여성, 스와미 시바난다 라다 Swami Sivananda Radha는 『만트라Mantra(주문)』란 책에서, "주문은 영적 에너지의 핵을 형성하는 신성한 소리의 조합이다.(A mantra is a combination of sacred syllables which forms a nucleus of spiritual energy.)"라고 정의했다.

적봉시에서 발굴된 수행 중인 남신상

10대 소년 또는 20대 전후의 젊은이로 추정되는 이 남신상의 주문 읽는 모습에서 우리는 모든 종교의 수행과 기도 문화의 원형을 찾을 수 있다. 천상의 음악, 우주의 음악인 주문을 노래하는 수행은 인류문명의 황금시절인 환국·배달·조선시대에 보편적인 생활문화였다.

어진 수행하는 사람 형상의 조각상이 발굴되었습니다. 적봉시의 유적지에서는 두 손을 단아하게 모으고 주문을 읽고 있는 젊은 남신상이 나왔고, 우하량 여신묘 유적에서는 여신의 두상頭像이 나왔는데 이를 근거로 복원한 여신상의 자세는 가부좌를 틀고 수행하는 모습입니다.

『환단고기』는 환국, 배달, 단군조선 시대에 행해진 신교의 수행법이 고려 때까지 이어졌다고 전합니다. 한 예로 고구려를 세운 고주몽 성제聖帝는 신하들에게 다음과 같은 가르침을 내려 주었습니다.

> 마음을 비움이 지극하면 고요함이 생겨나고, 고요함이 지극하면 지혜가 충만하고, 지혜가 지극하면 덕이 높아지느니라.[11]

---

11) 虛極靜生, 靜極知滿, 知極德隆也.(『태백일사』「고구려국본기」)

또 고구려 영양제 때의 을지문덕 장군은 신교 수행과 도통하는 법에 대해 구체적인 가르침을 전했습니다. 일찍이 산에 들어가 도를 닦다가, 삼신의 성신聖神이 몸에 내리는 꿈을 꾸고 신교 진리를 크게 깨달은[12] 장군은 도를 통하는 요체를 다음과 같이 밝혀 주었습니다.

> 도를 통하는 요체는 날마다 염표문念標文을 생각하여 실천하기에 힘쓰고, 세상을 신교의 진리로 다스려 깨우치며, 삼도三途 십팔경十八境을 고요히 잘 닦아 천지광명의 뜻과 대이상을 성취하는 홍익인간이 되는 데 있다.[13]

수행의 원형문화를 전하는 『환단고기』의 「염표문」은 인류 황금시절의 영성문화를 회복할 수 있는 지침서이자 정법서正法書입니다. 환국 이래 나라를 경영한 제왕에서부터 일반 백성에 이르기까지 우주 광명을 체득하는 수행을 생활화한 한민족은, 삼신의 천지 광명을 체험하고 밝은 마음으로 자신을 다스리며 무병장수의 삶을 누렸습니다. 이렇듯 정성을 기울여 행하는 주문 수행이야말로 내 안에 깃든 신성을 회복하여 대한의 인간으로 거듭나는 길임을 영성문화의 역사가 알려 주고 있습니다.

---

12) 嘗入山修道, 得夢天神而大悟.(『태백일사』「고구려국본기」)
13) 要在日求念標, 在世理化, 靜修境途, 弘益人間也.(『태백일사』「고구려국본기」)

3

조화 광명 문화를 여는 공부법

1) 천지의 조화를 여는 태을주

천지의 가을 개벽기를 맞아 상제님께서 직접 인간으로 오시어, 인간이 천지조화 광명을 열어 진정한 대한, 즉 태일이 되게 하는 공부법을 내려 주셨습니다. 그것이 바로 9천 년 한민족 신교의 천지성령문화, 제천문화의 최종 결실인 태을주太乙呪입니다.

훔치 훔치 태을천 상원군 훔리치야도래 훔리함리사파하
吽哆 吽哆 太乙天 上元君 吽哩哆哪都來 吽哩喊哩娑婆訶

태을주는 천지의 조화성신을 받아 내리는 주문입니다. 성령의 근원은 천지와 인간을 낳아 주신 삼신이시고, 이 조화성신을 내려 주시는 주재자는 아버지 하나님이신 삼신상제님입니다. 그리고 인간으로 하여금 삼신과 하나 된 태일의 인간이 될 수 있도록 성령의 문을 열어 주시는 분이 상원군님입니다. 이분은 태일신[14]으로서 태을천을 주

---

14) 태일신에 관한 기록: 고조선 26대 추로단군 시절, 동이족 강태공이 산동성 제나라 왕으로 봉해져서 서방 한족에게 신교문화인 팔신제를 보급했는데, 그때 삼신을 천일신, 지일신, 태일신으로 숭배하였다. 사마

太乙呪

"'훔치'는 천지부모를 부르는 소리니라." (道典 7:74:1)

훔치 吽哆 吽哆 훔치

太乙天上元君 태을천상원군

吽哩哆哪都來 훔리치야도래

吽哩喊哩娑婆訶 훔리함리사파하

6장 천지의 꿈을 이루는 대한大韓

재하시는 주신±神입니다.

- ❊ '훔치'는 천지부모를 부르는 소리니라. (道典 7:74:1)
- ❊ 태을천太乙天 상원군上元君은 하늘 으뜸가는 임금이니 오만 년 동안 동리동리 각 학교에서 외우리라. (道典 7:75:2)

태을주의 첫머리인 '훔치'는 '천지와 하나가 된다', '태일로서 천지부모와 한마음, 한 몸이 된다'는 뜻으로 태을주는 천지 부모, 즉 천지의 아버지 하나님과 어머니 하나님을 동시에 찾는 주문입니다.

앞에서도 언급했듯이 여름에서 가을로 넘어가는 가을개벽기의 천지 이법은 화극금火克金입니다. 여름의 불 기운[火]이 가을의 금金 기운을 녹이기 때문에 금 기운이 불 기운을 거부합니다. 그래서 중앙의 토土가 매개하여 화생토火生土, 토생금土生金해서 가을로 넘어가듯, 우리가 가을철 인간으로 거듭나는 길은 천지조화의 근원인 토기土氣를 받는 것입니다. 이 토 기운을 받는 공부가 태을주 공부이기 때문에 상제님께서 태을주를 내려 주신 것입니다.

천의 『사기』, 「봉선서」에도 한 무제 때 장안 동남쪽에 태일단을 세우고 삼신께 3년에 한 번씩 천제를 올렸다는 기록이 있다. 『조선왕조실록』에는 태일신이 천신 중 가장 높은 신으로 받들어지다가 중종 때 유림들의 반대로 철폐되었다는 기록이 있다.(『개벽실제상황』 5부 참고)

태을주는 또한 인간의 생명수인 수기水氣[15]를 저장하는 주문입니다. 그리하여 태을주 수행으로 도를 잘 닦으면 내 정혼이 뭉쳐서 천지와 더불어 멸하지 않는 영원한 생명으로 환원됩니다. 그러나 도를 닦지 않는 사람은, 때가 되면 그 정혼이 흩어져 영체도 소멸되어 없어지고 맙니다.

또한 '추지기秋之氣는 신야神也라'(6:124:9)라는 상제님 말씀처럼 가을의 기운, 가을 우주의 생명은 그 자체가 신입니다. 가을 우주에서는 신도神道의 기운을 크게 받는 사람이 결국 열매 맺는 인간이 됩니다. 상제님이 내려 주신 태을주 수행이야말로 가을 우주의 신도 기운을 흠뻑 내려 받는 공부입니다.

선천 세상의 모든 원한과 악업을 천지가 쓸어내는 우주의 가을 개벽기에는 지상에 오신 상제님께서 완성해 내려 주신 생명의 주문, 태을주를 읽어야 추살秋殺의 개벽상황을 극복할 수 있습니다. 가을 개벽기에 소멸되지 않는 영원한 생명을 얻는 것이 지금 이 시대를 살아가는 모든 인

---

15) 수기水氣란 내 몸의 정수, 진액으로서 인간은 천지조화의 태극수를 받아서 탄생한다. 이 신장의 수기, 원기元氣는 선천적으로 이미 주어져 있는 것이기 때문에 한 번 소모되어 버리면 채워지지 않는다. 생활한다는 것은 신장 수기를 쓰는 것이므로 시간이 흐를수록 자꾸 고갈되어 간다. 그래서 몸 관리를 하고 수기 보존을 잘해야 한다. 우리가 태을주를 염념불망 읽으면, 천지의 수기 즉 우주의 생명력을 내려 받기 때문에 만병萬病을 뿌리 뽑고 심신의 건강과 활력을 되찾게 된다.

간 삶의 궁극 목적인 것입니다.

2) 한민족의 전통 수행법, 정공과 동공

태을주 수행법에는 정공靜功과 동공動功이 있습니다. 정공은 가만히 앉아 고요히 눈을 감고 소리 내서 주문을 읽는 것이고, 동공은 몸을 움직이면서 수행하는 것입니다. 이는 환국과 배달의 원형문화 시대에 시작되어 최종적으로 증산도에서 도공道功으로 완성되었습니다.

앞에서 살펴보았듯이 모든 인간은 삼신의 세 가지 참된 것[三眞], 즉 성명정性命精을 갖고 태어났습니다. 삼신의 세 손길(수평적 개념)인 조교치造教治가 성명정이 되어 우리 몸 속에 내려와 자리 잡는 과정을 수직으로 살펴보면, 조화신은 머릿속의 상단전에 성性으로, 교화신은 가슴의 중단전에 명命으로, 치화신은 배꼽아래 하단전에 정精으로 자리를 잡습니다. 천지의 혼원일기混元一氣(일시무시일의 일一)가 인간의 몸에 들어와 성명정으로 나뉘지 않은 상태가 인간 본연의 모습입니다. 그러나 탯줄을 자르고 나오는 순간 성명정이 분리되어 어두워지면서 결국 인간은 동물과 같은 삶을 살다가 허무한 죽음을 맞이하는 것입니다.

천지의 혼원일기를 갖고 태어난 인간이 이처럼 허무하게 사라진다는 것은 큰 비극이 아닐 수 없습니다. 그리하여 인간 삶의 궁극 목적은 내 몸에서 삼신三神의 우주 광명을 열어 천지와 하나 되는 것입니다. 그 과정은 잡념을 끊고 우주의 순수 감성의 경계에 머무르면서(지감止感), 호흡을 조화되게 깊이 하고(조식調息), 사물과의 감각적인 접촉을 끊어(금촉禁觸), 분열되고 삿된 기운을 물리치고 기혈을 정화함으로써 성취할 수 있습니다. 허리를 똑바로 펴고 앉아서 주문을 읽다보면 수승화강水昇火降이 일어나서 일신(일시일종의 일一)의 조화 속으로 들어가게 됩니다. 내 몸에서 천지 광명의 빛이 열리고 충만해지면서 천지와 더불어 영원히 사는 불멸의 영체가 되는 것입니다. 이때 성과 명을 융합하고 성과 명의 영원한 삼신의 생명력을 복원해 주는 밑천이 바로 내 몸의 정입니다.[16] 그러므로 정기를 손상시키거나 더럽히지 않도록 잘 관리해야 합니다. 정을 굳히고

---

16) 동한 환제(146~167) 때의 진인眞人이라 불리는 위백양魏伯陽의 저서 『주역참동계周易參同契』에서는 성명정 중에서 성과 명밖에 설명을 못하고 있다. 즉 태어나기 전 뱃속의 인간은 살아있는 건곤천지로서 위에 있는 건☰이 아래로 내려와 곤☷과 사귀어서 곤의 중효--가 양으로 변해 감☵이 되고 이때 가운데 진양은 명命을 상징한다. 또한 곤은 위로 올라가 건과 사귀어서 건의 중효－가 음으로 변해 리☲가 되고 가운데 진음은 성性을 상징한다. 이처럼 건곤이 교구交媾되면서 성명이 분리되는 것이다. 탄생 이후 인간은 심장에 위치한 리☲의 진음--은 아래로 내려가고 신장에 위치한 감☵의 진양－은 위로 올라가는 감리교구坎離交媾, 즉 수승화강의 과정을 거쳐 영원히 사는 몸을 형성하는 것이다. 결론적으로 위백양은 천부경, 하도낙서의 맥을 이어 『주역』을 인간의 수행 원리로 완성한 인물이라 할 수 있다.

맑게 하여 그 정을 기화氣化, 신화神化시켜서 내 몸 속의 삼신의 조화를 여는 것이 수행의 가장 큰 관건입니다.

수행이라 하면 사람들은 흔히 정공만을 떠올립니다. 그러나 반드시 동공을 병행해야 합니다. 왜 그럴까요?

낮에는 만물이 열심히 움직이고 밤에는 고요히 쉬는 주야동정晝夜動靜이 대자연의 근본 섭리이기 때문입니다. 게다가 정공을 한다고 해서 우리 몸이 완전히 정지된 것이 아닙니다. 코로는 숨을 쉬고, 오장육부가 움직이며, 온 몸에서 의식 활동이 일어나고 피가 순환을 합니다. 그러니까 정靜 속에 동動이 있고 동動 속에 정靜이 있는 것입니다. 동공은 바로 이런 자연의 법칙에 따라 몸을 움직이며 주문을 읽는 것입니다.

특히 현대인들은 가정과 직장에서 나름대로 걱정거리가 많습니다. 병에 걸린 가족이 있다든지, 내 몸이나 마음이 아프다든지, 시시각각 수많은 문제들이 일어나 우리의 정신을 산란하게 합니다. 이러한 때 몸을 움직이면 내 마음은 오히려 고요히 가라앉습니다. 동공은 몸을 움직이면서 아주 고요한, 그러면서도 역동적인 내면의 모습을 체험하는 것입니다.

그러니까 내 몸의 오장육부 기운이 무너져서 간이 나빠졌다, 심장이 나빠졌다, 비위가 안 좋아졌다, 관절이 안 좋다, 목이 안 좋다 하는 경우 먼저 몸을 편안히 하고 정공을 하다가 자연스럽게 동공으로 들어가는 것입니다. 몸을 앞뒤로 움직일 수도 있고, 팔다리를 상하좌우로 움직일 수도 있고, 손으로 척추를 툭툭 두드릴 수도 있습니다. 자연스럽게 움직이면 됩니다. 그러면서 내면으로 '오장육부와 세포 하나하나에 태을주 기운이 들어온다'는 생각을 가지고 정성껏 주문을 읽으면 동공이 되는 것입니다.

『도전』 5편 308장 말씀을 보면 상제님께서 도공을 '주신呪神 공부'라 하셨습니다. '주문 주' 자, '기도한다'는 '주' 자입니다. 천지 조화신에게 기도하고 그 조화신을 맞이하는 공부라는 말씀입니다.

결론적으로 정공은 스스로 내 몸 속의 삼신을 정화하

여 우주 광명을 밝히는 것이고, 동공은 가을개벽을 앞두고 상제님이 직접 천지 기운을 부어 주시는 것입니다. 이것이 천지의 열매인 태일 인간이 되는 수행법이자 9천 년 한민족의 삼신수행법입니다.

3) 시두를 극복하는 약, 태을주

개벽이 오기 전에 동북아 역사전쟁이 크게 불붙게 될 것입니다. 그리고 그에 앞서 전쟁을 촉발시키는 강력한 손길인 시두時痘(천연두)가 대발합니다. 시두는 지금의 사스, 조류독감의 수준을 훨씬 넘어서는 무서운 병입니다.

* 시두손님인데 천자국天子國이라야 이 신명이 들어오느니라. 내 세상이 되기 전에 손님이 먼저 오느니라. 앞으로 시두時痘가 없다가 때가 되면 대발할 참이니 만일 시두가 대발하거든 병겁이 날 줄 알아라. (道典 7:63:7~9)

이 말씀에는 새 역사의 질서를 여는 놀라운 비밀이 들어 있습니다. 곧 '동북아 역사전쟁의 본질은 천자국 자리를 놓고 벌이는 쟁탈전인데, 시두손님이 들어오는 대한이 진정한 천자국이다'라는 사실입니다.

그렇다면 시두는 왜 대발하는 것일까요? 한마디로 수천 년 동안 끊임없이 천자국, 역사 주도권을 놓고 싸워 온 동북아 역사전쟁을 종식시키기 위해서입니다. 그리하여 불의한 상극의 역사 질서가 무너지고 역사의 정의가 바로 섭니다.

시두는 개벽이 들어와서 자연과 문명, 그리고 인간의 마음과 삶과 역사 속에 존재하는 선천 상극의 모든 갈등 구조를 총체적으로 무너뜨린다는 것을 알리는 신호탄입니다. 이것은 지금까지 인간이 발명해 낸 그 어떤 약이나 의술로도 막아낼 수 없습니다. 시두가 대발할 때 살 수 있는 법방은 오직 하나, 태을주입니다.

※ 시두의 때를 당하면 태을주를 읽어야 살 수 있느니라. (道典 11:264:3)

※ 병겁이 들어오면 시체를 쇠스랑으로 찍어내게 되리니 그 때는 송장을 밟고 다니며 태을주를 읽어 죽은 자를 살리느니라. (道典 11:264:4~5)

태모님께서 하신 이 말씀에서 알 수 있듯이, 앞으로 시두가 대발할 때나 가을개벽의 3년 대병겁에서 살아남는 유일한 법방이 태을주 천지 조화권입니다. 이때는 상제님 일꾼들이 태을주를 읽으며 상제님의 조화신권인 '의통'으로 한민족과 세계 창생을 살립니다. 그 의통의 중심에 태을주가 있습니다.

4) 태을주 수행의 성공 열쇠

그렇다면 천지조화의 광명을 체험하는 올바른 수행법은 무엇일까요?

주문의 생명은 소리에 있습니다. 증산 상제님은 "너희들의 속마음이 곧 성聲이니 주문을 읽을 때는 그 소리를 중히 여기라."(8:64:2) 하시고, "기허즉수물器虛則受物이요 심허즉수도心虛則受道니라, 그릇을 비우면 물건을 담을 수 있고 마음을 비우면 도를 받을 수 있느니라."(2:142:2)라고 하셨습니다.

그러므로 주문을 읽을 때는 모든 생각을 끊고 내 몸과 마음이 오직 주문 그 자체가 되어, 내 몸 안에서 울리는 소리와 하나가 되어야 합니다. 좀 더 정확히 말하면 내 생각의 경계가 소리 자체가 되어야 합니다. 이처럼 주문 소리 외에는 아무것도 없는 상태가 오래 지속되면, 신성이 열리고 조화권을 쓸 수 있는 힘이 뭉쳐집니다. **마음을 '완전히' 비워야지** 그렇지 않으면 천지의 조화성령을 온전히 받아 내릴 수 없습니다. 일절 부정적인 생각을 하면 안 됩니다. '안 된다. 나는 못났다'는 생각을 조금만 해도 그런 기운이 순간적으로 끼어들어 성령의 기운을 막아 버립니다.

☸ 너희들은 읽고 또 읽어 태을주가 입에서 흘러넘치도록 하라. (道典 7:74:9)

❈ 태을주를 많이 읽어라. 밤이나 낮이나 밥 먹을 때나 일할 때나 항상 태을주가 입에서 뱅뱅 돌아야 하느니라. (道典 11:263:8)

상제님과 태모님의 이 말씀처럼 걸어 다니면서도, 잠을 자면서도 늘 천지의 숨결과 같이 태을주를 읽어야 합니다. 안운산 태상종도사님은 "몸에서 태을주 냄새가 나도록 읽어라."라고 하셨습니다. 그리고 '태을주는 우리의 제1의 생명이고 나의 목숨은 제2의 생명'이라 하시며 태을주의 무궁한 조화력을 늘 강조하셨습니다.

염념불망 태을주를 읽어 내 마음이 태을주 천지조화의 심법과 하나가 되면, 비로소 진정한 구도자로 거듭나게 됩니다. 가을철 열매 인간 즉 태일(대한)이 되어 상씨름과 병란病亂이 엄습하는 개벽 실제상황에서 인류를 건져 마침내 이 땅에 천지의 조화 광명 문화를 열고 후천선경을 건설하는 주인공이 될 수 있는 것입니다.

태을주 도공 체험 사례

◎ 쏟아져 내린 원기둥의 빛(김보람/부산중앙도장)

도공을 시작하면서 저절로 손이 머리로 향했습니다. 그러자 머리 주위에서 떠다니는 듯한 기운이 모이더니 갑자기 위에서 머리 정수리 백회부분으로 두꺼운 원기둥 모양의 밝은 색 기운이 계속 쏟아져 내렸고 하단전까지 기운이 뻗어 내려왔습니다. 온 몸이 시원하고 개운한 느낌이 들었습니다.

◎ 도공 중에 나타난 조상님(장복화/서울영등포도장)

한참동안 도공을 하다 보니 뜻밖에 돌아가신 아버지와 할아버지가 나타나셨습니다. 제가 '아버지'하고 불렀더니 아버지는 한없이 우시면서 '왜 이제 왔냐'고 하는 것이었습니다. 몇 년을 가슴 속에 묻어두었던 가정사를 말씀하시는데 아주 긴장하고 조급해하는 심정이 느껴졌습니다. 저도 도공하는 내내 한없이 울었습니다.

◎ 도공할 때 내려온 선녀들(김순옥/서울관악도장)

수행 시 아랫배(하단전)가 더워지면서 몸도 뜨거워지고 기운이 등 뒤를 타고 올라가서 머리를 돌아 앞 쪽으로 아랫배까지 내려오는 것을 느꼈습니다. 또 집에서 도공할 때 하늘에서 아름다운 선녀들이 치맛자락을 휘날리면서 열을 지어서 내려오는 것을 보기도 하였습니다.

◎ 냉증을 치유한 후 단잠을 자다(길병익/이천중리도장)

온몸에 냉증 증세가 있었으며 특히 하체의 냉증이 심하여 오래전부터 잠을 잘 이루지 못하였습니다. 도공을 하면서 양손이 자동적으로 하체를 쓰다듬었습니다. 그러자 뜨거운 불덩이 같은 것이 윗머리로 들어와 온 몸을 차례로 훑고 발바닥 쪽으로 빠져 나갔는데 몸속의 냉한 기운이 사라졌습니다. 그 날 이후 편안하게 깊은 잠을 잘 수 있게 되었습니다.

◎ 눈이 밝아지고 혹이 사라지다(안연심/서울잠실도장)

동지대천제 시, 도공을 시작하면서 눈이 좋아져서 글이 잘 보이게 해달라고 기도를 했습니다. 그리고 평소에 왼쪽 겨드랑이에 딱딱한 혹이 있어서 신경이 쓰이고 아파 겨드랑이 쪽을 두드리면서 도공을 시작하였는데, 잠시 후에 몸이 후끈후끈하고 얼굴이 벌겋게 달아올라 내가 이상해지는 게 아닌가라는 생각을 했습니다. 10분 정도 지났을 때 눈에서 끈적끈적한 액체가 나오기 시작했습니다. 눈물도 함께 나왔습니다. 그렇게 도공이 끝나고 집에 왔을 때, 눈물이 더 심하게 흘러내렸습니다. 뭐가 잘못됐나 싶어서 안과에 가 보았습니다. 안과에서는 별 문제가 없다고 했습니다. 그런데 놀라운 일이 벌어졌습니다. 잘 안 보이던 눈이 갑자기 좋아져서 보이지 않던 글이 보이기 시작했습니다. 그리고 겨드랑이에 있던 딱딱한 혹도 사라졌습니다.

4
대한大韓의 사명

70억 인류의 생사가 갈리는 가을 대개벽기를 맞아 삼신상제님께서 강세하신 이 땅의 한국인은, 지구촌의 다른 어떤 나라 민족보다도 크게 깨어나야 합니다. 대한민국의 잃어버린 시원역사를 되찾고 인류 원형문화인 신교를 회복하는 일은 가을개벽의 정신인 원시반본을 실현하기 위한 가장 근원적인 과제입니다. 지금은 뿌리 문화인 신교가 열매 문화로서 인류사의 중심 무대로 나아가야 할 시점이기 때문입니다.

19세기 중반 '다시 개벽' 소식을 알린 수운 최제우는 삼신상제님으로부터 직접 도를 받아 동학을 창도했으나 천명을 이루지 못하였습니다. 그러나 이제 상제님의 상생의 진리로 무장하고 상제님 도법으로 세계 일가 통일 문명을 건설하려는 참동학 증산도甑山道가 있습니다.

9천 년 역사를 돌아보면, 숱한 이민족의 침략 속에서도 꿋꿋이 나라를 지키고 살아남은 한민족의 근원적인 힘은 낭가郞家 조직에 있습니다. 그 맥은 배달의 제세핵랑에 뿌리를 두고 단군조선의 국자랑을 거쳐 북부여의 천왕랑, 고구려의 조의선인, 백제의 무절, 신라의 화랑, 고려의 재가

화상으로 면면히 이어졌습니다. 문무를 겸비한 낭도들은 국가와 민족을 위해 자신의 모든 것을 아낌없이 내던짐으로써 새 세상을 만드는 데 중추적인 역할을 해 왔습니다. 낭도들은 신교문화가 온전한 인간의 길로 가르친 대한, 태일의 삶을 지향한 이들입니다. 그 낭가의 정신이 조선말의 동학을 거쳐 오늘의 증산도에 이르러 열매를 맺은 것입니다.

 선천 오만 년 그릇된 천지 질서를 바로잡아 후천 조화문명을 열어 주시기 위해 친히 이 땅에 오신 우주의 주재자요 통치자 하느님이신 증산 상제님! 상제님의 무극대도를 현실 역사로 실현하는, 인류 역사상 가장 고귀하고 위대한 사명이 우리의 손에 주어져 있습니다.

 당신이 진정한 한국인이라면 지난날 역사의 불의를 청산하고 천지의 뜻을 이루는 태일, 대한으로 거듭납시다! 그리하여 다가오는 가을개벽의 거센 물결을 헤치고, 온 인류가 한 가족이 되는 후천 지상선경 건설의 주인공, 광명문화의 주역으로 우뚝 섭시다!

지금은 천지에서 사람을 쓰는 때

天地生人하여 **用人**하나니
(천지생인)　　(용인)

以人生으로
(이인생)

不參於天地用人之時면
(불참어천지용인지시)

何可曰人生乎아
(하가왈인생호)

천지가 사람을 낳아 사람을 쓰나니
사람으로 태어나
천지에서 사람을 쓰는 이 때에 참예하지 못하면
어찌 그것을 인생이라 할 수 있겠느냐!

(道典 8:100:1~2)

증산도 신앙의 요람, 증산도 교육문화회관 전경

상제님 진리의 성소, 증산도 도장

증산도 도장道場은 문자 그대로 상제님의 진리를 공부하고 도를 성취하는 성소이다. 또한 실제 개벽상황에서 인류를 구원하기 위해 육임 도꾼들이 의통을 전수받고 집행하는 '세계 구원의 사령탑'이며, 신천지 새 문화를 여는 중심 센터이다.

도장을 찾아가면 입문 과정을 통해 증산도의 기본교리 공부를 이수하고 '입도식'이라는 예식을 통해 태을주를 전수받는다. 입도식은 참 하나님의 대도를 받는 의식으로, 진정한 인존이 되고자 신고를 올리는 거룩한 예식이다. 이는 상제님 태모님의 자녀가 되어 가을개벽에서 인류를 건져 후천선경을 건설하는 인존의 열쇠를 쥐기 위해 첫걸음을 내딛는 것이다.

상제님께서는 "올바른 공부 방법을 모르고 시작하면 난법의 구렁에 빠지게 되느니라."(9:200:3)라고 경계하셨다. 무릇 상제님 태모님의 진정한 자녀가 되기 위해서는 태을주를 비롯하여 상제님께서 친히 내려주신 증산도 주문을 올바르게 읽는 방법과 수행의 참법, 심법 전수 등 진리의 틀을 체계적으로 공부해야 한다.

증산도 주요 도장 안내

교육문화회관 대전광역시 대덕구 한밭대로 1133 (중리동)

태전 | 세종 | 충남

태전갈마	042-523-1691
태전대덕	042-634-1691
태전선화	042-254-5078
태전유성	070-8202-1691
계룡	042-841-9155
공주신관	041-853-1691
논산취암	041-732-1691
당진읍내	041-356-1691
보령동대	041-931-1691
부여구아	041-835-0480
서산	041-665-1691
서산대산	041-681-7973
서천	041-952-1691
아산온천	041-533-1691
예산	041-331-1691
천안구성	041-567-1691
태안	041-674-1691
홍성대교	041-631-1691
조치원남리	044-866-1691

서울

서울강남	02-515-1691
서울강북	02-929-1691
서울관악	02-848-1690
서울광화문	02-738-1690
서울동대문	02-960-1691
서울목동	02-2697-1690
서울영등포	02-2671-1691
서울은평	02-359-8801
서울잠실	02-403-1691
서울합정	02-335-7207

인천 | 경기

인천구월	032-438-1691
인천주안	032-429-1691
인천송림	032-773-1691
부천상동	032-612-1691
고양마두	031-904-1691
구리수택	031-568-1691
김포북변	031-982-1691
동두천중앙	031-867-1691
성남태평	031-758-1691
수원영화	031-247-1691
수원인계	031-212-1691
안산상록수	031-416-1691
안성봉산	031-676-1691
안양만안	031-441-1691
여주창리	031-885-1691
오산대원	031-376-1691
용인신갈	031-283-0056
의정부	031-878-1691
이천중리	031-636-0425
파주금촌	031-945-1691
평택합정	031-657-1691
포천신읍	031-531-1691

충북
음성	043-872-1691
제천중앙	043-652-1691
증평중동	043-836-1696
청주우암	043-224-1691
청주흥덕	043-262-1691
충주성서	043-851-1691

강원
강릉옥천	033-643-1349
동해천곡	033-535-2691
삼척성내	033-574-1691
속초조양	033-637-1690
영월영흥	033-372-1691
원주우산	033-746-1691
정선봉양	033-562-1692
춘천중앙	033-242-1691

부산 | 경남
부산가야	051-897-1691
부산광안	051-755-1691
부산덕천	051-342-1692
부산동래	051-531-1612
부산온천	051-554-9125
부산중앙	051-244-1691
언양	052-264-6050
울산옥현	052-276-1691
울산자정	052-281-1691
거제장평	055-636-1692
거창중앙	055-945-1691
고성송학	055-674-3582
김해내외	055-339-1691
김해장유	055-314-1691
남지	055-526-1697
마산회원	055-256-9125
밀양	055-355-0741
사천벌용	055-833-1725
양산북부	055-382-1690
진주	055-743-1691
진해여좌	055-545-1691
창원명서	055-267-1691
통영정량	055-649-1691
함양용평	055-962-1691

대구 | 경북
대구대명	053-628-1691
대구두류	053-652-1691
대구복현	053-959-1691
대구수성	053-743-1691
대구시지	053-793-1691
대구칠곡	053-312-8338
경주노서	054-742-1691
구미원평	054-456-1691
김천평화	054-437-1691
문경모전	054-554-1691
상주무양	054-533-1691
안동태화	054-852-1691
영주	054-636-1691
영천문내	054-338-1691
포항대신	054-241-1691

광주 | 전남

광주상무	062-373-1691
광주오치	062-264-1691
강진평동	061-433-1690
나주남내	061-333-1691
목포옥암	061-283-1691
순천조례	061-745-1691
여수오림	061-652-1691
완도주도	061-555-1691
해남성동	061-537-1691

전북

군산조촌	063-446-1691
남원도통	063-625-1691
익산신동	063-854-5605
전주경원	063-285-1691
전주덕진	063-211-1691
정읍연지	063-533-6901

제주도

서귀포동홍	064-733-1691
제주이도	064-721-1691

해외도장

미국

뉴욕	1-718-428-4872
로스엔젤레스	1-323-937-2535
달라스	1-972-241-2399
산호세	1-408-289-9228
시카고	1-773-332-6016
아틀란타	1-770-381-7600

캐나다

토론토	1-416-221-1033

독일

베를린	49-305-562-0043

일본

도쿄	81-3-5246-4143
오사카	81-6-6796-8939
고베	81-78-881-1691
니시노미야	81-78-907-1331

중국

홍콩	852-6151-0740

인도네시아

자카르타	62-21-7279-7270

필리핀

마닐라	63-2-249-0939

1577-1691 | www.jsd.or.kr

온 인류에게 후천 5만년 조화선경의 꿈을 열어주는
한민족의 문화원전 도전

서구에 신약이 있고
인도에 베다와 불경이 있고
중국에 사서오경이 있다면
이제 온 인류에게는 『道典』 문화가 있습니다

초기 기록 이후 100년 만에 드디어 완간본 출간!

하늘땅이 함께하는 진정한 성공의 비밀을 알고 싶습니까?
세계를 지도하는 한민족의 영광을 만나고 싶습니까?
마침내, 가을개벽을 맞이하는
세계 역사 전개의 청사진을 보고 싶습니까?
상생의 새 진리 원전 말씀, 『도전』을 읽어 보세요
이 한권의 책 속에 세계일가 시대를 여는
놀라운 상생 문화의 비전이 담겨 있습니다.

『도전』에는 후천가을의 새 문화 곧 정치·종교·역사·과학·여성·어린이 문화 등 미래 신문명의 총체적인 내용이 모두 함축되어 있습니다. 서양 문명의 중심이 신약 한권에서 비롯되었듯이, 후천 5만년 상생의 새 역사는 이 『도전』 한 권으로 열립니다.

『도전』 읽기 범국민 운동 이제 당신도 참여할 수 있습니다

전국 주요 서점, 케이블TV STB상생방송,
www.jsd.or.kr (증산도 공식 홈페이지)에서
『도전』을 만나보세요

甑山道
道典

증산도 도전편찬위원회 편찬 | 최고급 양장 | 대원출판

채널 문의 1577-1691

함께해요
상생의 새 문화

STB

전국의 케이블, IPTV, 스카이라이프에서
시청할 수 있습니다.

www.stb.co.k

언제 어디서나 **STB상생방송**
고품격 문화 컨텐츠를 만날 수 있습니

인류 신문명의 비전을 제시하는 한韓문화 중심채널
SangSaeng Television Broadcasting

주요 프로그램

STB 기획특집
상제님 일대기, 안운산 태상종도사님 대도 말씀
『환단고기』 북콘서트

한민족의 문화원전 도전 문화를 연다
『도전』 산책, 『도전』 퀴즈
I Love English DOJEON 등

새시대 새진리 증산도
알기 쉬운 증산도, 증산도 문화공감
애니메이션 〈신앙 에세이〉, 특집 시리즈 〈병난〉

STB 연중 캠페인
생명을 개벽합시다
〈1사社 1문화재 지킴이〉 운동 등

한문화 중심채널 STB 상생방송
STB 초청 〈역사특강〉
전통음악회 〈맏앙〉, 〈한국의 마을숲〉

남북 통일과 지구대변혁의 실상
다이제스트

개벽

28년 만에 개정신판 발간!

불火 개벽은 일본에서 날 것이요,
물水 개벽은 서양에서 날 것이니라. (道典 7:43)

목차
제1장 지금 우리는 어디에 서 있는가?
제2장 인류 근대사의 출발점, 가을 천지개벽 선언
제3장 증산 상제님이 밝혀 주신 우주의 개벽섭리와 신도세계
제4장 상제님의 우주정치 개벽 설계도, 천지공사
제5장 후천 가을 대개벽과 세계 구원

안경전 지음 | 상생출판 | **소프트카바** | 276쪽 | **9,000원**

개벽은 인류의 새로운 희망!
지나간 한 시대의 마감이며 동시에 새로운 시대의 시작이다!
거세게 요동치고 있는 지구촌, 임박한 후천 가을개벽의 비밀을 파헤친다.